Barbara Bleisch

Mitte des Lebens

Eine Philosophie der besten Jahre

Hanser

9. Auflage 2024

ISBN 978-3-446-27968-1

Umschlag: Anzinger & Rasp, München
Motiv: Ferdinand Hodler, »Die Dents Blanches bei Champéry in der Morgensonne«, 1916; Kunstmuseum Basel, Vermächtnis Max Geldner, Basel; Foto © Martin P. Bühler
Satz: Satz für Satz, Wangen im Allgäu
Druck und Bindung: GGP Media GmbH, Pößneck
Printed in Germany

FSC www.fsc.org
MIX
Papier | Fördert gute Waldnutzung
FSC® C014496

Für J.-D.

Inhalt

1

In der Lebensmitte

»Wohl in der Mitte unsres Lebensweges
geriet ich tief in einen dunklen Wald,
so daß vom graden Pfade ich verirrte.«
DANTE ALIGHIERI[1]

»Die ersten Indizien sind subtil, winzig, vernachlässigbar. In Konferenzen sitzen plötzlich Leute mit am Tisch, deren Eltern man sein könnte, und nein, es sind keine Praktikanten.«
ANJA JARDINE[2]

Den See erblickt man erst, wenn man zur Mitte des Hochplateaus gelangt ist. Eingerahmt von lichten Lärchenwäldern und dahinter schroff aufragenden Felswänden, liegt er ruhig und dunkel inmitten der Ebene: der Lai Nair, der schwarze See. Seinen Namen hat der Moorsee von der Farbe des Wassers, das je nach Lichtverhältnissen goldbraun bis tiefschwarz schimmert. Das Hochmoor liegt im Schweizer Engadin in einer Senke am Fuß des Piz Pisoc und gibt den Blick frei auf die Gebirgsgruppe der Silvretta, die sich vor zweihundert Millionen Jahren aus Meeresablagerungen an die Oberfläche wölbte. Die ganze Schönheit der Landschaft ist geprägt vom Werden und Vergehen: Im sauren Boden zersetzen sich die abgestorbenen Pflanzen nur langsam und bilden eine Torfschicht, die Jahr für Jahr rund einen Millimeter wächst. Auf dem fruchtbaren Untergrund wachsen immer neue Birken und Föhren, Heidelbeeren und Alpenrosen – der perfekte Lebensraum für Insekten, Schmetterlinge und Vögel, die hier oben ihre Runden drehen.

Ich weiß nicht, wie oft ich den Weg bereits gegangen bin, der auf die Hochebene führt. Ich erinnere mich an das Gefühl als Kind, wie das hohe Gras an den nackten Beinen kitzelte und uns hier und da eine Brennnessel erwischte, wenn wir den Waldweg emporrannten, anstatt langsam zu gehen und auf das Gestrüpp zu achten. Ich erinnere mich auch an die erlösende Kühle im Sommer, wenn wir verschwitzt vom Aufstieg in den Moorsee glitten. Später ging ich mit meinen Kindern denselben Weg, erzählte ihnen Geschichten, um sie davon abzulenken, dass sich der Weg noch eine Weile durch den Wald schlängeln würde. Heute rutscht nur noch dann und wann eine kleinere

Hand in meine, warm wie ein weiches Tier. Meist wandern die nun groß gewordenen Kinder voraus und hüpfen geschickt über Wurzeln und umgefallene Bäume. Öfters aber gehe ich inzwischen allein oder in Gesellschaft von Freundinnen und Freunden, froh, nicht jeden Gedanken nach zwei Wendungen unterbrechen zu müssen, manchmal aber auch wehmütig, dass kein Kind mehr zum Weitergehen ermuntert werden muss.

Beim See angekommen, ist der Blick damals wie heute atemberaubend. Wie oft werde ich noch hier stehen und über die vollkommene Schönheit dieser Landschaft staunen? Im Vergleich zum Alter dieses Fleckens ist mein Verbleib auf Erden unfassbar kurz, ein belangloser Wimpernschlag der Ewigkeit, mehr nicht. Manchmal finde ich das tröstlich, weil es mir Distanz schenkt zum eigenen Leben. All die Fragen, die mich umtreiben – wogegen ich ankämpfen, was ich hinnehmen, was noch anpacken, was sein lassen soll –, all diese Fragen scheinen angesichts der zeitlichen Dimensionen der Landschaft um mich an Relevanz zu verlieren. Manchmal finde ich die Einsicht in die ungebührliche Kürze meines eigenen Lebens aber auch zum Verzweifeln, weil das Leben schön ist und ich noch so viel vorhabe – mir aber die Zeit davonzulaufen scheint. Werde ich achtzig Jahre alt, bleiben mir heute noch 1560 Wochen. Das scheint mir erschreckend wenig.

Als ich in meinem Freundeskreis von meiner Arbeit an einem Buch über die Lebensmitte zu erzählen begann, gaben sich einige erstaunt: So alt bist du doch noch nicht! Dabei habe ich, betreiben wir reine Statistik, die Hälfte meines Lebens längst hinter mir. Mit meinem Jahrgang und Wohnort habe ich die Schwelle an meinem neununddreißigsten Geburtstag passiert. Vermutlich waren die Reaktionen schmeichelhaft gemeint: Zwar wollen die meisten alt werden, also ein langes Leben vor sich haben – aber niemand möchte älter werden, zumindest nicht mehr ab einem bestimmten Alter. Einige waren auch peinlich berührt: ein Selbsthilfebuch gegen die »midlife crisis«, eine Art Anleitung für die Wechseljahre? Auch solche Reaktionen überraschten mich. Ich habe die Lebensmitte bis jetzt selten als peinlich oder unangenehm empfunden. Irritierend finde ich eher, dass irgendwann ab dreißig bei jedem Geburtstagsfest irgendein Spaßvogel verlässlich sein Glas hebt und mit dem Geburtstagskind auf ein fiktives Alter anstößt, das es längst hinter sich gelassen hat. Wenn es für die Pubertät zuweilen heißt, sie beginne, wenn die Eltern schwierig werden, gilt für die Phase der mittleren Jahre offenbar, dass sie anfängt, wenn andere einen jünger reden, als man ist – und das als Kompliment verstehen.

Dabei kommen mir meine frühen Erwachsenenjahre im Rückblick um einiges beschwerlicher vor als die Zeiten, in denen ich mich heute befinde. Beruflich war zwischen zwanzig und Mitte dreißig noch vieles offen, um nicht zu sagen: unfertig. Die Konkurrenz in den Bereichen, die mich beruflich interessierten, war hart, die meisten mir vorschwebenden Stellen waren befristet. Ich erwog, mich ins Ausland zu bewerben, um noch etwas von der Welt zu sehen und meine Chancen auf dem Arbeitsmarkt zu erhöhen. Zugleich hatte ich das jahrelange WG-Leben eben erst gegen die erste eigene Wohnung eingetauscht und genoss meine Freiheit in vollen Zügen. Allerdings wollte ich auch nicht für immer allein leben. Die Frage nach eigenen Kindern begann mich umzutreiben, und ich fürchtete das viel zitierte Ticken der biologischen Uhr. Es kam mir vor, als müsste ich unzählige Dinge gleichzeitig tun und als würden die Ansprüche, denen ich gerecht werden sollte, zu haushohen Türmen anwachsen, zwischen denen ich ängstlich saß und immer weniger wusste, was ich selbst wollte.

Je mehr ich dann später auf die vierzig und damit auf die statistische Mitte zuging, umso klarer konturiert erschien mir dagegen mein Leben. Einige Fragen hatten sich mittlerweile erledigt, zahlreiche Entscheidungen hatte ich unumkehrbar getroffen. Die Schriftstellerin Lindsey Mead schreibt: »Jetzt, wo wir in den Vierzigern sind, sind viele der Fragen, die uns in früheren Jahrzehnten beschäftigt haben, beantwortet. Das ist natürlich wunderbar und traurig zugleich, denn mit den Antworten schließen sich auch Türen.«[3] Die sich allmählich schließenden Türen lösten bei mir aber nur selten Angst oder Schmerz aus. Ich stellte sie mir stets als hinter mir liegend vor, während ich vorwärtsschreitend in neue Räume eindrang, die ich meist freudig gegen das eintauschte, was mir zeitgleich entschwand.

Das hat sich seither nicht entscheidend verändert. Zwar vermisse ich heute bereits einen Menschen schmerzlich, der unerwartet früh verstorben ist – der Tod hat Einzug gehalten in mein Leben. Und während sich befreundete Paare bei Partys früher noch aufteilten, um die Kinderbetreuung zuhause sicherzustellen, sind einige von ihnen mittlerweile für immer getrennt. Bei Einladungen gilt es nun, auf Empfindlichkeiten Rücksicht zu nehmen. Das Leben erscheint mir heute definitiv brüchiger als noch mit dreißig, aber in vielerlei Hinsicht auch tiefer und kostbarer. Immer stärker begann mich angesichts dessen in den letzten Jahren die Frage umzutreiben, worin die empfundene Kostbarkeit und Tiefe bestehen und was wir womöglich gewinnen, wenn wir älter werden. Denn hoffentlich summieren sich die Jahre nicht nur, sondern es lässt sich in ihnen und vor allem auch an ihnen reifen. Bloß: Was bedeutet das eigentlich, und wozu reifen wir in unseren mittleren Jahren heran?

Natürlich gehören zu dieser Lebensphase auch schmerzliche Momente, die mit der schlichten Tatsache zu tun haben, dass das Älterwerden auch körperlich spürbar wird: Wer kann mit Mitte vierzig noch problemlos Nächte durchfeiern und anderntags taufrisch am Schreibtisch sitzen? Die Vorstellung, nur mit Zelt und Schlafsack loszuwandern, hat zwar nach wie vor etwas Romantisches, in erster Linie aber etwas Unbequemes. Und wird einem in der Drogerie plötzlich ein Muster für eine Pflege für »reife Haut« überreicht, ist das zugegebenermaßen nicht der erbaulichste Moment des Tages. Zwar heißt es lapidar, das Beste komme zum Schluss. Aber das stimmt wohl nur, wenn man sich das Leben wie ein orchestriertes Feuerwerk denkt, in einer bombastischen Steigerung, das seinen Höhepunkt im Finale erreicht. In aller Regel macht das pralle Leben mit zunehmendem Alter aber eher dem Leisen und Zerbrechlichen Platz, was sich zwar im Einzelfall als perfekte Vollendung entpuppen kann, mitten im Leben aber selten als erstrebenswertes Ziel erscheint, auf das wir begeistert zusteuern. Wer das Leben liebt, wird öfters bedauern, dass es allmählich, aber unwiederbringlich vorüberzieht und das Reservoir an noch verbleibenden Jahren schwindet.

Allerdings spreche ich, wenn ich »Lebensmitte« sage, nicht vom hohen Alter. Noch bleibt den meisten, die in dieser Lebensphase stecken, sehr viel Zeit. Sind wir nicht mit einer schweren Diagnose konfrontiert und müssen akzeptieren, dass wir die Lebensmitte rein numerisch dadurch viel früher hinter uns gelassen haben, ohne uns dessen bewusst gewesen zu sein, haben wir hoffentlich noch viele Jahre vor uns, in denen wir uns vom Leben mitreißen und verführen lassen können.

Paradoxerweise erfüllt diese Vorstellung nicht alle mit Begeisterung. Manche fühlen sich gerade angesichts der vielen Jahre, die relativ unverplant vor ihnen liegen, eher von bohrenden Fragen belästigt. Für sie bestand das Hauptziel vielleicht lange Jahre darin, sich zu etablieren, einem soliden Gebäude gleich, das in der Landschaft des Lebens befestigt werden muss. Doch was, wenn einem die Landschaft, in die man nun gestellt ist, nicht länger gefällt? Soll man dennoch weitermachen, noch zehn, zwanzig Jahre – oder das Leben noch einmal umkrempeln, noch einmal ganz woanders anknüpfen, sich in unbekannte Gefilde vorwagen? Und selbst wenn alte Liebe, wie man sagt, nicht rostet – reicht das wirklich als Argument, um in einer Beziehung auszuharren? Oder gäbe es weitere Orte des Begehrens, die uns neu und anders erfüllten und die zu entdecken wir jetzt gern auszögen?

Man liest ja immer wieder von Leuten, die mitten im Leben nochmals umgesattelt haben: der Priester, der sich outet; die Büroangestellte, die bei einer Castingshow den ersten Preis gewinnt und mit sechzig einen Plattenvertrag in der Tasche hat; das Paar, das alles verkauft und auswandert und am Ende der Welt eine neue Existenz aufbaut. Sicherlich faszinieren solche Geschichten auch, weil wohl stimmt, was die Hauptfigur Magda in Margriet de Moors Roman *Erst grau dann weiß dann blau* als Erkenntnis festhält: »Ich habe festgestellt, dass sich ganz in der Nähe des Lebens, in dem man zufällig gelandet ist, ein anderes befindet, das man seelenruhig genauso gut hätte führen können.«[4] Das Vexierspiel mit alternativen Existenzen hat etwas Befreiendes: Könnte es, könnte ich nicht ganz anders sein?

Rein theoretisch könnte ich ja durchaus noch die Welt umsegeln, auf eine Alp ziehen oder Medizin studieren. Solche Gedanken wirken heute allerdings seltsam abstrakt. Ab einem bestimmten Zeitpunkt sind die meisten zu sehr in ihre Leben eingebunden, um alles umzukrempeln. Das gilt erst recht, wenn sie in prekären Verhältnissen leben oder sozial benachteiligt sind und ohnehin kaum Chancen haben, sich frei zu entwerfen, weil ihnen die Mittel und Möglichkeiten dazu fehlen. In sicheren Bahnen zu navigieren vermag zwar, zumindest wenn es selbstgewählt ist, eine befreiende Ruhe ins Leben zu bringen und Raum zu schaffen für eine stille Souveränität, die ich gerade an älteren Menschen so bewundere. Solche Ruhe kann sich aber auch in eine schmerzhafte Starre verkehren, wenn sich die sichere Bahn wie eine klebrige Spurrille anfühlt, aus der man sich Runde für Runde nicht lösen kann. Wie findet man dann die Kraft, sich doch noch einmal loszureißen? Oder ist es klüger, sich mit der Situation zu arrangieren?

All diese Themen und Fragen machen die mittleren Jahre philosophisch relevant: Was ist das für eine Zeit, in der man untrüglich feststellt, dass man älter wird und einige Optionen unwiederbringlich entschwunden sind? Welche Fragen sind mit dem Umstand verbunden, dass man bestimmte Züge genommen, andere ausgelassen oder für immer verpasst hat? Wie gelingt ein produktiver Umgang mit dem Bedauern, das sich angesichts vertaner Chancen einstellen kann? Welchen Preis bezahlen wir, wenn wir doch noch umsteigen und alles hinter uns lassen – und wie lässt man alles hinter sich, ohne sich selbst dabei zu verlieren? Was, wenn wir uns fremd fühlen in der Landschaft des eigenen Lebens und feststellen: Wir kennen uns im eigenen Dasein und mit dem, was wir geworden sind, nicht mehr aus?

»Wenn mehr Zeit hinter einem liegt als vor einem, beginnt man, wenn auch widerwillig und unvollständig, einige Bewertungen vorzunehmen«, schreibt der Schriftsteller James Baldwin. »Zwischen dem, was man werden möchte, und dem, was man geworden ist, klafft eine tiefe Lücke, die sich niemals schließen wird. Und diese Lücke scheint der letzte Spielraum, die letzte Gelegenheit zur Gestaltung zu sein. […] Einige von uns sind gezwungen, in der Mitte ihres Lebens eine Studie über diese verwirrende Geografie zu machen.«[5] Dieses Buch unternimmt den Versuch, dieser verwirrenden Geografie Kontur zu geben, die Landschaft philosophisch zu kartografieren und Orientierungshilfe zu schaffen, um den eigenen Weg freizulegen und umso entschlossener einzuschlagen.

Existentielle Umbrüche

Eine solche Kartografie muss sicher damit beginnen, die Landschaft abzustecken: Was genau verstehen wir unter der Region der mittleren Jahre? In Mitteleuropa sind wir im Schnitt knapp vierzig, wenn die numerische Hälfte unserer Lebenszeit hinter uns liegt. Zu diesem Zeitpunkt beginnt die entwicklungspsychologische Phase der mittleren Jahre, die meist etwa zwischen rund vierzig und fünfundsechzig verortet wird, mit ausgefransten Enden zu beiden Seiten hin.[6] Sie endet mit dem frühen Alter irgendwann ab Mitte sechzig, bevor wir ab achtzig ins hohe Alter als letzter Lebensphase eintreten.[7]

Der wohl bekannteste literarische Held der Lebensmitte dürfte Dante Alighieri sein. Er schildert sich in seiner *Göttlichen Komödie* aus dem Jahr 1321 als Fünfunddreißigjährigen, der sich in der Mitte seines Lebens – »nel mezzo del cammin« –

in einem dunklen, wilden Wald verirrt. Er ist vom rechten Weg abgekommen, wie Dante schreibt, und hat keine Ahnung, welcher Pfad aus dem dunklen Gehölz führen könnte. Wohin sein Blick auch geht – nichts als hoch aufragendes dorniges Gestrüpp. Auf dem Weg, den er schließlich einschlägt, wird er zu allem Übel von wilden Tieren bedroht, die ihm den Durchgang versperren. Weitergehen wie bisher ist für Dante keine Option. Vielmehr muss er sich in der Mitte seines Lebens mit der »verwirrenden Geografie« seiner Existenz abfinden und sich seinen brodelnden Fragen und Ängsten stellen. Aber er hat Glück: Der römische Dichter Vergil erscheint ihm und bietet an, ihn aus dem finsteren Wald zu führen.

Auch wenn sich die numerische Lebensmitte inzwischen später einstellt als noch im vierzehnten Jahrhundert, wird damals wie heute mit dieser Phase ein existentieller Umbruch assoziiert. Dantes Epos ist nur eines von vielen Beispielen, die davon zeugen.[8] Der Literaturprofessor William Stoner aus John Williams' gleichnamigem Roman von 1965 stellte mit zweiundvierzig fest, dass er nichts vor sich sah, »auf das er sich zu freuen wünschte, und hinter sich nur wenig, woran er sich gern erinnerte«.[9] Die Philosophin Simone de Beauvoir bezeichnet es als »Albtraum, älter als fünfzig zu sein«, und fühlt sich in diesem Alter, als hätte das Sterben schon begonnen: »Das hatte ich nicht vorausgesehen – daß es so früh beginnt und daß es so weh tut.«[10] Und Leo Tolstoi beschreibt in seiner autobiografischen Rückschau die eigene Lebensmitte sogar ganz ähnlich wie Dante in seiner *Göttlichen Komödie* als ein Sich-Verlaufen in der Wildnis: »Auf der Suche nach einer Antwort auf die Frage des Lebens habe ich das gleiche Gefühl wie ein Mann, der sich im Wald verirrt hat. Er tritt auf eine Lichtung hinaus, klettert auf einen Baum und erblickt einen grenzenlosen, unendlich großen Raum, aber nirgends ist ein Haus zu sehen, und es kann dort auch keines geben.«[11] Für Tolstoi gleicht seine Lebenskrise einem angsterfüllten Blick vor und zurück: hinter sich ein ruhmvolles Leben, Bekanntheit, aber auch Stolz und Überheblichkeit, für die er sich schämt; vor sich ein Leben, vor dem er sich ekelt, weil er dessen tieferen Sinn nicht zu erkennen vermag; und nirgends ein schützendes Haus, in das er sich verkriechen könnte. Wer sollte angesichts solcher Gefühle nicht in Panik verfallen?

Heute würde man vielleicht sagen, Tolstoi hatte eine »midlife crisis«. Dieser Begriff geht ursprünglich auf den kanadischen Psychoanalytiker Elliott Jaques zurück, der 1965 beobachtete, dass viele Künstler – er nennt unter anderem den Maler Paul Gauguin, den Dichter Franz Grillparzer oder den Komponisten Ludwig van Beethoven – im mittleren Alter eine entscheidende Persönlichkeitsveränderung durchmachten, die auch ihre Schaffenskraft beeinträchtigte.[12] Ob es die »midlife crisis« als statistisch auszuweisende Größe wirklich gibt, ist indes umstritten. Krisenfreie Biografien lesen sich bekanntlich weniger flott, ein bisschen Abgrund und Drama schmeicheln jedem Genie. Die eine oder andere Krise dürfte also von der Nachwelt noch hinzugefügt oder ausgeschmückt worden sein. Wissenschaftlich scheint sich nicht abschließend erhärten zu lassen, dass das mittlere Erwachsenenalter stärker von belastenden Transitionen überschattet wird als andere Lebensphasen. Vielmehr gibt es in jedem Altersabschnitt herausfordernde Veränderungen, etwa in der Jugend den Wechsel von der Kindheit ins Erwachsenenleben oder später den Übergang vom Arbeitsleben ins Rentenalter.[13]

Auch die oft zitierte U-Kurve der Lebenszufriedenheit wird heute differenzierter diskutiert und vor allem flacher gezeichnet. Diese Kurve besagt, dass die individuelle Lebenszufriedenheit über viele Kulturen hinweg in der Lebensmitte eine Talsohle erreiche, bevor sie allmählich wieder ansteige bis zu einem Knick im hohen Alter, wenn Freunde oder Partnerinnen sterben oder sich die eigene Gesundheit markant verschlechtert.[14] Die Senke zwischen vierzig und fünfzig Jahren wird damit erklärt, dass in den mittleren Jahren Lebensträume womöglich für immer platzen und die Bilanzierung im Rückblick weniger rosig ausfällt, als erhofft. Nach einer Scheidung, einer schweren Diagnose oder einer Kündigung gilt es außerdem, sich neu aus- und einzurichten, und das kostet Mühe und Energie. Dazu kommt, dass viele in dieser Lebensphase am Arbeitsplatz und zuhause mit der Betreuungsarbeit von Kindern und eigenen älter werdenden Eltern über Gebühr belastet sind. Wie sich die Zufriedenheit im Lauf eines Lebens verändert, hat dabei nicht allein mit dem Alter der Betroffenen zu tun, sondern auch mit gesellschaftspolitischen Entscheidungen mit Blick etwa auf die außerfamiliäre Betreuung eigener Kinder oder pflegebedürftiger Eltern: Ist man bei der Bewältigung derart anspruchsvoller Zeiten auf sich allein gestellt, dürfte die Lebenszufriedenheit eher einbrechen, als wenn sich die Belastungen teilen oder zeitweise delegieren lassen.

In einem vieldiskutierten Beitrag in der *New York Times* wurde kürzlich die These vertreten, dass die Wahrscheinlichkeit einer »midlife crisis« nicht zuletzt davon abhänge, welcher Generation jemand angehöre. Gegenwärtig kommt die Generation der Millennials in der Lebensmitte an – und diese könne sich, anders als Generationen vor ihnen, eine Krise gar nicht leisten. Sinnfragen seien nämlich existentiellen Nöten nachgelagert, und davon hätten die Millennials eine Menge, weil sie sich in unsicheren Jobs wiederfänden, mit der Inflation und

Wohnungsknappheit kämpften und anlässlich der Klimakrise von Zukunftssorgen geplagt seien. In einer Umfrage der Zeitung gaben viele Vierzigjährige zu Protokoll, sie hätten schlicht keinen Anlass für eine »midlife crisis«, weil sie das »bourgeoise Taubheitsgefühl« der totalen Übersättigung nicht kennen würden, gegen die mit einer solchen Krise opponiert würde. Statt sich nach Abenteuer und Freiheit und nach dem Ausbruch aus dem Ewiggleichen zu sehnen, wünschten sie sich vielmehr Ruhe, Sicherheit und Stabilität – Dinge, die ihnen bisher nicht vergönnt gewesen seien.[15]

Diese Kritik ist nicht neu. Die »midlife crisis« wurde immer wieder als chauvinistische Entschuldigung gut verdienender Männer gebrandmarkt, die sich in eine junge Frau verlieben, einen Porsche anschaffen oder einen Ironman-Triathlon laufen wollen, sobald sie mit dem Älterwerden hadern. Auch in Elliott Jaques' Arbeit aus den 1960er Jahren tummeln sich fast ausnahmslos äußerst erfolgreiche Männer, die sich in der Lebensmitte plötzlich fragen, ob es das jetzt schon war. Zweifelsohne spiegeln nicht wenige dieser Erzählungen ein saturiertes, großbürgerliches Leben, das für viele ohnehin unerreichbar bleibt.

Aber zum einen fragen sich sicher auch Menschen in prekären Verhältnissen in den mittleren Jahren, ob sich das Rackern irgendwann auszahlt oder das verheißungsvolle Leben demnächst noch anbricht, ob sie noch einmal etwas Neues wagen oder sich einrichten sollen im Immergleichen, das zwar wenig Sensation, dafür wenigstens Stabilität verspricht. Den Begriff der »midlife crisis« erst richtig bekannt gemacht hat pikanterweise – und oft übersehen – ein feministischer Bestseller: das 1976 erschienene Buch *Passages. Predictable Crises of Adult Life* der New Yorker Journalistin Gail Sheehy.[16] Sie thematisierte in diesem Buch als eine der Ersten den weiblichen Bedeutungsverlust in den mittleren Jahren, das Unsichtbarwerden, von dem so viele Frauen immer wieder geschrieben und berichtet haben, nicht zuletzt auch Simone de Beauvoir. Es war Sheehys Verdienst, diese Krise als eine Phase der Bilanzierung und in der Folge als Phase des Um- und Aufbruchs herauszuarbeiten, die sich in jener Zeit bei Frauen und Männern in ihren jeweiligen traditionellen Geschlechterrollen gegensätzlich vollzog. Während viele Frauen genug hatten von ihrem Hausfrauendasein und sich nach Neuorientierung außer Haus sehnten, blieben Männer häufig unbefriedigt zurück, weil sie zwar vieles erreicht hatten, ihr Leben ihnen aber dennoch seltsam leer vorkam.[17]

Zum anderen wird in der Kritik an der »midlife crisis« die Krise zu Unrecht auf das Gefühl einer stupiden Sattheit reduziert, wie sie mitnichten alle empfinden müssen. Vor allem fängt die Kritik nicht annähernd ein, worum es bei den existentiellen Fragen in dieser Lebensphase geht. Die Krise oder auch einfach nur das mulmige Gefühl, das viele in den mittleren Jahren dann und wann befällt, kann weit nuancierter und tiefgründiger ausfallen, als es in den flapsigen Bemerkungen zum Kauf von Motorrädern oder zum Tragen von Sneakern und Hoodies bei der Arbeit zuweilen den Anschein macht. Viel eher speist es sich aus dem Umstand, dass Menschen in der Lebensmitte zeitgleich im retrospektiven wie im prospektiven Modus leben: dass sie also zurückblicken und bilanzieren und darob ins Sinnieren geraten – und zugleich nach vorn schauen und prüfen, welche Neuorientierungen ihnen mit Blick auf die Zukunft noch offenstehen.[18]

Im Haus meiner Kindheit hingen Replikate der bekannten Bilder »Das Stufenalter des Mannes« und »Das Stufenalter der Frau« des Malers Fridolin Leiber aus dem neunzehnten Jahrhundert. Sie stellen das menschliche Leben als eine steil auf- und absteigende Treppe dar, beginnend mit der Geburt und endend mit dem Tod.[19] Der oberste Absatz ist mit dem fünfzigsten Lebensjahr markiert. Die Bilder haben sich mir tief eingeprägt: Mit vierzig hält der Mann eine Urkunde in den Händen, darunter ist zu lesen: »Mit vierzig Jahr am Ziel der Bahn, / Ohn' Furcht er sagt: s'ist wohlgethan.« Er blickt entschlossen in die Weite, und man sieht ihm seinen Stolz an. Die Frau gibt im gleichen Alter ihren jugendlichen Kindern den Segen, den Blick demütig gesenkt. Dieselben Rollenbilder mit fünfzig: Der Mann überblickt sichtlich zufrieden seinen Aufstieg und »prüft was kommt und was entschwand«, während sich die Frau an der Geburt eines Enkelkindes freut: »Mit fünfzig ›Stillstand‹ wie man sagt, / Ein Enkel sie jetzt glücklich macht.« Erst nach dem obersten Treppenabsatz beginnen sich die Bilder anzugleichen: Beide Treppen führen steil nach unten, Kleider und Haare werden graubraun, und ich kann mich an nichts Nennenswertes erinnern, was sich auf der rechten Bildhälfte noch abgebildet gefunden hätte. Die zweite Hälfte des Lebens barg in jener Vorstellung offenbar kaum noch Veränderungen, sondern führte über Jahre des Verlusts und der Gebrechlichkeit direkt in den Tod, auf derselben Ebene wie die Geburt angeordnet. Der Lebenskreis schloss sich.

Solche Darstellungen muten heute veraltet und fürchterlich stereotyp an. Schon als Kind befremdeten sie mich, zumal ich mich vor der Zeichnung von Gevatter Tod fürchtete, der an der untersten Treppenstufe die Greise in Empfang nahm. Selbst zu ihrer Entstehungszeit dürfte sich kaum ein Lebenslauf exakt an diese Bilder gehalten haben, zumal sie ausschließlich gutbürgerliche Existenzen spiegelten, die ins Schema der heteronormativen Großfamilie passten.

Mittlerweile haben sich unsere Lebensläufe umfassend pluralisiert und individualisiert. Den Aufstieg nehmen heute viele gemächlicher: Sie reisen oder jobben, bevor sie einen festen Arbeitsvertrag unterzeichnen oder ein Studium in Angriff nehmen, und sie leben in offenen oder wechselnden Beziehungen, ehe sie sich, wenn überhaupt, längerfristig binden. Auch der Arbeitsmarkt hat sich verändert und verlangt ein stetes Umlernen. Wer zu lange auf einer Stelle bleibt, gilt unter Umständen plötzlich nicht mehr als loyal, sondern als wenig experimentierfreudig. Der Abstieg wiederum verläuft auch nicht mehr so rasant, wie die zyklischen Stufenbilder suggerieren. Pensionäre machen sich selbständig als »Senior Consultants«, leisten wertvolle Freiwilligenarbeit oder Care-Arbeit oder unternehmen ausgedehnte Reisen. Der medizinische Fortschritt und die längere Lebensspanne stellen das Bild der steil auf- und absteigenden Lebenstreppe zusätzlich in Frage. Eine über Siebzigjährige kann heute durchaus in der Lage sein, noch einen Marathon zu laufen oder Höhentouren zu unternehmen.

Die Stufen der menschlichen Biografie sind in unserer Zeit und Kultur also nicht nur weitaus flacher angeordnet als früher, sondern manche wechseln auch in beide Richtungen zwischen ihnen hin und her. So wird vielleicht ein Mittfünfziger mit einer neuen Partnerin noch einmal Vater und macht seine bereits erwachsenen Kinder zu Halbgeschwistern, oder eine Bankerin entscheidet sich mit vierzig, ihren Job für immer an den Nagel zu hängen und fortan als Frühstrentnerin von ihrem Vermögen zu leben. Ein Stück weit scheinen wir sogar fast auf dem Weg in eine »altersirrelevante Gesellschaft«[20] zu sein, in der wir die Chronologie unseres Lebens immer mehr nach eigenem Gutdünken gestalten und das Lebensalter einer Person an gesellschaftlicher Aussagekraft einbüßt.

Und trotzdem wirken die alterstypischen sozialen Normen, wie sie in den Stufenbildern zum Ausdruck kommen, in unseren Köpfen weiter, und die Vorstellung, dass das ideale Leben einer inneren Ordnung zu folgen habe, die nicht ohne Not durcheinanderzubringen ist, prägt unseren Blick auf andere Biografien unbewusst nach wie vor. In einem bestimmten Alter noch bei den Eltern zu wohnen, keiner geregelten Arbeit nachzugehen, schon Anfang zwanzig geheiratet oder mit vierzig noch keine eigenen Kinder bekommen zu haben, sorgt zumindest in einigen Kreisen weiter für Stirnrunzeln.[21] Und auch wenn die neunundsiebzigjährige Maude Kult ist, die im Film *Harold and Maude* von 1971 den zwanzigjährigen Harold liebt, würde sie im realen Leben kaum goutiert – schon gar nicht in dieser Rollenverteilung. Während Männer oft Verständnis oder gar Bewunderung ernten, wenn sie in der Lebensmitte eine Beziehung zu einer deutlich jüngeren Frau eingehen, werden Frauen, die mit einem jüngeren Mann einen zweiten Frühling erleben, weit kritischer gesehen. Wie schon die Kulturkritikerin und Autorin Susan Sontag betonte, gilt für Frauen im Vergleich zu Männern »zweierlei Maß«, wenn sie älter werden, ein »double standard of aging« also.[22]

Doch selbst wenn wir solche Stereotype kritisch sehen und in heutigen Haushalten zum Glück keine antiquierten Stufenbilder mehr hängen, lässt sich die Chronologie eines Lebens nicht beliebig durcheinanderbringen. Auch in einer weitgehend liberalisierten Gesellschaft gibt es feste Abfolgen innerhalb eines Lebensvollzugs, die für alle gelten: im Recht etwa das Erlangen der individuellen Mündigkeit, die man je nach Land zwischen sechzehn und zwanzig erreicht, oder der Eintritt ins Rentenalter irgendwann mit Mitte sechzig. Zudem lässt sich die biologische Uhr nicht gänzlich eigenhändig stellen: Wann die Zeit der Fruchtbarkeit beginnt und wann sie endet, wie schnell Zellen, Gewebe und Knochen altern, kann bis zu einem gewissen Grad durch den Lebensstil beeinflusst werden, ist aber zu einem großen Teil durch unsere Gene festgelegt. Nicht alles hat also die Zeit, die wir ihm als Stempel aufdrücken möchten, sondern vieles hat auch eine Eigenzeit, die sich nicht nach unseren Wünschen richtet, sondern nach eigenem Takt voranschreitet. Vor allem aber ist der biografische Lebensvollzug selbst, die Art und Weise also, wie wir unser Dasein organisieren, im eminenten Sinn ein zeitlicher. Dies wiederum hängt nicht nur damit zusammen, dass wir wie alle Tiere altern, und zwar vom ersten Atemzug an, sondern hat seinen Grund insbesondere darin, dass wir als einzige Tiere um dieses Altern und letztlich auch um das eigene Ende wissen.

Das Leben gestalten

Tatsächlich bringen wir Menschen das Leben nicht einfach zu, verharrend in einer zukunftslosen und vergangenheitsvergessenen Gegenwart. Vielmehr führen und gestalten wir es mit Zugriff auf die Zukunft, indem wir planen, entwerfen, verwerfen, justieren, hoffen.[23] Während wir früher mehr oder weniger fremdbestimmt den vorgegebenen Stufen einer Treppe zu folgen hatten, eröffnen sich heute vielen von uns weite Entscheidungs- und Handlungsspielräume. Die dadurch entstehende Freiheit überträgt uns aber auch die Verantwortung, das eigene Leben in die Hand zu nehmen und selbst zu gestalten.[24] Unser Leben lebt sich nicht »von selbst«[25], sondern es stellt sich uns als eine Aufgabe dar, in der wir als aktiv Gestaltende gefragt sind.

Dabei ist die Zeitdimension stets präsent: Was wir heute entscheiden, entscheiden wir auch mit Blick auf die Folgen, die wir bestmöglich zu antizipieren versuchen, und wir verantworten und baden aus, was wir in der Vergangenheit getan und unterlassen haben. Aber nicht nur, dass wir unser Leben zeitlich *strukturieren*, sondern auch, dass unser Leben *endet*, ist von großer Bedeutung für den eigenen Lebensvollzug. Ohne diese zeitliche Begrenztheit würde die Frage, wie zu leben sei, ihre Dringlichkeit nämlich zumindest ein Stück weit verlieren. Erst die Kürze des Lebens zwingt uns offenbar zur Priorisierung und zum Nachdenken über einen sinnvollen biografischen Spannungsbogen, ansonsten ließe sich alles, was wir begehren und erreichen wollen, stets von Neuem auf später verschieben. Angesichts unserer Sterblichkeit ist die Frage nach dem guten Leben immer auch eine danach, »wie wir die begrenzte Lebenszeit am besten verbringen können«.[26]

Diese Frage spitzt sich in der Lebensmitte gleich doppelt zu: Erstens sind diese Jahre oft eine Zeit der Bilanzierung, in denen sich für die einen erfüllt, worauf sie gehofft und hingearbeitet haben. Sie sind zufrieden auf ihrer Hochebene unterwegs und können aus dem Vollen schöpfen. Für andere fällt die Bilanzierung weniger glücklich aus: Sie realisieren allmählich, dass der Plan des eigenen Unternehmens zwar reizvoll, aber nicht von Erfolg gekrönt war, dass die Ehe für immer gescheitert oder ihre Ausbildung auf dem heutigen Arbeitsmarkt nicht mehr gefragt ist.[27] Ihr Lebensgefühl gleicht dann womöglich jenem, das Friedrich Hölderlin in seinem Gedicht »Hälfte des Lebens« von 1804 so drastisch beschrieben hat: Zeichnet er die Landschaft in der ersten Strophe noch als eine Idylle, in der es an nichts mangelt – die Bäume tragen im Gedicht gelbe Birnen, es blühen wilde Rosen und auf dem »heilignüchterne[n] Wasser« schwimmen »holde Schwäne« –, kommt es in der zweiten Strophe zu einem jähen Bruch, wenn der Winter über das Land zieht und das harmonische Dasein erbarmungslos zerschlägt: »Weh mir, wo nehm' ich, wenn / Es Winter ist, die Blumen, und wo / Den Sonnenschein [...]?«, heißt es nun klagend. Es bleibt lediglich die stumme Einsicht: »Die Mauern stehn / Sprachlos und kalt, im Winde / Klirren die Fahnen.«

Vielleicht steht der Wintereinbruch für die Einsicht, dass unsere Lebenszeit befristet ist? Ihr entspräche die zweite in den mittleren Jahren spürbar werdende Zuspitzung: Je mehr Jahre verstreichen, während wir darauf hoffen, dass es beruflich vorangeht, wir eine Partnerin finden oder endlich etwas mehr zur Ruhe kommen, umso stärker wird die Zeitlichkeit unseres Lebens als Endlichkeit spürbar. Es wird uns deutlich, dass wir nicht ewig Raum haben, das umzusetzen, was wir eigentlich wollten und vielleicht immer noch ersehnen. Insofern ist die Mitte des Lebens auch besonders anfällig für Bedauern und Reue: Was sich in jungen Jahren stets auf später verschieben ließ, muss man sich ab einem bestimmten Punkt vielleicht definitiv abschminken.

Selbst wer nichts bereut und eigentlich zufrieden und glücklich sein könnte, weil sich das Leben ganz nach Plan oder noch weitaus schöner entfaltet hat, kann in den mittleren Jahren eine gewisse Leere verspüren. So lange hat man auf ein Ziel hingearbeitet und sich die Zukunft in buntesten Farben ausgemalt. Und mit einem Mal scheint alles erreicht und abgehakt. Was nun? Lange Zeit lebt sich das Leben ja – anders als vorhin behauptet – doch von selbst! Zumindest die jungen Jahre sind oft geprägt von Ereignissen, die sich mehr oder weniger ohne unser Zutun einstellen. Vieles war außerdem aufregend und oft von Applaus begleitet: der Schulabschluss etwa, Ausbildung oder ein Unidiplom, die erste große Liebe, vielleicht ein Kind. In der Lebensmitte hingegen gilt es, die Ziele eigenmächtig festzulegen, denn sie ereignen sich immer seltener von selbst. Wer sich keine neuen Ziele zu setzen vermag und der kreativen Selbstfindung ermüdet ist, empfindet in der Lebensmitte deshalb möglicherweise eine gähnende Langeweile, wie die Romanfigur des bereits erwähnten William Stoner, der nichts vor sich sah, »auf das er sich zu freuen wünschte«[28]. Stoners Ehe ist zu diesem Zeitpunkt gescheitert, seine Affäre beendet, seine universitäre Karriere stagniert. Vor ihm liegt das Ödland, das sich »Weiterleben« nennt – der monotone Alltag der immer gleichen Repetition, die die Sinnfrage an die Oberfläche schwemmt: Wozu lebe ich dieses Leben, und was will ich mit den Jahren anfangen, die mir bleiben?

Fragen in der Lebensmitte

Dieses Buch dringt mit der Absicht ins Dickicht der Lebensmitte vor, es philosophisch zu ergründen. Gerade weil die entsprechenden Fragen existentieller Natur sind, ist umso erstaunlicher, dass die Lebensmitte bisher nahezu philosophisches Niemandsland ist und sich kaum ein philosophisches Sachbuch explizit dieser Phase widmet.[29] Zwar gab es sporadisch Philosophinnen und Philosophen, die aus persönlicher

Sicht von den Turbulenzen berichteten, in die sie im mittleren Lebensalter gerieten, etwa John Stuart Mill in seiner *Autobiographie* oder Simone de Beauvoir in *Der Lauf der Dinge*. Für einige war die Mitte des Lebens sogar eine Zeit der persönlichen Bekenntnisse, denken wir an Augustinus oder an Jean-Jacques Rousseau. Doch ihr Nachdenken blieb stets ein selbstbefragendes, autobiografisches, das kaum allgemeine Aussagen macht oder generelle Rückschlüsse auf die spezifischen Fragen der Lebensmitte zuließe.

Die benannte Leerstelle tritt umso stärker zutage, da sie im eklatanten Gegensatz zu den vielen philosophischen Büchern steht, die sich den Randzeiten des Lebens widmen: Die Frage nach einem klugen Umgang mit dem Alter, mit der Gebrechlichkeit und dem nahenden Tod beschäftigt die Philosophie seit der Antike, und gerade in jüngster Zeit erhält sie von Neuem viel Aufmerksamkeit.[30] Auch über die Frage des Lebensanfangs und der guten Kindheit und Jugend wurde in den letzten dreißig Jahren viel geschrieben.[31] Über die Mitte des Lebens hingegen schweigt sich die Philosophie größtenteils aus.[32]

Über einzelne existentielle Fragen, die die Lebensmitte aufwirft, wurde gesondert natürlich durchaus und detailreich nachgedacht: über die Bedeutung der Sterblichkeit für ein gutes Leben etwa oder über die Frage, ob es angemessen ist, überhaupt etwas zu bedauern, das sich ohnehin nicht mehr ändern lässt, und schließlich auch über die Leere, die sich einstellen kann, wenn man endlich erreicht hat, was man wollte. Dass diese und andere Fragen bisher nicht zu einer Philosophie der mittleren Jahre zusammengefügt und als solche verhandelt wurden, hat wohl damit zu tun, dass sie nicht spezifisch für diese Lebensphase gelten. Tatsächlich kann man in jedem Alter über die menschliche Sterblichkeit nachdenken oder verpasste Chancen bedauern. Insofern kann eine Philosophie der Lebensmitte nicht mit philosophischen Fragen aufwarten, die sich exklusiv jenen stellen würden, die in etwa zwischen fünfunddreißig und fünfundsechzig Jahre alt sind.

In den mittleren Jahren stellen sich die entsprechenden Fragen aber oft mit neuer Relevanz: Die Einsicht, dass das Leben endlich ist und wir nicht ewig Zeit haben, gewinnt an Dringlichkeit, wenn sich äußere Anlässe häufen, die auf ebendiese Tatsache hinweisen. Vielleicht werden erstmals Freunde oder Freundinnen ernsthaft krank oder werden die eigenen Eltern gebrechlich. Auch mit dem eigenen Älterwerden, dem Schwinden der Kräfte beginnt man sich ab einem gewissen Alter automatisch auseinanderzusetzen: Der Optiker empfiehlt ungefragt Gleitsichtgläser, beim Ausfüllen von Online-Formularen muss man so lange scrollen, dass man sich fragt, ob der eigene Jahrgang überhaupt noch gelistet ist, und wie es Anja Jardine so schön beschreibt: »In Konferenzen sitzen plötzlich Leute mit am Tisch, deren Eltern man sein könnte, und nein, es sind keine Praktikanten.«[33]

Die meisten spüren spätestens jetzt, dass die Zeit vergeht – und sie ganz langsam in ihr. Wenn man versteht, dass die Zeit, die einem bleibt, begrenzt ist, mischt sich in den Blick zurück vielleicht erstmals eine gewisse Wehmut: Warum habe ich nicht mehr Ausdauer gehabt, weshalb bin ich nicht mutiger gewesen, warum habe ich nicht mehr investiert, um jetzt an einem besseren Ausgangspunkt zu stehen? Andere werden vielleicht wenig bedauern und mit ihrem Leben, wie es sich entfaltet hat, an sich zufrieden sein. Dennoch fragen sie sich möglicherweise: Wird es nun noch zwanzig, dreißig Jahre so weitergehen, mit dieser Person am Küchentisch, in dieser Wohnung, in dieser Stadt, in diesem Job?

Philosophisch über die Lebensmitte nachzudenken, bedeutet aber nicht nur, ihre Krisenanfälligkeit auszuloten, sondern ebenso, zu verstehen, was diese Lebensphase zu einer Zeit der reichen Fülle werden lässt. Denn obwohl von den mittleren Jahren oft als einer Zeit der Krise die Rede ist, wird diese Phase ja auch als »Blüte des Lebens« und als die »besten Jahre« bezeichnet. In der Antike verstand man die mittleren Jahre weitherum als eine Zeit, in der das Beste in einem Menschen zur Reifung gelangen kann. Doch was bedeutet es, in einem philosophischen Sinn zu reifen und die entstehende Fülle für sich zu nutzen? Diese Frage ist gewichtig, denn wie deutlich werden wird, ergeben sich die eigene Reife und entsprechend die Jahre der Fülle nicht von selbst, sondern es bedarf des klugen Umgangs mit der eigenen Lebenserfahrung und mit den Aufgaben, die sich einem in den mittleren Jahren stellen, um zu dieser Fülle vorzudringen.

Dieses Buch trägt den Untertitel »Eine Philosophie der besten Jahre«. Damit soll nicht behauptet sein, die mittleren Jahre seien zwangsläufig und für alle immer die besten Jahre ihres Lebens. Dazu sind unsere Lebensläufe zum einen viel zu unterschiedlich, und manche mag das Schicksal just auf ihrem Zenit besonders hart treffen. Zum anderen ist die Mitte des Lebens mit ihrer Spanne von fünfundzwanzig bis dreißig Jahren sicher zu weitläufig, um ihr ein einziges Gütesiegel aufzudrücken. Vielmehr werden wir wohl alle in dieser Phase gute wie schlechte Zeiten durchleben, aufblühen genauso wie straucheln und stagnieren. Das Anliegen des Buches ist es vielmehr, eine Lebensphase zu untersuchen, die man auch als die »besten Jahre« und als eine Zeit der Blüte bezeichnet, und auszuloten, worin ihre spezifische Qualität besteht. Im Zentrum steht dabei die Frage, wie es gelingt, aus der Fülle dieser reichen Jahre zu schöpfen. Tatsächlich meine ich, dass es Lebensformen oder Weisen der Orientierung gibt, die dem mittleren Alter in besonderer Weise angemessen sind: die uns in die Lage versetzen, den Herausforderungen dieser Zeit mit Bedacht zu begegnen und die existentiellen Fragen, die in dieser Phase aufbrechen können, klug und gewinnbringend zu bewältigen, sodass wir in den mittleren Jahren zur freisten Zeit unseres Lebens ansetzen können.

Ein Beratungsbuch

Die mittleren Jahre umfassen mehr als zwei Dekaden. Das ist eine weite Spanne. Die Fragen, die sich auf dem Hochplateau stellen, werden auch deshalb nicht immer und nicht für alle exakt dieselben sein. Mal werden eher die sich verengenden Zeithorizonte im Vordergrund stehen (Kapitel 2), mal eher Fragen der Bilanzierung mit den sie begleitenden Gefühlen von Bedauern und Reue, aber hoffentlich auch von Stolz und Dankbarkeit (Kapitel 3). Einige werden sich vermutlich zuweilen fragen, wie denn nun die Fülle zu verstehen sei, von der die Rede war, und was es bedeutet, dank Lebenserfahrung Reife und Souveränität zu erlangen (Kapitel 4). Wiederum andere plagt vielleicht das Gefühl, zwar vieles erreicht zu haben und sich doch leer zu fühlen und wenig Sinn im Trubel des Alltags zu erkennen (Kapitel 5). Die mittleren Jahre sind aber nicht nur eine Zeit der Fülle, sondern für manche auch eine Zeit der Überfülle, in der sie sich zwischen vielen Aufgaben aufreiben und den Eindruck nicht loswerden, selbst zu stagnieren und im Überdruss gefangen zu sein. Wo sind sie geblieben, die glanzvollen, ausgelassenen Zeiten, in denen wir uns lustvoll ins Leben stürzten – und wie finden wir zu ihnen zurück? (Kapitel 6). Die Kartografie, die ich hier versuche, bietet den Lesenden die Möglichkeit, selektiv in jene Gebiete oder Kapitel vorzudringen, die sie gerade am meisten beschäftigen und ansprechen. Zum Schluss wird deutlich werden, dass das Umherirren und Sich-Verirren, das Zweifeln und Fragen genauso zu dieser Phase gehören wie die stille Rast auf der Hochebene des Lebens (Kapitel 7).

Dieses Buch ist dabei dezidiert kein Ratgeberbuch, das zu sagen können meint, wie man die mittleren Jahre produktiv gestaltet und einer Lebenskrise schnellstmöglich entfliehen kann. Das kann es schon allein deswegen nicht, weil das Gefühl der Krise hier gerade philosophisch fruchtbar gemacht werden soll als Zustand, den wir nicht meiden oder verdrängen sollten, sondern den wir nutzen können, um zu neuen Erkenntnissen zu gelangen. Das Wort »Krise« oder »Krisis« leitet sich aus dem Griechischen ab und bedeutete ursprünglich »Unsicherheit«, »Zuspitzung« oder auch »Wendepunkt«. Medizinhistorisch verweist der Begriff auf den Höhe- oder Wendepunkt des Krankheitsgeschehens: Entweder führte eine Krankheit in die Katastrophe und letztlich den Tod oder aber in die Gesundung. Krisen sind damit so etwas wie Kipppunkte, die wesentliche Dinge zur Klarheit bringen, im Guten wie im Schlechten.

Möglicherweise ist die Mitte des Lebens also grundsätzlich krisenbehaftet, weil sich existentielle Fragen zuspitzen oder noch einmal neu stellen. Genau in diesem Sinne ist die Lebensmitte philosophisch von Interesse. Von Ludwig Wittgenstein stammt der Satz: »Ein philosophisches Problem hat die Form: ›Ich kenne mich nicht aus.‹«[34] Sich zu verirren, sich zu verlieren und nicht länger auszukennen in der Landschaft des Lebens, ist so verstanden auch der Anfang allen Philosophierens, der Beginn existentiellen Fragens und Suchens. Das Gefühl, sich nicht auszukennen, wird damit zu einem Moment persönlicher Verlorenheit, das philosophischer nicht sein könnte. Scheitert etwas kläglich, sprechen wir zuweilen davon, dass es zugrunde geht. In einer oder an einer Krise zugrunde zu gehen, könnte bestenfalls sogar heißen, an den eigenen Grund zu gelangen, an die Wurzeln dessen, was uns und unser Leben ausmacht. Aus der Verlorenheit entstünde auf diese Weise eine neue Fülle: die Einsicht in das, was für uns von großer Bedeutung ist und womit wir entschlossen weiter in die Jahre gehen wollen, die noch vor uns liegen.

Ein Ratgeber kann dieses Buch außerdem nicht sein, weil es ansonsten seinen Anspruch, eine Landkarte zu verkörpern, verriete. Eine Landkarte gibt keinen Weg vor, sie weist nur befestigte Wege und Straßen neben Felsregionen, Wäldern, Schneefeldern und Gewässern aus und spiegelt mit ihren Höhenkurven die Topografie einer Landschaft. Den Weg durchs Gelände finden und gehen muss jedoch jeder und jede für sich. C.G. Jung schrieb 1933 an einen seiner Patienten: »Ihre Fragen sind unbeantwortbar, da Sie wissen wollen, wie man leben *soll.* Man lebt, wie man leben *kann.* Es gibt keinen einzigen bestimmten Weg für den einzelnen, der ihm vorgeschrieben oder der passend wäre. […] Wollen Sie aber den individuellen Weg gehen, so ist es der Weg, den Sie machen, der nirgends vorgeschrieben ist, den man nicht im voraus kennt und der einfach aus sich selber entsteht, wenn man einen Fuß vor den anderen setzt.«[35] Eine Karte für die Wanderung durch die Landschaft der eigenen Möglichkeiten dabeizuhaben, könnte sich als hilfreich erweisen.

Vielleicht kann dieses Buch wenn auch kein Ratgeberbuch,

so doch ein Beratungsbuch sein: ein Buch für die Gemeinschaft der Suchenden, die sich in der Mitte des Lebens existentiellen Fragen stellen und erkennen, dass es das Beste ist, die »Ratlosigkeit […] zu unserer gemeinsamen Sache zu machen«, wie Hannah Arendt schreibt.[36] Ich lasse die ratlos Suchenden hier zu Wort kommen, bringe sie miteinander ins Gespräch und ziehe philosophische Stimmen bei. Was ich vorschlage, sind somit keine Lösungen, sondern Versuche, eine Lebensphase zu verstehen, die allzu oft nur als düster und verworren dargestellt wird und der ich eine Philosophie entgegensetzen will, die die mittleren Jahre als die potentiell beste Zeit unseres Lebens auslotet.

2

Ende in Sicht

»Wir alle haben zwei Leben. Das zweite beginnt, wenn wir erkennen, dass wir nur eines haben.«
MÁRIO RAUL DE MORAIS ANDRADE

»Es ist eine Plattitüde, dass wir stets im Schatten unseres Todes leben. Es ist nämlich ebenso wahr, dass wir im Schatten unseres Lebens sterben.«
RONALD DWORKIN[1]

Die Essayistin Marina Benjamin pflegt mit ihrer Tochter ein Ritual: Alle paar Wochen treten die beiden zum Größenvergleich an, stehen barfuß Rücken an Rücken, winden ihre Körper wie Eidechsen an der Wirbelsäule der je anderen entlang, während ihr Mann das ungleiche Paar als Schiedsrichter umkreist.[2] Noch überragt die Tochter ihre Mutter nicht, aber die Jüngere reckt sich einer Zukunft entgegen, in der sie über ihre Mutter hinauswachsen wird – nicht nur was die Körpergröße anbelangt. Je mehr sich die beiden Frauen dem Gleichstand nähern, umso häufiger werden die »Sortierfehler« im gemeinsamen Haushalt: Wäschestücke, T-Shirts und Pullover sind nicht mehr eindeutig zuordenbar und landen immer öfter im falschen Kleiderschrank. Die kindliche Welt beginnt sich zumindest in alltäglichen Dingen mehr und mehr der elterlichen anzugleichen – Essensportionen, Schuhgrößen, Schlafbedarf –, bevor die geteilten Realitäten wieder auseinanderdriften.

Wer eigene Kinder hat, wird ständig an den Fluss der Zeit erinnert: Krabbelte der Sohn nicht gerade noch durch die Wohnung und radelt nun mit Freunden allein ins Schwimmbad? Schlüpften im verstaubten Glasaquarium nicht eben die Kaulquappen, während wir heute unseren Weihnachtsbaumschmuck darin aufbewahren? Schultüten, zu kleine Schuhe, nicht mehr benutztes Spielzeug wandern auf den Dachboden und lagern sich auf Souvenirs von früheren Reisen, unliebsamen Geschenken und verstaubten Erbstücken als Sediment der familiären Zeitgeschichte ab. Dann und wann brechen wir die Schichten auf, weil wir etwas Bestimmtes suchen, und wundern uns, wo die Jahre geblieben sind, von denen die Gegenstände erzählen.

Auch wer keine Kinder hat, wird mit dem Gefühl der rasenden Zeit vertraut sein: Jährt sich unser Schulabschluss tatsächlich bereits zum zwanzigsten Mal, wie es auf der Einladung zur Jubiläumsfeier steht, die kürzlich im Briefkasten lag? Feierten wir nicht gerade noch unsere dreißigsten oder vierzigsten Geburtstage und werden nun schon zu den fünfzigsten und sechzigsten eingeladen? Belanglose Gespräche auf Stehempfängen oder beim Bäcker im Quartier enden immer häufiger nicht mehr mit einer Bemerkung über das Wetter, sondern mit der Feststellung, dass die Zeit wahnsinnig schnell vergehe. Warum nur ist diese Feststellung meist von einem Seufzen begleitet – schon wieder eine Woche, ein Sommer, ein Jahr vorbei?

Vergänglichkeit

Zuweilen sind wir ja durchaus dankbar, dass die Zeit vergeht, sie könnte sogar gern noch schneller verrinnen: beim Schlangestehen auf dem Postamt, beim Warten im Stau oder wenn wir mit Grippe im Bett liegen. Aber den großen Bogen, die eigene Lebenszeit, spannen wohl die meisten gerne weit und wünschten, die Jahre würden gemächlicher ins Land ziehen. Weshalb hadern wir so sehr damit, dass die Zeit unweigerlich und irgendwie meist zu schnell vergeht?

Manchmal sind wir wohl traurig, dass die Zeit verstreicht, weil uns der Moment zu kostbar ist, um ihn ziehen zu lassen. Das ist die eine Form von Vergänglichkeitsschmerz: Wir hadern, weil wir schöne Tage oder erfüllende Stunden festhalten wollen und doch wissen, dass sie uns stetig und unwiederbringlich entgleiten. Wie schön wäre es, die Sommerferien am Meer, der heitere Abend unter Freundinnen oder das Wochenende mit unserer neuen Liebe währten ewig! Man würde die Zeit am liebsten anhalten können: Selig im Moment, möchten wir um keinen Preis, dass er zu einem Ende kommt. Das Leiden an der Vergänglichkeit ist also bisweilen ein Zeichen für eine gerade besonders glückliche Gegenwart, in der man am liebsten für immer aufgehoben wäre. Goethes Doktor Faust ist genau dieses beglückende Gefühl abhandengekommen, und damit auch eine zentrale Quelle menschlicher Lebensfreude. Dem deprimierten Wissenschaftler ist seine Existenz so zuwider, dass er sich in seiner Verzweiflung nicht vorstellen kann, je wieder so glücklich zu sein, dass er von Vergänglichkeitsschmerz überwältigt die Uhrzeiger anhalten wollen würde. Deshalb schließt er einen Pakt mit dem Teufel und kommt mit ihm überein, dass dieser seine Seele zur freien Verfügung erhalte, wenn Faust ihn auch nur einmal anflehe, die Zeit solle stillstehen: »Werd' ich zum Augenblicke sagen: Verweile doch! Du bist so schön! Dann magst du mich in Fesseln schlagen, dann will ich gern zugrunde gehn!« Die Begeisterung für den gegenwärtigen Moment führt, so verstanden, die Abneigung gegen die Vergänglichkeit mit sich. Kinder sind besonders gut darin, dem Vergänglichkeitsschmerz zuvorkommen zu wollen, indem sie schon »Noch mal!« rufen, bevor das Karussell überhaupt zum Stillstand gekommen ist.

Manchmal ist einem der Fluss der Zeit aber aus einem anderen Grund zuwider, nämlich weil er beständig den Raum mit sich fortreißt, den wir für so vieles vorgesehen hatten, was wir unbedingt noch anpacken und erledigen wollten. Das ist der andere Vergänglichkeitsschmerz, der uns befallen kann: Wir hoffen auf eine gnädige Retardierung, weil wir fürchten, nicht mehr hinreichend Zeit zu haben für das, woran uns wirklich liegt. Genau genommen wollen wir die Zeit dann gar nicht anhalten, sondern vielmehr dehnen, um mehr in ihr unterzubringen, als vom jetzigen Standpunkt aus Platz hat. Auch dieses Gefühl dürfte vielen aus dem Alltag vertraut sein, wenn sie in eine unangenehme Hetzerei verfallen und die vorrückenden Zeiger verfluchen, weil ihnen die Zeit davonläuft und sie bereits ahnen: Obwohl sie sich so beeilt haben, wird die Zeit wieder nicht reichen, rechtzeitig aus dem Büro zu kommen, pünktlich bei einer Verabredung zu sein oder abends noch in Ruhe einen Film zu schauen. Nie werden wir rechtzeitig fertig, nie sind die Stapel abgetragen! Umso mehr gäben wir darum, die Uhren anhalten zu können, um alles zu beenden, was drängt, und danach endlich wirklich frei zu walten und zu schalten.

Die mittleren Jahre können von beiden Formen des Vergänglichkeitsschmerzes in besonderer Weise durchzogen sein: Die einen sind nach einem steilen Aufstieg erst einmal in einer ruhigeren Gegend angekommen und würden sich gern auf den erarbeiteten Lorbeeren ausruhen. Sie wünschen vielleicht, es möge ewig so entspannt und friedlich weitergehen, glücklich gebunden, beruflich etabliert, die Kinder aus dem Gröbsten heraus. Kann es nicht einfach bleiben, wie es ist? Doch was einem in jüngeren Jahren noch nicht so bewusst war, drängt sich immer mehr in die eigene Wirklichkeit: In einiger Ferne, aber doch bereits sichtbar, wartet das sichere Ende auf uns – und davor die Lebensphase des Alters, mit dem man sich in der Lebensmitte selten schon befassen mag. Wer mit zwanzig in sein Erwerbsleben eintritt, hat kurz nach vierzig bereits die Hälfte seiner Zeit als Arbeitnehmer hinter sich. Zwar beginnt für einige nach der Pensionierung die beste Zeit ihres Lebens, weil sie sich völlig pflichtfrei und im eigenen Takt dem zuwenden können, was sie wirklich interessiert. Die Optionen können sich also gerade in den späteren Lebensjahren noch einmal weiten. Doch das ändert nichts daran, dass unsere Lebenszeit eine begrenzte Frist bleibt und irgendwann der allerletzte Vorhang fällt.

Die anderen fragen sich in der Lebensmitte eher, was aus ihren einstigen Plänen, die sie in jungen Jahren geschmiedet haben, geworden ist, und hadern mit der Vergänglichkeit, weil sich mit ihr die Möglichkeitsfenster langsam, aber sicher zu schließen beginnen. So viel Zeit ist bereits vergangen, und noch immer ist keine Ausbildung abgeschlossen, der Partner nicht gefunden, mit dem sich eine Familie gründen ließe, die ersehnte Ruhe nicht eingekehrt, auf die man schon eine gefühlte Ewigkeit hinarbeitet. Was, wenn es das schon gewesen sein soll und die Hoffnung auf bessere Zeiten vergeblich war? Wenn sich überhaupt nur ein Bruchteil dessen, was man sich wünscht und ersehnt, in der rasenden und sich verengenden Zeit unterbringen lässt, die einen oft atemlos oder sogar panisch zurücklässt? In seinem *Mythos von Sisyphos* setzt der Philosoph Albert Camus den Zeitpunkt, in dem der Mensch die Zeit als seinen »Feind« erkennt, bei dreißig Jahren an, weil er dann erkenne, dass er sich in ihr verorten müsse: »Es kommt ein Tag, da stellt der Mensch fest, daß er dreißig Jahre alt ist. Damit beteuert er seine Jugend. Zugleich aber bestimmt er seine Situation, indem er sich in Beziehung zur Zeit setzt. Er nimmt in ihr seinen Platz ein. […] Er gehört der Zeit, und mit jenem Grauen, das ihn dabei packt, erkennt er in ihr seinen schlimmsten Feind.«[3]

So bedacht, ist es weniger die Vergänglichkeit der Zeit, die wohl vielen in ihren mittleren Jahren zuzusetzen beginnt, als vielmehr die Endlichkeit des eigenen Lebens: das Wissen darum, dass wir noch so oft um eine weitere Runde Karussellfahren betteln mögen – irgendwann steht es für alle still. Wenn sich Fristen ewig dehnen ließen, verschwände die Bedrängnis der laufenden Uhren nämlich. Doch diesen Gefallen tun die Fristen uns nicht. Unser Vergänglichkeitsschmerz ist also genau genommen ein Endlichkeitsschmerz, und das Seufzen beim Smalltalk: »Schon wieder ein Jahr vorbei!«, speist sich aus dem Wissen darum, dass nicht die Zeit vergänglich ist, sondern wir und unsere Leben es sind, die allmählich vergehen und irgendwann ausgelöscht sein werden.

Während Kinder und Jugendliche meist nach vorn streben und sich noch danach sehnen, älter und damit auch unabhängiger zu werden mit eigenem Geld, eigener Wohnung und Plänen, die sie nach Gutdünken schmieden und verwerfen können, die Zeit ihnen also oft gerade nicht schnell genug vergehen kann, hoffen jene, die in der Lebensmitte angekommen sind, wohl häufiger auf einen temporalen Aufschub, weil sie nicht wollen und dennoch spüren, dass das eigene Leben ein Ablaufdatum hat. Der Psychoanalytiker Elliott Jaques, der den Begriff der »midlife crisis« in den 1960er Jahren geprägt hat, wertet die Bewusstwerdung der Endlichkeit als zentral für die mittlere Lebensphase und deren Krisenanfälligkeit. Es sei seltsam paradox und vielleicht sogar ein wenig grausam, dass wir »beim Eintreten in die Blütezeit des Lebens, in das Stadium der Erfüllung schon das Ende von Blütezeit und Erfüllung sehen«.[4] Die Fülle der mittleren Jahre ist also das Resultat davon, dass bereits ein gutes Wegstück hinter uns liegt und wir hoffentlich reich an Erfahrungen aus dem Vollen schöpfen können. Gleichzeitig bedeutet, über diesen Erfahrungsschatz zu verfügen, dem Ende bereits näher zu sein, als uns vielleicht lieb ist.

Auch wenn es einem nicht immer bewusst ist, dürfte es wohl stimmen: Die Wehmut, die einen an Silvester ergreifen kann, weil schon wieder ein Jahr vorbei ist, hat wenig damit zu tun, dass dieses eine bestimmte Jahr nie wiederkommen wird. Die meisten dürften diese Wehmut nämlich auch dann empfinden, wenn sie erleichtert sind, dass ein bestimmtes Jahr vorüber ist – etwa, weil sie beruflich sehr belastet waren und nun endlich auf ruhigere Zeiten blicken oder weil das Privatleben aus dem Lot geraten ist und sie hoffen, das Schlimmste überstanden zu haben. Selbst wenn sie also froh sein können, dass die unschönen Zeiten vergangen sind, bedauern die meisten ab einem bestimmten Alter, dass verflogene Jahre von ihrer gesamten Lebenszeit abgehen und wie die Körner einer Sanduhr eines nach dem anderen nach unten in die Vergangenheit fallen. Der Lauf der Zeit ist eben kein Kreislauf, sondern eine Strecke, auf der wir stündlich, ja sekündlich vorwärtsschreiten und auf der es keine Rückwärtsbewegung gibt.

Sich das eigene Leben als eine solche Gerade mit einem Anfang und einem Ende vorzustellen, ist nicht schwer. Bloß reichlich abstrakt. Schwerer fällt es hingegen, die eigene gegenwärtige Position realistisch auf einem persönlichen Zeitstrahl zu markieren. Der Psychiater Irvin Yalom bittet seine Klientinnen und Klienten regelmäßig, genau diese Übung auszuführen. Während vieler Jahre hat er beobachtet, dass sich gerade Menschen mittleren Alters lieber vor ihr drücken.[5] In der Lebensmitte zu stehen, bedeutet, dass sich das Verhältnis der uns bleibenden Zeit im Vergleich zum gelebten Leben größenmäßig umkehrt und die Markierung zunehmend nach rechts rutscht. Wer führt sich das schon gern vor Augen? Da hilft im

Übrigen auch kein Tricksen, wie es der Titel einer Frauenzeitschrift versucht hat: *Brigitte wir* – der Titel wurde 2023 eingestellt – richtete sich in ihrer Selbstbeschreibung an Frauen ab sechzig und nannte sich im Untertitel *Das Magazin für die dritte Lebenshälfte*. Man mag im Alter zwar »dritte Zähne« bekommen – eine »dritte Hälfte« gibt es hingegen für niemanden.

Gelegentlich wird behauptet, in unserer Gesellschaft werde der Tod als definitiver Endpunkt unserer Lebenszeitachse stärker denn je verdrängt. Wenn mit dieser These gemeint sein soll, dass wir über den Tod nicht sprechen, halte ich sie für falsch. Noch nie zuvor sind so viele Bücher über Sterben und Tod erschienen, die sich an ein breites Publikum richten, und kaum ein Jahr vergeht, ohne dass sich eine große Ausstellung dem Thema der menschlichen Vergänglichkeit widmet. Einige besuchen sogar analog zur Geburtsvorbereitung Kurse in »Letzter Hilfe«. Bestatterinnen, die verweste Leichen würdevoll herrichten, Kriminalpsychologen, die Mordopfer untersuchen, und Thanatologinnen, die den Tod zu ihrem Forschungsgebiet gemacht haben, sind beliebte Talkshowgäste. Zwar stimmt wohl, dass mit Pluralisierung und Säkularisierung die festen Riten im Umgang mit Sterben und Tod an Bedeutung und vor allem an öffentlicher Sichtbarkeit eingebüßt haben: Das Totenglöcklein, das bei jedem Dahinscheiden eines Dorfbewohners läutete, ist mittlerweile vielerorts verstummt, der Leichenzug durchs Dorf eingestellt, und die Toten werden nur noch selten zuhause aufgebahrt. Das Sterben ist also in unserer Gesellschaft möglicherweise weniger deutlich sichtbar als früher. Das ändert nichts daran, dass über die letzten Dinge heute so offenherzig und tabulos berichtet wird wie nie zuvor. Der Tod ist in unserer Gesellschaft mitnichten der große Verdrängte.

Verdrängt wird lediglich, wenn überhaupt, der *eigene* Tod: Wir denken nämlich über das Ende des Lebens für gewöhnlich seltsam abstrakt nach, als ginge es um eine Angelegenheit, die durchaus andere, nicht aber uns selbst betrifft. Damit ähneln viele der literarischen Figur des Iwan Iljitsch, des vermögenden Geschäftsmanns aus Leo Tolstois gleichnamiger Erzählung von 1886, der sich auf dem Totenbett an den Syllogismus erinnert, den er zu Schulzeiten gelernt hat: »Cajus ist ein Mensch, alle Menschen sind sterblich, also ist auch Cajus sterblich.« Iljitsch hat den logischen Schluss zwar verinnerlicht, ihn aber nie auf sich bezogen: Er sei ihm vielmehr »sein ganzes Leben hindurch rechtmäßigerweise lediglich als auf Cajus anwendbar vorgekommen, keinesfalls aber auf ihn, Iwan Iljitsch, selber.«[6] Pikanterweise lässt Tolstoi seinen Protagonisten in jungen Jahren sogar eine kleine Medaille kaufen, die er an seine Uhrkette hängt und auf der steht: »Respice finem!«, »Bedenke das Ende!«[7] Doch das ändert nichts daran, dass Iljitsch lebt, als gäbe es kein Ende, und sein Glück auf bessere Stunden vertagt, bis er es aufgrund seines frühzeitigen Todes verpasst.

Der Künstler Marcel Duchamp ließ auf seinen Grabstein die Worte meißeln: »D'ailleurs, c'est toujours les autres qui meurent.« (»Es sind übrigens stets die anderen, die sterben.«) Aber wir selbst? Unvorstellbar!

Doch wäre nicht zu sterben und ewig zu leben besser? Nur wenn sich das behaupten ließe, müssten wir mit der eigenen Endlichkeit hadern. Die Philosophie zerbricht sich über die Frage, ob unendlich zu leben eine gute Sache wäre, seit Jahrhunderten den Kopf.[8] Eine Antwort hängt nicht zuletzt davon ab, wie dieses ewige Leben ausgestaltet wäre. Würde ewig zu leben heißen, stets weiter zu altern und schließlich nur noch auf einer Schwundstufe dessen, was uns lieb und teuer ist, zu verharren? Das fände wohl kaum jemand attraktiv, im Gegenteil: Hochbetagte Menschen sehnen den Tod zuweilen geradezu herbei, weil sie müde sind von einem Leben, dem sie sich nicht mehr gewachsen fühlen, weil alles beschwerlich und jedes Vorhaben mühsam wird. Würden wir hingegen nicht weiter altern, sondern zum Beispiel als mittelalte Personen ewig weiterexistieren, eingefroren im Alter von vierzig, sähe die Sache wohl schon anders aus. Außerdem ist für die Bewertung der Unsterblichkeit von großer Bedeutung, ob wir verpflichtet wären, ewig zu leben, oder das Geschenk des Lebens jederzeit freiwillig zurückgeben könnten.

Ausschlaggebend ist sicher auch die Frage, ob wir die Einzigen wären, die über diese gottähnliche Eigenschaft verfügten, oder ob alle Menschen ewig lebten. In ihrem 1946 erschienenen Roman *Alle Menschen sind sterblich* erfindet Simone de Beauvoir die Geschichte eines Mannes, der im fünfzehnten Jahrhundert in Italien geboren ist und einen Trank zu sich genommen hat, der ihn unsterblich macht. Über die Jahrhunderte hinweg kann er zwar hier und da ein paar Erfolge für sich verbuchen, nicht zuletzt aufgrund einer Lebenserfahrung, auf die in so umfassendem Ausmaß sonst niemand zurückgreifen kann. Doch zugleich muss er immer wieder hinnehmen, dass geliebte Menschen sterben und er von Neuem allein zurückbleibt. Keine Freundschaft, keine Liebe bleibt ihm erhalten, und der Schmerz, den er darüber empfindet, entfremdet ihn immer mehr von allen anderen.

Unsterblichkeit wäre also womöglich attraktiver, wenn wir alle gleichermaßen unsterblich wären. Doch Hand aufs Herz: Wer wollte das wirklich? Dutzende Male um die Welt reisen, alle Instrumente eines Orchesters erlernen und tausend Jahre Zeit, um sich durch eine ganze Bibliothek zu lesen: Wäre das die Erfüllung unserer Träume oder eher zum Gähnen? Führt man sich die Qualen der griechischen Götter vor Augen, die in der Welt der Sagen den Olymp bewohnten, scheint eher Letzteres der Fall zu sein. Böse Zungen behaupten, die unsterblichen Götter hätten sich nur aus Langeweile die Köpfe eingeschlagen, einander Meeresungeheuer auf den Leib gehetzt und ganze Heerscharen an Nachwuchs gezeugt. Wer so lange lebt, muss sich einiges einfallen lassen, um lebenslustig zu bleiben, denn in der ewigen Repetition werden selbst die ausgedehntesten Reisen, die prickelndsten Affären und die interessantesten Studien öde. Auch mehr vom Besten ist irgendwann mehr vom Gleichen – ganz abgesehen davon, dass sich bei uns Menschen auch Liebeskummer, Magenverstimmungen und Misserfolge in die Repetitionsschlaufe fügen würden. »Die Ewigkeit dauert lange, besonders gegen Ende«, soll Woody Allen einmal gesagt habe. So unrecht hatte er damit nicht.

Auch wenn der Tod manchmal ein großes Unglück ist – unsterblich zu sein, wäre es tatsächlich erst recht, meint deshalb der Philosoph Bernard Williams.[9] Das, was ein menschliches Leben attraktiv mache und einem Grund gebe, weiter am Leben bleiben zu wollen, seien nämlich in erster Linie sogenannte »kategorische Wünsche«: Wünsche, für deren Erfüllung wir brennen und die uns in die Zukunft ziehen. Eine Physikerin möchte zum Beispiel noch die Richtigkeit ihrer Formel beweisen, ein Vater noch Großvater oder sogar Urgroßvater werden, eine Alpinistin alle Viertausender erklimmen. Für Bernard Williams sind es allein diese kategorischen Wünsche, die in uns die Sehnsucht nähren, das Leben möge weitergehen. Schließlich haben wir noch etwas zu erledigen oder zu erleben, an dem uns wirklich liegt. Einen Tod nennen wir entsprechend »verfrüht«, wenn er kategorische Wünsche vereitelt: das, was jemand noch vorhatte im Leben, das sie oder ihn im Innersten bewegt und ausgemacht hat. Für Williams ist augenscheinlich klar, dass all unsere kategorischen Wünsche irgendwann nach einem sehr langen Leben erfüllt sind. Die Formel ist dann bewiesen, die Familie um Enkelinnen und Urenkel gewachsen, die Gipfel sind erklommen. Ewig weiterleben zu müssen, wenn einen nichts mehr in die Zukunft zieht, hält er für grausam.

Hat Williams damit recht? Weshalb sollten wir nicht im Lauf eines unendlichen Lebens immer neue kategorische Wünsche ausbilden können? Auf die wissenschaftliche Laufbahn würde vielleicht ein Leben als Weltenbummlerin folgen. Nachdem alle Gipfel erklommen sind, lockte vielleicht der Plan, alle Gewässer zu durchschwimmen. Bernard Williams entgegnet: Wir könnten wohl neue kategorische Wünsche ausbilden, würden dann aber zu einer anderen Person. Denn kategorische Wünsche seien eng verwoben mit unserer Identität, weshalb wir sie nicht abstreifen können wie eine Schlange ihre alte Haut. Streng genommen wären es also nicht wir, die unendlich lange weiterlebten, sondern immer wieder neue Personen an unserer Stelle. Aber auch dieser Einwand überzeugt nicht wirklich: Könnten wir uns nicht langsam wandeln und neue

Projekte finden und so dem Lebensüberdruss entkommen? Schließlich haben Eltern auch erst den kategorischen Wunsch, ihre Kinder noch aufwachsen zu sehen, wenn sie Eltern geworden sind. Waren sie davor wirklich andere Personen? Lebten wir alle ewig, würden vielleicht viele verschiedene Lebensphasen ineinanderfließen und dabei immer so viel Verbindung untereinander aufweisen, dass eine stabile Identität ausgebildet und gelebt werden könnte. Und um die personale Identität zu sichern, reichte es vorauszusetzen, dass sich die Person jeweils an diejenigen Phasen ihrer Existenz erinnert, die der Gegenwart mehr oder weniger unmittelbar vorangegangen sind.[10]

Wie ich es auch drehe und wende – am Ende scheint mir, wenn ich an die Begrenztheit meines eigenen Lebens denke, der Schriftsteller Julian Barnes recht zu haben: Die Argumente gegen den Wert der Unsterblichkeit leuchten ihm zwar halbwegs ein – »aber wie wärs mit ein bisschen ewigem Leben? Einem halben? Okay, ich nehm auch ein viertel.«[11] Doch nicht einmal das mickrige Viertel Ewigkeit ist uns vergönnt. Auch wenn findige Wissenschaftler im Silicon Valley an einer Überwindung des menschlichen Todes arbeiten wollen, gestorben ist bis jetzt noch jede und jeder.[12] Die Mortalität der menschlichen Gesamtbevölkerung beträgt nach wie vor durchschnittlich hundert Prozent.[13]

In der Lebensmitte, irgendwann ab vierzig, vielleicht auch erst um die fünfzig, drängt sich diese Erkenntnis immer dreister in unser Bewusstsein. Manche verlieren möglicherweise erstmals unerwartet einen Freund, der mitten aus dem Alltag gerissen wird, oder sie müssen sich für immer von den eigenen Eltern verabschieden. Andere sehen sich, vielleicht völlig überraschend, selbst mit einer schweren Diagnose konfrontiert, die ihnen bewusst macht, dass Alter, Krankheit und Tod zum Leben dazugehören und diesem mit absoluter Sicherheit ein Ende setzen werden. Einige müssen sich freilich schon bedeutend früher mit dem Tod auseinandersetzen, weil sie zum Beispiel bereits als Kinder mit dem Verlust eines Elternteils oder Geschwisters zu kämpfen haben. Aber verlieren wir aufgrund eines tragischen Unfalls oder einer heimtückischen Krankheit deutlich verfrüht einen geliebten Menschen, sind wir noch nicht gezwungen, einen zweiten Gedanken zuzulassen: Die nachrückende Generation, die als Nächstes abzudanken hat, das sind wir. Und es ist dieser zweite Gedanke, der wie das Bewusstsein um die eigene Sterblichkeit meist erst in den mittleren Jahren in Sichtweite gelangt.

Beginnen wir einmal mit dem Rechnen, ist unser Leben ja tatsächlich skandalös kurz. Es bleiben uns, wenn wir achtzig Jahre alt werden, total gerade einmal viertausend Wochen. Je nachdem, wie lange wir ab heute noch leben, sind es in der Mitte also vielleicht noch mickrige zweitausend Wochen. Zweitausend Wochen! Da könnte man fast schon beginnen, Kreidestriche für jede Lebenswoche übers Bett zu malen, wie ich es als Kind mit den Tagen gemacht habe, die es noch bis zu den Sommerferien dauerte. Angesichts des geschätzten Alters unseres Universums – rund 13,7 Milliarden Jahre – ist unser Leben nur ein winziger Augenblick.[14] Wie sollte man das gelassen hinnehmen?

Die Frage, was das sichere Wissen um das eigene Ende für uns Menschen bedeutet und wie sich mit dieser Gewissheit umgehen lässt, gehört seit Beginn der Philosophiegeschichte zu ihren Grundthemen. Zwar leben auch Tiere nicht ewig, auch ihre Existenz geht eines Tages unweigerlich zu Ende. Aber nur die Menschen wissen im Sinne einer bewussten Einsicht um ihre Sterblichkeit und haben mit ihr einen Umgang zu finden.[15] Für einige Philosophen war das Wissen um den eigenen sicheren Tod sogar der Anlass allen Philosophierens überhaupt: »Philosophieren heißt sterben lernen« lautet eines der geflügelten Worte der Philosophie. Diese Idee findet sich bereits im Dialog *Phaidon* von Platon, der vom Tod und von der Unsterblichkeit der Seele handelt. Der römische Philosoph Cicero greift sie in seinen *Tuskulanischen Gesprächen* wieder auf, genauso wie der Renaissance-Philosoph Michel de Montaigne, der in seinen *Essais* über die Frage sinniert, wie der Mensch nicht nur einen erträglichen, sondern vielleicht sogar einen ertragreichen Umgang mit der eigenen Endlichkeit finden kann.

Da wir den Tod ohnehin nicht besiegen können, hält Montaigne es für die beste Strategie, sich seiner unentwegt gegenwärtig zu sein. Stolpere das eigene Pferd oder falle einem ein Ziegelstein vor die Füße, solle das zum Anlass genommen werden, kurz an das eigene sichere Ende zu denken und sich zu freuen, dass man noch am Leben sei. Der Tod sei im Wesentlichen nur deshalb ein Problem, weil wir ihn fürchteten. Leben lernen, indem man sterben lernt, meint also bei Montaigne nichts anderes, als die Angst vor dem Tod abzulegen, indem wir uns an ihn gewöhnen.[16] Montaigne hoffte für seinen Teil, der Tod werde ihn bei einer alltäglichen Arbeit überraschen, sodass er selbst kein großes Aufheben um ihn machen müsse – beim Kohlköpfe-Pflanzen zum Beispiel. Er starb dann etwas weniger profan, aber zumindest überraschend an einem Schlaganfall in seiner Schlosskapelle, während eine Messe zelebriert wurde.

Das Problem mit der Ermahnung, sich mit dem Wissen um die eigene Sterblichkeit zu versöhnen, ist allerdings, dass von einem »Wissen« zu sprechen in dieser Angelegenheit deutlich übertrieben ist: Wir tappen nicht nur im Dunkeln hinsichtlich des Zeitpunktes, zu dem der Tod uns ereilen wird (»mors certa, hora incerta«, besagt ein lateinisches Sprichwort[17]), sondern haben auch keinerlei Möglichkeit, an Informationen darüber zu gelangen, wie es ist, tot zu sein.[18] Genau genommen erschöpft sich alles, was über den Tod bekannt ist, in purer Negation: Wer tot ist, denkt nicht mehr, fühlt nicht mehr, handelt nicht mehr, reagiert nicht mehr, plant nicht mehr, leidet nicht mehr, freut sich nicht mehr.

Manche dürften dies nicht nur bedauerlich finden, sondern ebenso beängstigend: Sich vorzustellen, dass ich selbst, also die Person, die jetzt gerade denkt und diese Sätze liest, auf ein Nichts zusammenschrumpfte und zu sein aufhörte, hat etwas Beklemmendes. Als Kind habe ich mir darüber beim Einschlafen oft den Kopf zerbrochen, und es versetzte mir stets einen Schauer, das eigene Totsein denken zu wollen. Manchmal stellte ich mir in erster Linie vor, wie mein Begräbnis wohl aussähe, und sonnte mich innerlich im Gedanken, dass die Mädchen, die mich tagsüber vom Spiel ausgeschlossen hatten, beschämt an meinem Grab stehen und bereuen würden, dass sie gemein zu mir gewesen waren. (Den umgekehrten Fall, dass ich an ihrem Grab etwas bereuen würde, stellte ich mir sonderbarerweise nie vor.) Weitaus gruseliger aber war das

Nachdenken darüber, wie es nach meinem Tod weiterginge und wie mein Bewusstsein, mein eigenes Ich, sich auflösen würde. Dieser Schwindel, der einen ergreift, wenn man das zu denken versucht, was die Auslöschung allen Denkens markiert, zeigt sich als eine Art existentielle Angst, als eine Art schwindelerregender Selbstwiderspruch.[19]

Julian Barnes hat seinem Buch über den Tod den Titel gegeben: *Nichts, was man fürchten müsste.* Die meisten würden den Titel allerdings so verstehen, als ob der Tod nichts an sich hätte, vor dem man Angst haben müsste – eine beruhigende Botschaft also. Wohingegen eine zweite und beunruhigende Lesart genauso möglich scheint: Der Tod ist das absolute Nichts – und genau deshalb furchterregend.[20] Mir leuchtet Barnes' zweite Lesart leider unmittelbar ein, obwohl sie philosophisch gesehen wenig überzeugend ist. Was nicht gedacht werden kann, kann auch nichts Gruseliges an sich haben. Rein logisch kann ich diesem Gedanken folgen, beruhigt hat er mich dennoch nie, und die Verwirrung beim Denken ans eigene Totsein verschwindet nicht.

Wer religiös ist und an ein ewiges Leben glaubt, wird zwar davon ausgehen, dass es bei diesem Nichts nicht bleiben wird, sondern dass es irgendwie weitergeht oder neu anfängt. Manche vertrauen sogar darauf, dass im Jenseits ein weitaus besseres Leben winkt als im Hier und Jetzt. Der Tod wäre demnach nur das Ende allen körperlichen Lebens, während der Geist oder die Seele in einen anderen, besseren Zustand überginge. Aber zum einen kann einem nichts und niemand garantieren, dass dieses postmortale Weiterleben ein schönes sein wird, wenn es denn zu einem solchen kommt. Zum anderen gilt selbst für Menschen, die an ein Leben nach dem Tod glauben, dass ihr menschliches Dasein, wie sie es jetzt kennen, ein Ende haben wird. Das Totsein lässt sich deshalb wirklich von niemandem in der Weise denken, wie wir über Ferienpläne, eine verflossene Liebe oder künstliche Intelligenz nachdenken können.

Wenn wir aber nichts wissen können vom Totsein, warum ist dann der Gedanke an das eigene Ende dennoch für viele unangenehm und bedrückend? Tatsächlich bestünde der naheliegendste Umgang mit dem Problem des Todes wohl darin, ihm seine Spitze zu nehmen, indem wir rundweg bestritten, dass uns der eigene Tod überhaupt etwas angehe: Wohl wahr, dass unser Leben dereinst zu Ende sein wird. Aber noch stehen wir mitten im Leben. Weshalb also bereits jetzt die eigene Endlichkeit bedauern? Sind wir später tatsächlich tot, braucht uns der Tod ebenfalls nicht zu interessieren: Es gibt das Ich, das bedauern könnte, dass das irdische Leben vorüber ist, ja gar nicht länger. Ist also mit Blick auf den eigenen Tod nicht die einzig vernünftige Haltung, ihm gegenüber vollkommen gleichgültig zu sein?

Der griechische Philosoph Epikur, der im dritten Jahrhundert vor Christus lebte, hat das exakt so gesehen. In seinem »Brief an Menoikeus« beschreibt er das eigene Ende als den stets verpassten Moment: »Das Schauererregendste aller Übel, der Tod, betrifft uns überhaupt nicht; wenn ›wir‹ sind, ist der Tod nicht da; wenn der Tod da ist, sind ›wir‹ nicht. Er betrifft also weder die Lebenden noch die Gestorbenen, da er ja für die einen nicht da ist, die andern aber nicht mehr für ihn da sind.«[21] Im Blick hat Epikur hier allerdings nur den eigenen Tod. Dass manche das Ende von geliebten Menschen fürchten, weil sie dann allein zurückbleiben, ist ja durchaus nachvollziehbar.

Aber selbst wenn Epikur lediglich die Ansicht vertritt, dass einen nur der *eigene* Tod nichts angehe, hat sein Argument offensichtliche Schwächen: Der Tod geht einen beispielsweise ganz sicher etwas an, wenn er herbeigesehnt wird. Stellen wir uns vor, jemand ist sehr krank und wünscht sich, endlich von seinem Leiden erlöst zu werden. Dann einzuwenden: »Dein eigener Tod geht dich nichts an, denn solange du lebst, bist du nicht tot, und bist du tot, lebst du nicht mehr«, wäre, gelinde gesagt, unangebracht. Aber damit ist die Schwierigkeit nicht gelöst, zu begründen, warum uns der Tod etwas angehen soll, solange wir gerade *nicht* sterben wollen. Und diesbezüglich scheint Epikurs Argument durchaus hilfreich: Insofern als das eigene Ende nicht erlebt werden kann, kann es mir offenbar nichts anhaben und muss mich deshalb auch nicht kümmern. Ist das nicht zumindest ein bisschen tröstlich?

Haben wir Angst vor dem Tod im Sinne *eines Erlebens des Todes* (so wie man Angst davor haben kann, eine Achterbahn zu besteigen, weil man fürchtet, die Loopings nicht zu ertragen und nicht aussteigen zu können), hat Epikur mit seiner Behauptung zweifelsohne recht: Es ist nicht angemessen, den eigenen Tod zu fürchten, denn wir werden ihn nie erleben.[22] Etwas zu erleben, setzt Bewusstsein voraus, und gemäß der gängigen Todesdefinition heißt tot zu sein, über kein Bewusstsein zu verfügen und dieses auch nie wieder zu erlangen. Insofern kann der Tod unmöglich zu den Dingen gehören, die man erleben kann. Allerdings fürchten beim Gedanken ans eigene Ende wohl viele gar nicht den Tod als Zustand im Sinne von »tot sein«. Sondern sie haben Angst vor dem Prozess des Sterbens, den wir ja meistens (sind wir nicht sediert oder sterben einen Sekundentod) erleben und der durchaus qualvoll sein kann. Gerade weil Schmerzen, Angst, Atemnot und Verwirrung das eigene Sterben begleiten können, geht es uns durchaus etwas an.

Indes ist es wohl kaum die Angst vor dem Sterben, die Angst vor den letzten Tagen oder Stunden, die Menschen in ihren mittleren Jahren umtreibt. Diese ergreift sie vielleicht im hohen Alter, wenn das eigene Ende spürbar näher rückt oder sie an einer Krankheit leiden, die ihnen das Leben vermutlich schon bald entreißen wird. Sind wir hingegen gesund und munter, wird uns in der Mitte des Lebens doch eher die Tatsache bedrängen, dass wir uns täglich mehr auf unser Ende zubewegen – also jener Vergänglichkeitsschmerz, dem wir anfangs begegnet sind und dessen eine Quelle in den sich verengenden Zeithorizonten liegt. Die meisten dürften in ihren mittleren Jahren also genau genommen weder den Tod noch das Sterben fürchten, sondern ihre eigene ablaufende Lebenszeit, deren Fluss umso spürbarer ist, je stärker wir die Zeit nicht mehr als Fülle, sondern als knapper werdende Frist wahrnehmen.

Deprivation

Befristet sind nicht nur banale Dinge wie Mietverhältnisse, Zeitungsabos und Bibliotheksausweise, befristet ist auch unser Leben, und der Tod durchkreuzt irgendwann unser irdisches Planen, ohne dass sich die Frist stets von Neuem erstrecken ließe. Der Tod verunmöglicht, dass wir überhaupt weiter Dinge erleben können, ja, er entreißt uns das ganze Leben, das sicher nicht immer hochglänzend und bunt, sondern in allen Schattierungen und Farbtönen daherkommt, von dem wir in der Mitte des Lebens aber für gewöhnlich noch längst nicht satt sind. Das Problem des Todes ist also vielleicht gar nicht in erster Linie, dass er ein verbrachtes Leben beendet, als vielmehr, dass er ein noch nicht gelebtes Leben unterbindet und jede Zukunftsmöglichkeit tilgt. In der Philosophie spricht man in diesem Zusammenhang vom Problem der »Deprivation«, der Beraubung: Der Tod entreißt uns gegen unseren Willen alle erdenklichen Formen von Zukunft.[23] Weil uns der Tod die Möglichkeit nimmt, überhaupt weiter am Leben zu sein, geht er uns also durchaus etwas und sogar sehr viel an.

Das gilt vor allem für die mittlere Lebensphase: In jungen Jahren drücken zwar zuweilen Termine und Abgabefristen. Aber das Leben an sich erstreckt sich noch in einer schier endlosen Weite vor uns, und was heute nicht möglich ist, wird es vielleicht morgen sein. Im hohen Alter wiederum verkürzt sich die verbleibende Lebenszeit immer mehr. Damit nimmt wohl für viele auch die Bedeutung von Zielen und Plänen ab. In den mittleren Jahren jedoch kollidieren die Sehnsüchte, Vorhaben und Pläne mit der Verengung der zeitlichen Horizonte. Es ist diese Kollision, die uns in diesen Jahren mit der Endlichkeit besonders hadern lässt. Der Theaterregisseur Christoph Schlingensief, der mit neunundvierzig Jahren an Krebs gestorben ist, dessen Zeithorizonte also viel schneller und viel drastischer auf einen engen Raum zusammenschrumpften, hat die Grausamkeit dieser Einsicht eindrücklich beschrieben: »Das Schlimmste ist, glaube ich, dass alles Fiktive, alles für die Zukunft Erträumte ausgeträumt ist. […] Sich etwas auszudenken, sich etwas auszumalen, von mir aus auch Illusionen zu haben – das ist alles ein großer Glücksrausch, auch wenn ich ihn nicht immer als Glück wahrnehmen konnte. Und jetzt ist man 47 und soll denken: Sei froh, dass du lebst, und genieß jeden Tag, als sei er dein letzter. Ach, ist das alles eine Scheiße!«[24]

Deshalb vermag uns auch ein anderer in der Philosophiegeschichte immer wieder diskutierter Gedanke, der nahelegen soll, dass die eigene Endlichkeit nichts Schlimmes ist, kaum zu trösten: das sogenannte »Symmetrieargument« des römischen Dichters Lukrez.[25] Es regt dazu an, eine neutralere Haltung zur eigenen begrenzten Lebenszeit einzunehmen. Wenn wir es recht bedenken, ist es ja nicht nur so, dass wir irgendwann *nicht mehr* existieren, sondern es gab auch eine Zeit, in der wir *noch nicht* existiert haben. Diesen Gedanken greift der Schriftsteller Vladimir Nabokov in der Eingangspassage seiner Autobiografie auf: »Die Wiege schwingt über einem Abgrund, und der Hausverstand sagt uns, dass unser Leben nur ein kurzer Lichtspalt zwischen zwei Ewigkeiten des Dunkels ist.«[26] Diese beiden Spannen unserer Nicht-Existenz, die nur durch den Lichtspalt unseres kurzen Lebens getrennt werden, bewerten wir aber gänzlich unterschiedlich: Während wir die noch nicht gelebte Zeit vor unserer Geburt nicht betrauern, finden es offenbar die meisten durchaus bedauernswert, dass es eine Zeit nach ihrem Tod geben wird, in der sie nicht mehr leben. Lukrez war der Ansicht, diese Asymmetrie in der Bewertung sei nicht gerechtfertigt.

So attraktiv das Gedankenspiel klingt – gegen das Deprivationsargument, also den Gedanken, dass der Tod eine bedauerliche Tatsache darstellt, weil er uns die Zukunft stiehlt, vermag es nichts auszurichten. Im Gegenteil: Es ist gerade das Deprivationsargument, das zu begründen vermag, weshalb wir Geburt und Tod so verschieden bewerten. Die beiden Ereignisse betreffen uns eben in sehr unterschiedlicher Weise: Die Geburt macht unser Leben erst möglich und ist der Anfang eines großen Abenteuers, das mehr oder weniger glücklich ausgehen kann, aber immerhin voller Möglichkeiten steckt. Der Tod hingegen macht zumindest das irdische Weiterleben zunichte, indem er uns alle weitere Zeit entwendet und ihm eine strikte Grenze setzt.

Nun steht in der Mitte des Lebens das eigene Ende zum Glück meist noch nicht bevor. Aber manche werden empfinden, dass der Abschied seine Schatten vorauswirft, und den Eindruck nicht loswerden, dass es für gewisse Dinge bereits jetzt zu spät ist, weil wir vergänglich sind und unsere Lebenszeit abläuft. Das kann tatsächlich traurig oder sogar zum Verzweifeln sein, und guter Rat ist teuer. Dass wir nicht ewig Zeit haben, ist allerdings noch einmal von ganz anderer Brisanz, wenn wir feststellen, dass wir in unseren bisher gelebten Jahren nicht wirklich zu dem vordringen konnten, wovon wir geträumt haben. Bleibt uns nicht mehr ewig Zeit – was natürlich nie der Fall ist, sich in der Jugend aber oft noch so anfühlt –, sind die laufenden Uhren umso bedrohlicher. Die Angst vor dem Tod speist sich dann aus der jähen Erkenntnis, dass man aus seinem bisherigen Leben nicht gemacht hat, was man eigentlich wollte und vielleicht auch vermocht hätte.

Der Philosoph Ronald Dworkin bezeichnet es als eine Plattitüde, dass wir im Schatten unseres Todes leben. Ebenso wahr sei es, »dass wir im Schatten unseres Lebens sterben«.[27] Die Befürchtung, dass uns der Schatten des eigenen Lebens – die Umrisse dessen, was man bisher gelebt hat und geworden ist – kurz vor dem Ende nicht beglückt, sondern verzweifeln lässt, ist eine, der wir nur im Leben abhelfen können, und zwar nicht beliebig lang. Zum Größenvergleich treten wir in den mittleren Jahren ja nicht nur möglicherweise mit den eigenen Kindern an, sondern auch mit unseren Vorstellungen von uns selbst: Die Bilder, die wir von uns entworfen haben, die Träume, die wir hatten, liegen wie Schnittmuster vor uns. Wir können versuchen, unser aktuelles Bild, das wir jetzt abgeben, noch da und dort zu dehnen, in Form zu bringen und Unnötiges zu kappen. Irgendwann aber werden die klaffenden Lücken, die nicht mehr zu stopfen sind, unübersehbar, sodass nichts bleibt, außer die darunterliegenden Träume und Bilder der Realität anzupassen. Und das kann durchaus bitter sein.

Allerdings ist dieser Größenvergleich nur schmerzhaft angesichts der Tatsache, dass wir nicht beliebig lang wachsen und unser Leben weiten und in Form bringen können. Hätten wir ewig Zeit, müssten wir uns zwar gedulden, könnten aber immer von Neuem Kräfte mobilisieren, bis wir hoffentlich doch noch in das Erträumte hineinwachsen würden. Die Zeitknappheit drängt uns jedoch aus der Geduld in die Dringlichkeit, endlich das zu verwirklichen, was wir bisher auf später verschoben haben.

Der Tod als Lebenshelfer

Die Dringlichkeit, die der Bewusstwerdung des eigenen Todes entspringt, ist eines der Grundthemen der existentialistischen Philosophie des frühen zwanzigsten Jahrhunderts. Sie spricht dem Gedanken an das eigene Sterben große Bedeutung für eine gelingende Existenz zu. Ihr zufolge gilt es, das Leben vom Tod her zu denken und so erst buchstäblich »führen« zu können. Ausgerechnet der Tod wird auf diese Weise zum Lebenshelfer.

Für den Philosophen Martin Heidegger, einen der Vordenker des Existentialismus, ist die Verblendung das zentrale Problem menschlichen Lebens. Er bezeichnet sie als »Uneigentlichkeit«[28]: Der Mensch ist meist »uneigentlich«, weil er sich an dem orientiert, was »man« tut und sagt, an Konventionen, Erwartungen, Rollenbildern. Ein gutes und sinnvolles Leben ist uns laut Heidegger nur geschenkt, wenn wir uns aus diesen Verblendungszusammenhängen lösen und in die »Eigentlichkeit« finden. Die Tatsache, dass unser Leben begrenzt ist und wir also sterblich sind, ist dabei hilfreich: Nur wenn wir die Sterblichkeit ernst nehmen, dieses radikale Ende, sind wir ihm zufolge in der Lage, uns hier und jetzt zu dem zu entschließen, was unsere Existenz im Kern ausmacht. Indem der Mensch sich in einem permanenten »Vorlaufen«[29] zum Tod der Tatsache seiner Sterblichkeit bewusst wird und sich diese gedanklich stets präsent hält, wird das Wissen um das eigene Ende dem Leben dienlich. Das Ich vermag nach Heidegger »es selbst zu sein«.[30]

Dieser Gedanke meint, dass wir unser Leben nur auf authentische Weise führen können, wenn wir ein Verhältnis zu unserem eigenen Tod finden. Die gedankliche Vorwegnahme des eigenen Todes wird bei Heidegger so zu einer »Bedingung des gelingenden Lebens« überhaupt.[31] Soll es einem am Ende nicht ergehen wie Iljitsch, der einsieht, dass er sein Leben verpasst hat, muss das eigene Leben geführt beziehungsweise an den eigenen Werten ausgerichtet werden. Dieses Müssen ist kein moralisches; jede und jeder darf sich dafür entscheiden, sich in erster Linie an die Erwartungen anderer anzupassen oder seine Zeit zu verschwenden. Es geht hier vielmehr um eine Frage des lebenspraktischen Sollens – also um die Vorstellung, dass ein gutes Leben eines ist, an dem uns liegt und in dem wir uns verwirklicht sehen.[32]

Dabei impliziert diese an sich positive Sicht auf den eigenen Tod keineswegs, dass er damit auch seinen Schrecken verlöre. Im Gegenteil: »Das Sein zum Tode ist wesenhaft Angst«,[33] schreibt Heidegger. Denn schließlich geht es hier ums Ganze: darum, ob wir uns selbst dauerhaft verpassen – oder ob wir unser eigenes Leben leben. Deshalb verdrängen wir den Tod auch so gern, lenken uns ab und weichen aus, um der jederzeit gegebenen Todesmöglichkeit zu entkommen. Wer aber ein eigenes Leben führen und nicht nur bewusstlos oder fremdbestimmt durch die Tage gleiten will, muss sich dieser Angst stellen und sich für die »Eigentlichkeit« entscheiden.

Heidegger gesteht durchaus zu, dass uns das niemals durchgängig gelingen kann und wir immer wieder von Neuem in die Uneigentlichkeit kippen. Als Bemühen jedoch verleiht es dem menschlichen Leben Tiefe und Sinn. Auf diese Weise kann die Einsicht in die eigene Sterblichkeit dabei helfen, einen besseren Blick dafür zu gewinnen, woran einem jenseits von Sachzwängen, Konventionen und sozialen Erwartungen wirklich liegt. Ganz ähnlich deutete Mitte des neunzehnten Jahrhunderts Sören Kierkegaard die negative Herrschaft der verrinnenden Zeit in eine positive um: Auch wenn die Vergänglichkeit Druck auf den Einzelnen ausübt, da sie ihn dazu nötigt, sich zu ihr zu verhalten, bietet sie ihm dadurch doch auch die Chance, dem eigenen Leben eine selbstbestimmte Richtung zu verleihen.[34] Während es bei Epikur noch hieß, der Tod gehe uns nichts an, lässt sich vor dem Hintergrund des Gesagten also gerade umgekehrt festhalten, dass das menschliche Sein nicht verstanden und gut gelebt werden kann, wenn es nicht auch zu Ende gedacht wird. Wer die Grenzen (und damit den Tod) aus den Augen verliert, läuft Gefahr, die eigene Existenz zu verspielen.

Nun sind Sören Kierkegaard und Martin Heidegger für ihren Hang zum Pathos bekannt. Es scheint bei ihnen immerzu darum zu gehen, mit Leidenschaft das ganz Große zu wagen, die »Herausforderung der Freiheit« anzunehmen und sich heroisch neu zu entwerfen.[35] Zum einen kann man aber auch in ironischer Brechung, im Spiel, im Experimentieren sein Glück finden und der Bangnis der Endlichkeit auf diese Weise entkommen. Das Leben ist zuweilen weit weniger dramatisch, als es die Existenzphilosophien gern zeichnen – und vielleicht sogar gerade in seiner Alltäglichkeit erfüllend.

Zum anderen ist die Vorstellung, es gebe so etwas wie ein eigentliches Ich, das hervortritt, wenn wir uns erst einmal von allem lösen, wenig überzeugend. Heidegger fordert von uns nicht weniger, als dass wir uns individuell und unverwechselbar – »höchstpersönlich«, wie er sagt – für unser eigentliches Wesen entscheiden. Die Häute aus Konventionen und Erwartungen Dritter, aus dem, was »man« eben tut und lässt, gilt es zu sprengen und danach gänzlich erneuert man selbst zu sein. Auf die Spitze getrieben, verkennt eine solche Vorstellung aber, dass wir immer Gewordene sind und unser Wesen sich auch sozialen Kontexten und Entscheidungen verdankt, die andere an unserer Stelle getroffen haben.

Heidegger hat das zwar durchaus gesehen und unsere soziale Gebundenheit zugestanden. Aber gerade in der Mitte des Lebens ist ein versöhnlicher Ton unabdingbar, da wir – je weiter wir im Leben fortgeschritten sind – nicht mehr ganz von Neuem beginnen können. Viele Lebensvollzüge sind in dieser Phase bereits unumkehrbar und manche Möglichkeitsfenster für immer geschlossen.[36] Wer schon Kinder hat, kann beispielsweise nicht plötzlich entscheiden, dass er oder sie »eigentlich« ein Leben ohne Kinder führen möchte – oder zumindest nicht, ohne anderen extreme Kosten aufzubürden. Oder wer mit zwanzig seine Karriere als Profitennisspielerin aufgegeben hat, kann nicht mit vierzig mit denselben Aussichten auf Erfolg zurück und die Karriere nochmals aufnehmen, weil das seine »eigentliche« Seinsweise gewesen wäre. Gewisse

Züge sind definitiv abgefahren. Das ist aber niemals ausschließlich bedauerlich, sondern in vielerlei Hinsicht auch eine große Entlastung, weil getroffene Entscheidungen uns auch erlauben, überhaupt in ein eigenes Leben zu finden. Ebenso wenig ist es jedoch als Aufforderung zu verstehen, in den Bahnen der eigenen Existenz, in die man womöglich ohne viel eigenes Zutun geraten ist, passiv zu verharren. Aber ein ganz anderes Leben im Sinne eines kompletten Neuanfangs ist tatsächlich irgendwann keine Option mehr. Ein anderes Leben wird vielmehr immer nur ein neu ausgerichtetes Leben sein mit einer Anfangsgeschichte, die nicht mehr neu geschrieben werden kann.[37]

Auf diese Weise zwingt uns das Bewusstsein von unserer Endlichkeit zu einem, wie es der Philosoph Odo Marquard beschrieben hat, »temporalen Doppelleben«[38]: Weil das Leben kurz ist, sind wir einerseits zur Eile ermahnt. Schieben wir wichtige Vorhaben zu lange auf, bleibt uns keine Zeit, sie zu verwirklichen. Wir müssen uns sputen, wenn wir zu dem vordringen wollen, was wir tief in uns wollen. Weil das Leben kurz ist, müssen wir andererseits aber auch einsehen, dass wir uns nicht immer wieder neu erfinden und grundsätzlich verändern können. Dazu ist die Zeit schlicht zu knapp bemessen. Wir können »nicht beliebig schnell und nicht beliebig weit aus unserer Herkunftshaut hinaus«,[39] um uns nach neuen Interessen oder Zielen auszurichten. Im Lauf des Lebens zehren wir immer mehr von dem, was wir in der Vergangenheit geschaffen und erreicht haben, müssen aber auf dieser Grundlage auch anerkennen, dass wir damit in ein Leben eingespurt sind, das nicht mehr beliebige Weichenstellungen zulässt. Das, was wir heute sind, radikal in Zweifel zu ziehen, ist in der Lebensmitte kaum mehr oder nur noch unter Inkaufnahme hoher Kosten möglich – auch wenn wir vieles womöglich vom heutigen Standpunkt aus anders machen würden und nur begrenzt rechtfertigen können.

Die Perspektive auf die Endlichkeit, die existentialistische Philosophen teilweise entwerfen, dramatisiert die Integration der Sterblichkeit ins Leben vielleicht in übertriebener Weise. Eine entspanntere Variante dieser Integrationsleistung bestünde darin, dass die Einsicht in die eigene Endlichkeit einen dazu bringen könnte, zentrale Entscheidungen zu hinreichend ernsten Angelegenheiten zu machen. Die eigene Endlichkeit würde dann weniger zur alles entscheidenden Aufgabe als vielmehr zu einer Art Brennglas, hinter dem zutage treten könnte, was einem wichtig ist und womit man die eigene Zeit zubringen will. Wird mir deutlich, dass die eigene Zeit begrenzt ist, drängt sich vielleicht eher die Frage in den Vordergrund, welches Leben ich führen will und wie ich mich dem zuwenden kann, was für mich wirklich von tieferem Belang ist.[40] Mit der inneren Vorwegnahme der eigenen Endlichkeit ginge dann bestenfalls eine Form der Souveränität einher, die aus der »Konzentration aufs Wesentliche« resultiert, ein »Freiwerden vom Unnötigen, das Abgleiten des Überflüssigen«.[41] Allerdings ist eine solche Souveränität kein Selbstläufer: Ebenso gut können Personen angesichts der Kürze der eigenen Lebenszeit in eine Starre, in ein Gefühl der Sinnlosigkeit oder in den Modus der Verdrängung verfallen. Die Kürze des Lebens ermahnt uns also zu einem klugen Umgang mit unserer Zeit – sie garantiert einen solchen jedoch keineswegs.

Gerade mit Blick auf den zweiten Vergänglichkeitsschmerz, den wir anfangs ausgemacht hatten – die Sorge, angesichts der rasenden Zeit nicht mehr zu dem vorzudringen, womit wir eigentlich unser Leben füllen möchten –, kann uns die Erkenntnis, dass das Leben kurz ist und uns unumstößlich wenig Zeit bleibt, dazu bringen, entschlossener auf das zuzusteuern, was wir eigentlich verwirklichen möchten. Dieser Gedanke findet sich beim römischen Philosophen Seneca, der in seiner Schrift *Von der Kürze des Lebens* schreibt, das richtige Leben sei, was auch immer seine Zeitspanne sein möge, nie zu kurz, sondern immer lang genug. Dabei sind es gerade die eigene Endlichkeit und die Einsicht in diese, die uns erlauben, Prioritäten zu setzen und nicht durch ein Leben zu schlittern, in dem wir uns stets alle Optionen offenlassen.[42] Unser Leben ist, anders gesagt, nicht kurz, sondern wir machen es kurz, wenn wir unsere Lebenszeit an Dinge verschwenden, die nicht der Mühe wert sind. Seneca schließt: »Das Hinausschieben ist der größte Verlust fürs Leben; es verzettelt immer den nächsten Tag, es entreißt die Gegenwart, indem es auf die Zukunft verweist.«[43] Eine Zukunft notabene, die nicht für immer existiert.

Daraus lässt sich ein weiteres Argument gegen die Vorstellung herleiten, ein unendlich langes Leben wäre attraktiv: Wären wir unsterblich, würden wir möglicherweise vieles stets von Neuem aufschieben.[44] Das kennen wir ein Stück weit aus jüngeren Jahren: In unserer Jugend mag es uns durchaus noch so erscheinen, als liege eine Ewigkeit vor uns. Morgen ist ja auch noch ein Tag, und zwar einer unter unendlich vielen. Wären wir unsterblich, was zwänge uns, an einem Projekt, einem Vorhaben wirklich mit Herzblut zu arbeiten? Alles ließe sich auf später verschieben. Warum sich verausgaben, wenn die Zeit nicht drängen würde?

Die Vorstellung eines unendlichen Lebens würde vielem seine Wichtigkeit nehmen: Man stünde nie vor der Entscheidung, einen Teil der eigenen kostbaren Lebenszeit für etwas zu verwenden oder nicht. Denn es hätte mutmaßlich ja alles Platz. Nicht nur gäbe es keine Notwendigkeit, irgendetwas mit der eigenen Zeit anzufangen, es gäbe auch keine Freiheit. Denn nur die Begrenzung der Zeit zwingt uns die Verantwortung für den eigenen Selbstentwurf auf.[45] Wenn Sören Kierkegaard sagt, der Tod sei der »Lehrmeister des Ernstes«,[46] so meint er damit, dass es die eigene Endlichkeit ist, die uns dazu anhalten kann, das Leben mit jener Ernsthaftigkeit zu führen, die auch dessen Kostbarkeit gerecht wird. Allzu schnell wird es vorbei sein – weshalb also nicht heute und jetzt die Entscheidungen treffen, die wir längst vollzogen haben wollten?

Wenn in der Mitte des Lebens das eigene Ende ganz langsam in Sichtweite gelangt, muss dies also nicht zwingend nur beengend sein, sondern die neue Perspektive kann dabei helfen, nicht unbedacht durchs Leben zu schlittern, als währte es ewig. Nimmt man den Ausblick aufs eigene Ende demnach auf die richtige Weise ernst – nicht zu ernst, aber auch nicht zu leicht –, kann er sich als ein »Tonikum« erweisen, »das das, was das Leben an Gutem zu bieten hat, intensiver einfärbt«.[47] Die Einsicht in die eigene Endlichkeit erzeugt so eine Intensivierung in doppelter Hinsicht: existentiell, weil sich die Frage aufdrängt, was wir mit unserem Dasein anfangen wollen und wir dieses bewusster zu gestalten in der Lage sind; aber auch qualitativ, weil uns die Flüchtigkeit des Lebens deutlich wird und wir Dinge, die wir tun und die uns widerfahren, vielleicht mehr und mehr zu schätzen beginnen.

Denken wir zurück an die beiden Formen des Vergänglichkeitsschmerzes, auf die wir anfangs gestoßen sind: jene, die einer Fülle entspringt und den Moment festhalten will, weil er so schön ist; und jene, die der Leere entspringt und die Zeit anhalten will, weil wir fürchten, es bleibe nicht hinreichend Raum, zu dem vorzudringen, was wir eigentlich wollen. Worin bestünde ein kluger Umgang mit diesen beiden Erfahrungen? Dem ersten Schmerz wäre am ehesten beizukommen, indem wir tatsächlich versuchten, den Strom der Zeit auszublenden und weniger in die Zukunft zu blicken, als in die Gegenwart einzutauchen. Vermutlich wird die Karussellfahrt genüsslicher, wenn wir nicht ihr Ende bedenken, sondern uns Runde für Runde dem Vergnügen hingeben können, ohne den Schluss vorwegzunehmen. Das heißt mitnichten, das Ende zu verdrängen; aber es bedeutet, die Gegenwart umso mehr auszukosten, als wir um deren Begrenztheit wissen.

Dann entstünde vielleicht ein Gefühl von Ewigkeit, das sich nicht temporal in die Zukunft erstreckte, sondern existentiell im Moment aufginge. Damit wäre man womöglich bei einem Gefühl der Ewigkeit, die der Vergänglichkeit entgegensteht und die Ludwig Wittgenstein als »Unzeitlichkeit« beschrieben hat: »Wenn man unter Ewigkeit nicht unendliche Zeitdauer, sondern Unzeitlichkeit versteht, dann lebt der ewig, der in der Gegenwart lebt.«[48] Möglicherweise verflüchtigte sich dann sogar der zweite Schmerz darüber, dass wir nicht rechtzeitig zu dem vordringen, was wir eigentlich wollten? Denn es zählt im Leben nicht allein, zu erreichen, was man sich vorgenommen hat, sondern ebenso, lebendig zu sein im Moment – ein Gedanke, auf den ich in Kapitel 5 zurückkomme.

3

Reue, Bedauern und Ambivalenz

»Du kommst an diesen Ort, deine mittleren Jahre,
du weißt nicht, wie du hergekommen bist, und
plötzlich starrst du der Fünfzig ins Gesicht. Wenn
du dich umdrehst und auf die Jahre zurückblickst,
erkennst du die Geister anderer Leben, die du hättest
führen können. Deine Häuser werden von den
Personen heimgesucht, die du hättest sein können.«
HILARY MANTEL[1]

»Non, rien de rien,
non, je ne regrette rien.
C'est payé, balayé, oublié –
je me fous du passé.«
ÉDITH PIAF[2]

Wie verwegen und großartig das Leben im schummrigen Licht der Nacht zuweilen scheinen mag – bei Licht betrachtet, fällt der Blick oft nüchterner aus. Diese Erfahrung muss auch der namenlose junge Mann in Ingeborg Bachmanns Erzählung »Das dreißigste Jahr« machen, der eines Morgens mit einer »wundersamen neuen Fähigkeit« erwacht, nämlich sich zu erinnern.[3] Ernüchtert zieht er Bilanz: Aus seinen Träumen der Jugend ist bis jetzt nichts geworden. Zwar ist er erst gerade dreißig. Dennoch graut ihm vor dem Blick in die Zukunft: Schien sie ihm früher noch in alle Richtungen offenzustehen, glaubt er seinen Weg jetzt verstellt, als säße er »in der Falle«[4]. Verzweifelt ruft er sich das Lebensgefühl seiner Jugendjahre in Erinnerung, als er noch »von einem Tag zum andern gelebt« und »gedacht [hat], daß er alles mögliche werden könne: Ein großer Mann, ein Leuchtfeuer, ein philosophischer Geist.« Begeistert hatte er sich ausgemalt, wie er später beim Brücken- oder Straßenbau anpacken, als »Revolutionär […] den Brand an den vermorschten Holzboden der Gesellschaft« legen oder zum »Müßiggänger aus Weisheit« werden würde, zu einem, der nichts als Genuss suchte, »in der Musik, in Büchern, […] in fernen Ländern, an Säulen gelehnt«.[5] Kein Lebensplan schien ihm zu kühn, kein Traum zu verwegen – es lag ja noch so viel unverbrauchte Zeit vor ihm. Vor allem aber empfand er keinerlei Dringlichkeit, irgendeinen seiner Träume konkret werden zu lassen. Stattdessen hielt er sich mit Gelegenheitsarbeiten über Wasser und schlitterte gedankenverloren durch die Tage, vernarrt ins Gefühl, dass seine Zeit schon noch kommen werde. Doch die Jahre sind einfach vorbeigezogen, und der

Mann beschließt »aus Gleichgültigkeit, Erschöpfung und weil er nichts mehr besseres weiß«, das Angebot einer festen Anstellung anzunehmen und sich in der »gesellschaftlichen Falle« einzurichten.

Sicher spitzt sich nicht jede Krise so dramatisch zu. Vor allem ist man mit dreißig Jahren heutzutage noch reichlich jung, um zu meinen, das Leben so radikal verpasst zu haben, dass man in einer Falle sitze. Wer in den mittleren Jahren angekommen und mit der eigenen Situation nicht vorbehaltlos zufrieden ist, dürfte das Gefühl jedoch kennen, dann und wann ins Grübeln zu geraten: Warum habe ich mich nicht früher ins Zeug gelegt und meinen Traum beharrlicher verfolgt? Wo stünde ich heute, wenn ich nicht so viel Angst, zu scheitern oder andere zu enttäuschen, gehabt hätte? Manche sind im Rückblick vielleicht traurig über eine verpasste Chance oder unzufrieden mit sich selbst. Oder sie schämen sich sogar und werden den Eindruck nicht los, wertvolle Zeit vergeudet zu haben mit einem sinnlosen Vorhaben, von dem sie eigentlich hätten wissen müssen, dass es nicht zum Erfolg führen würde.

Mit sich hadern, vertane Chancen bereuen und getroffene Entscheidungen in Zweifel ziehen kann man selbstredend jederzeit. Zwar haben nicht alle gleichermaßen den Hang, über die eigene Vergangenheit zu brüten. Dennoch gehört es zum menschlichen Leben dazu, dass wir uns nicht nur in die Zukunft entwerfen, sondern auch aus Vergangenem schöpfen. Das gilt in besonderer Weise für die mittleren Lebensjahre, wenn wir bereits ein beträchtliches Wegstück zurückgelegt haben, denn Entscheidungen lassen sich oft erst aus einer gewissen Distanz beurteilen: Hat sich ein Wagnis ausgezahlt, oder büßt man jetzt für eine Fehleinschätzung? War der Einsatz die Mühe wert, oder hat man sich sinnlos verrannt? Im besten Fall kann man in der Lebensmitte ernten, was man gesät und worum man sich bemüht hat. Im schlechteren Fall badet man jetzt die Fehler der Jugend oder des frühen Erwachsenenalters aus.

Dazu kommt, dass einem oft erst in den mittleren Jahren so richtig bewusst wird, dass zwar in jedem Lebensabschnitt Optionen kommen und gehen, der Strauß an Möglichkeiten mit den Jahren jedoch merklich ausdünnt. Das hat nicht zuletzt damit zu tun, dass wir auch körperlich altern. Die verrückte Hochgebirgstour oder den Ultramarathon muss man sich ab einem gewissen Alter definitiv abschminken. Und auch wenn man heute noch spät Eltern werden kann: Jenseits der chronologischen Lebensmitte ist dies zumindest für Frauen doch nur noch mit großem Aufwand möglich. Überdies werden wir nicht nur körperlich älter, sondern sind auch sozial in einen Zeithorizont eingebunden. In der Generationenfolge rücken Jüngere nach. Nachwuchsförderprogramme, Juniorprofessuren und Talentschmieden sind mit Alterslimiten belegt, die ab einem bestimmten Alter unwiderruflich überschritten sind.

Wobei wir es mit dem Eindruck der schrumpfenden Optionen und drängenden Fristen nicht übertreiben sollten. Wie viele Menschen orientieren sich mit fünfzig noch einmal vollkommen neu und leben in einer anderen Arbeit erst so richtig auf? Wie viele verlieben sich mit sechzig unsterblich, wandern mit siebzig aus oder beginnen mit achtzig, sich für etwas gänzlich Neues zu interessieren? Zugegeben, es sind nicht die großen Massen, aber immerhin: Es gibt sie. Niklaus von Flüe, ein bekannter Schweizer Einsiedler aus dem fünfzehnten Jahrhundert, verließ Frau und Kinder mit fünfzig, um sein Leben ganz dem Gebet zu widmen, war also wortwörtlich ein Spätberufener und für damalige Verhältnisse fast schon ein Greis.

Ingrid Noll publizierte ihren Erstling mit sechsundfünfzig und ist heute Deutschlands erfolgreichste Krimiautorin. Staatspräsidenten sind vielerorts älter als siebzig oder gar achtzig (auch wenn man das immer mal wieder fragwürdig finden mag). Zumindest für bestimmte Neuanfänge ist es offenbar noch lange nicht zu spät.[6]

Allerdings vermag mich das jetzt, wo ich manchmal Felle davonschwimmen sehe, nicht wirklich zu trösten. Ich vermute, wir erzählen uns diese Geschichten auch mit solcher Inbrunst, weil wir insgeheim genau wissen, dass sie eher die Ausnahme bilden. Castingshows, in denen eine unauffällige Mittfünfzigerin mit ihrer umwerfenden Stimme den Goldpokal holt, ziehen ihre Faszination nicht zuletzt aus dem Umstand, dass sie genau *nicht* dem gängigen Schema folgen, sondern allzu starre Sichtweisen über Biografien und Lebensalter hinterfragen. In vielen Fällen ist es aber nicht möglich, über Nacht zum großen Sprung anzusetzen, weil man für diesen beizeiten hätte Anlauf nehmen müssen. Schauspielerinnen, die erst mit fünfzig die große Rolle ergattern, oder Politiker, die mit siebzig ein hohes Amt bekleiden, haben davor oft jahrzehntelang Klinken geputzt, sich mit unbedeutenden Rollen oder undankbaren Ämtern begnügt. Die Anfänge einer Erfolgsgeschichte sind oft verschlungen und bleiben für Außenstehende unsichtbar, und wenn die Berühmtheiten doch einmal von ihrem Werdegang erzählen, dann stets nur in Form von sympathischen Zugeständnissen, dass man viel Glück gehabt habe, oder in der Beschwörung eines inneren Rufes, dem man unbeirrbar gefolgt sei. Dass auf dem Weg zum Erfolg für alle nicht nur die »Mühen der Gebirge« zu überwinden sind, sondern auch die langwierigen »Mühen der Ebenen«, wie es bei Bertolt Brecht heißt,[7] ist dabei selten Thema.

In der Mitte des Lebens ist denn auch eine der wichtigen Lektionen, die es zu lernen, und manchmal auch die bittere Pille, die es zu schlucken gilt, dass das allermeiste Übung braucht, also Zeit und dauerhaftes Engagement. Viele vermeintlich spätberufene Künstlerinnen, Autoren oder Wissenschaftlerinnen haben bereits seit ihren Zwanzigern gezeichnet, geschrieben, berechnet. Angesichts der Vergänglichkeit des Lebens wird die Einsicht, dass in den meisten Fällen nur Übung den Meister oder die Meisterin macht, notgedrungen zum Problem. In der Mitte des Lebens lässt sich nämlich nicht mehr zu allem sagen: Später. Für vieles wird die Zeit nicht mehr reichen. Das Sprichwort »Was Hänschen nicht lernt, lernt Hans nimmermehr« ist nicht nur eine Rechtfertigung dafür, dass man Hänschen beizeiten erziehen muss, damit ein anständiger Hans aus ihm wird. Das Sprichwort ist genauso ein Grund zum Bedauern: Was Hänschen nicht früh genug gelernt hat, dafür ist Hans nun leider zu alt.

Man mag einwenden, dass nicht alle an die Spitze, aufs Podest oder in die Chefetage wollen. Schließlich kann man auch in einem Laientheater mitspielen und gerade erfüllend finden, dass nicht alleine Perfektion zählt. Und vermutlich hadern jene, die sich nichts aus Prestige, Ruhm und Ehre machen, nicht annähernd so sehr damit, im Rückblick einzusehen, dass sie zu wenig investiert haben, um es ganz nach oben zu schaffen. (Das wird in Kapitel 5 noch Thema sein.) Vielleicht fragen sie sich jedoch, wo sie heute stünden, wenn sie sich ihre Präferenz für ein gemächlicheres Lebenstempo schon früher eingestanden hätten und sich nicht so hätten drängen lassen von den Erwartungen ihrer Eltern oder ihres Freundeskreises.

Auch Souveränität und Unabhängigkeit wollen schließlich eingeübt werden.

Es ist aber nicht allein die Einsicht, dass wertvolle Zeit ungenutzt verstrichen ist, die in den mittleren Jahren auf die Stimmung drücken kann. Selbst wenn noch hinreichend Zeit bleibt (und tatsächlich bleibt heute für vieles sehr lange Zeit), werden Veränderungen mit steigendem Lebensalter oftmals kostspieliger. In der Lebensmitte haben wir nämlich alle bereits eine mehr oder weniger dicht gewobene Geschichte, die maßgeblich unsere Identität bestimmt und auf die uns andere gern festlegen. Aus einem Leben auszubrechen, in dem man, wie man so schön sagt, »angekommen« ist, ist weitaus schwieriger, als sich neu auszurichten, wenn man noch jung und ungebunden ist. Der Vater, der mit vierzig seine Familie für die Liebe zu einem Mann verlässt, wird vermutlich mit mehr Widerständen zu kämpfen haben, als wenn er bereits mit zwanzig mit seinem Freund zusammengezogen wäre. James Larkin White kann in Max Frischs Roman zigmal wiederholen: »Ich bin nicht Stiller!«, und sich von seiner Biografie mit aller Gewalt loszureißen versuchen.[8] Er ist und bleibt eben doch Stiller, auch wenn er krampfhaft bemüht ist, sich eine neue Identität zu zimmern.

Die mittleren Jahre erweisen sich damit für viele als eine Zeit der Bilanzierung.[9] Etwas zugespitzt handelt es sich um eine Lebensphase, in der man den Höhepunkt seiner eigenen Geschichte zu schreiben in der Lage ist – oder aber sie abschreiben oder zumindest umschreiben muss. Schließlich lässt sich praktisch aus jedem Lebensanfang eine ertragreiche Geschichte weben. Aber angesichts der tatsächlich eingeschlagenen Wege gibt es auf dem Hochplateau der mittleren Jahre vielleicht nur noch wenig gute Möglichkeiten, weiterzumachen.[10] Dies einzusehen kann mit Bedauern oder Enttäuschung einhergehen, wenn wir das Erreichte und Ersehnte abgleichen mit den Träumen, die wir einst hatten und die wir vielleicht immer noch in uns schlummern spüren, die zu realisieren aber immer unwahrscheinlicher wird.

Sind solche Gefühle gänzlich unnütz, und worin bestünde ein kluger Umgang mit ihnen? Vielleicht sollten wir uns ja Édith Piaf zum Vorbild nehmen, die 1960 mit ihrem unvergleichlich rollenden »r« ins Mikrofon röhrte: »Non, rien de rien, non, je ne regrette rien«, und uns wissen ließ, dass ihr die Vergangenheit nur eines sei, nämlich »bien égal«. Wäre ihr Motto vielleicht sogar die wahrlich selig machende Haltung: frühere Zeiten vergangen sein zu lassen und sich nach vorn auszurichten an einem Leben, das nicht den Geistern der Vergangenheit gehört, sondern dem Geist der Zukunft? Zumindest ein bisschen wie Piaf müsste man doch sein! Ansonsten kann das eigene Denken, wie es die Schriftstellerin Hilary Mantel so schön beschrieben hat, zum Geisterhaus werden, das von den Gespenstern alternativer Existenzen, die man auch hätte verkörpern können, bewohnt wird.[11] Statt sich mit dem eigenen Leben zu versöhnen und gelassen in die Zukunft zu blicken, kreisten wir dann um die Vergangenheit und brüteten über alternativen Lebensentwürfen, die nicht unsere eigenen sind und es nie sein werden. Nichts zu bedauern, imaginäre Rechnungen beglichen und negative Erinnerungen wie alten Müll entsorgt und schließlich vergessen zu haben (»c'est payé, balayé, oublié«, wie es bei Piaf heißt), käme doch einem Befreiungsschlag par excellence gleich, der einem gerade in der Mitte des Lebens erlauben würde, sich entlastet und autark in die zweite Hälfte zu stürzen.

Dass Reue einengt und Reuelosigkeit befreit, ist ein Gedanke, der sich bereits beim Philosophen Baruch de Spinoza findet. »Reue ist keine Tugend, d. h. sie entspringt nicht aus der Vernunft; vielmehr ist derjenige, welcher eine Tat bereut, doppelt elend und untüchtig«,[12] lautet sein vernichtendes Fazit an die Adresse jener, die sorgenvoll über vertanen Chancen brüten. Statt dass man schnellstmöglich über Fehler oder Ungemach hinwegkommt, fügt man auf diese Weise dem ohnehin bereits Geschehenen zusätzlichen Schmerz hinzu, nämlich das bohrende Gefühl, man hätte es besser wissen oder vermögen sollen. Wozu sich aufregen, wenn sich eh nicht ändern lässt, was schon geschehen ist?

Dass ausgerechnet Spinoza dazu aufruft, nicht zu bereuen, ist vor dem Hintergrund seiner Biografie bemerkenswert: Der Philosoph, Sohn sephardischer Juden, die im siebzehnten Jahrhundert aus Portugal in die Niederlande eingewandert waren, wurde im Alter von dreiundzwanzig Jahren von der portugiesischen Synagoge in Amsterdam mit einem Cherem, einem Bann, belegt. Dieser verlangte von den Mitgliedern der jüdischen Gemeinde, dass niemand mehr mit ihm in Kontakt trete, ihn unterstütze, zuhause aufsuche oder eine von ihm verfasste Schrift lese. Spinoza hatte damals zwar noch nichts Anstößiges veröffentlicht, sich aber in seiner Gemeinschaft mit kritischen Fragen zu zentralen Glaubenssätzen unbeliebt gemacht. Obwohl Spinoza noch zu Lebzeiten über die Niederlande hinaus berühmt wurde für seine scharfsinnigen Analysen, lebte er nach seiner Verbannung in Armut und fast gänzlich isoliert. Seinen Unterhalt verdiente er mehr schlecht als recht mit dem Drehen und Schleifen optischer Linsen. Mit vierundvierzig starb er vermutlich an einer chronischen Lungenentzündung – und ging als einer der radikalsten Philosophen der frühen Neuzeit in die Geschichte ein.

Man könnte meinen, jemand wie Spinoza sollte Bedauern nur zu gut gekannt haben: Seine Entscheidung, sich den Überzeugungen seiner Glaubensgemeinschaft zu widersetzen und seine Zweifel und Kritik nicht für sich zu behalten, machte ihn zum einsamen, gemiedenen Menschen. Für seine intellektuelle Redlichkeit, nicht zu bejahen, was ihm offenkundig falsch erschien, bezahlte er einen hohen Preis. Über das Gefühlsleben des Philosophen ist zwar wenig bis nichts bekannt. An seinen Schriften aber kann man sehen, dass er an seinen Überzeugungen auch nach der Verbannung aus seiner Gemeinde festhielt und in keinem Punkt einknickte. Wer nach solchem Unrecht stark und mutig bleiben will, dem bleibt scheinbar nichts anderes, als Gefühle wie Bedauern und Reue gar nicht erst aufkommen zu lassen. Tatsächlich gehört es zu den Kernideen von Spinozas Philosophie, dass wir nicht als Geknechtete unserer Affekte durchs Leben gehen, sondern unsere Leidenschaften vernünftig gestalten und mit ihnen einen produktiven Umgang finden sollten, um nicht im Jammern zu verharren, sondern das Leben bejahen zu können.

Reue und Bedauern sind natürlich vor allem dann bitter und wenig heilsam, wenn sich am Anlass, auf den sich das Gefühl bezieht, wirklich nichts mehr ändern lässt. Es gibt aber durchaus Situationen, in denen ein Fehlgriff noch korrigiert werden kann: Bereut man, einen Pullover in Grün statt in Blau gekauft zu haben, lässt er sich vielleicht noch umtauschen. Auch der Abbruch einer Ausbildung, eine voreilige Verlobung oder eine unbedachte Kündigung können unter Umständen rückgängig gemacht werden. Reue kann also zumindest in bestimmten Fällen ganz sicher hilfreich sein – nämlich dann, wenn sie uns in aller Deutlichkeit zeigt, dass wir uns geirrt haben, und wir die Fehlentscheidung noch korrigieren können. Wirklich schmerzhaft wird Reue erst dann, wenn sich eine im Rückblick bedauerte Handlung nicht mehr justieren lässt. In solchen Situationen macht es die Sache zumindest auf den ersten Blick tatsächlich nur schlimmer, wenn wir uns über das, was wir sowieso nicht mehr abwenden können, auch noch grämen. Wer bedauert, was vergangen ist, ändert damit nicht nur nicht das bereits Geschehene, sondern lässt sich darüber hinaus auch noch von negativen Gefühlen überfluten. Schlimmstenfalls suhlen wir uns im Selbstmitleid, statt unsere Energien darauf zu verwenden, einen Ausweg aus dem Schlamassel zu finden und es in Zukunft besser zu machen.

Schuld und das schlechte Gewissen

Das Piaf'sche »rien de rien, non, je ne regrette rien« und Spinozas Aufruf, nicht oder zumindest nicht übermäßig zu bereuen, sind also durchaus plausibel – überzeugen jedoch nicht immer. Manchmal richtet sich unser Bedauern ja nicht auf eine verpasste Chance, die zu packen uns zugutegekommen wäre, sondern darauf, dass wir jemandem Unrecht getan und berechtigte Ansprüche Dritter verletzt haben. Die uns plagenden Geister der Vergangenheit sind in einem solchen Fall nicht dem Ärger über uns selbst geschuldet, es nicht besser gewusst oder vermocht zu haben, sondern sie entspringen einer moralischen Schuld anderen Menschen gegenüber.

Spinoza bestreitet nicht, dass wir uns in solchen Situationen für Unrecht entschuldigen und einen Ausgleich leisten sollen, damit Täter und Opfer wieder gleichgestellt sind. Die Idee der Unvernunft der Reue besagt lediglich, dass es dazu nicht auch noch der Emotion der Trauer oder der Verzweiflung bedarf. Wer Unrecht getan hat, würde sein unmoralisches Verhalten nur verschlimmern durch quälende Reue, meint Spinoza. Dieser Gedanke findet sich auch bei Friedrich Nietzsche, der dazu riet, der Reue niemals Raum zu geben: »Dies hieße ja der ersten Dummheit eine zweite zugesellen. – Hat man Schaden gestiftet, so sinne man darauf, Gutes zu stiften.«[13] Weder Nietzsche noch Spinoza empfehlen also, dass einem die Vergangenheit vollkommen gleichgültig – »bien égal!« – sein solle. Sie plädieren ganz im Gegenteil durchaus dafür, Fehltritte einzugestehen und wiedergutzumachen, warnen aber davor, sich darüber auch noch mit schlechtem Gewissen zu plagen.[14]

Aber lässt sich das Gefühl der Reue von der Einsicht in das eigene Fehlverhalten wirklich so klar trennen? Bedeutet einzusehen, dass man einen Fehler gemacht hat, nicht gerade, zerknirscht auf das eigene Vergehen zu blicken und Reue darüber zu empfinden? Wenn Kinder sich streiten und Erwachsene als Schlichtende auftreten, tragen sie dem Kind, das Unrecht getan hat, oftmals auf, dem anderen Kind die Hand zu reichen und sich zu entschuldigen. Ich kann mich gut erinnern, dass mich als Kind nichts wütender machte, als wenn mein Gegenüber beim Handschlag grinste oder nicht richtig einschlug. Was wir in dieser Situation wollen, ist weniger eine Geste der Wiedergutmachung als eine Geste des Bekenntnisses des eigenen Fehlverhaltens. Zu behaupten, man sehe zwar ein, dass es falsch gewesen sei, die Kollegin beim Chef anzuschwärzen, man bereue jedoch die Verleumdung nicht, scheint wenig überzeugend. Fehlt die Reue, wittern wir einen »Mangel an

Unrechtsbewusstsein«, den wir der Person, die uns Unrecht getan hat, »aus gutem Grund zum Vorwurf machen«.[15]

Anzuerkennen, dass wir jemanden zu Unrecht verletzt oder angegriffen haben, und die Zerknirschung über unser Fehlverhalten sind also eng miteinander verwoben. Das bedeutet nicht, dass unser Bedauern maßlos ausfallen müsste. Das Ziel ist ja nicht, dass wir uns am Boden zerstört selbst geißeln – im Gegenteil: »Von Reue verletzt, zerrissen und niedergeschlagen«, sind wir vielleicht nicht einmal besonders gut in der Lage, zu beurteilen, was wir uns tatsächlich vorzuwerfen haben.[16] Aber Zerknirschung proportional zum Unrecht, das wir begangen haben, ist durchaus angemessen. Öfter nämlich werden wir unser Fehlverhalten vor uns selbst rechtfertigen, um dem unangenehmen Gefühl der Reue zu entgehen und uns selbst ins Recht zu setzen. Spinoza selbst sah unsere Neigung, nicht hinreichend selbstkritisch über unsere Fehler nachzudenken, als große Gefahr und merkte an, dass sich deshalb lediglich vernünftige Personen die Reue sparen könnten. »Die Menge« jedoch, die nicht hinreichend vernünftig ist, sei »schrecklich«, wenn sie sich nicht fürchte und nicht bereue. Wer bereue, könne umgekehrt leichter dazu gebracht werden, »nach Anleitung der Vernunft zu leben« und schließlich frei zu sein.[17] Reue dient, so verstanden, also auch einer Form der Selbstzüchtigung: Wer bereut, will denselben Fehler auf keinen Fall wieder machen. Vor allem aber schulden wir es dem Opfer des Unrechts, das wir begangen haben, dass wir aufrichtig bedauern, was wir ihm zugefügt haben.

Die Frage, ob wir mit den Menschen, die wir lieben, und mit uns selbst im Reinen sind und ob wir noch offene Rechnungen zu begleichen haben, kann uns jederzeit beschäftigen, aber sie ist nicht typisch für die Lebensmitte, sondern eher für die Zeit am Lebensende. Selbst wer nicht an eine Vergeltung seiner Sünden im Jenseits glaubt, hat dann vermutlich das Bedürfnis, sich von Schuldgefühlen zu befreien und reinen Tisch zu machen – ein beliebtes Motiv in Filmen und Romanen, wenn es auf dem Sterbebett zu ergreifenden Geständnissen kommt. Mit dem Lied von Édith Piaf auf den Lippen zu sterben, ohne sich bei diesen Worten etwas vormachen zu müssen, also gänzlich versöhnt mit sich und seinem Leben und vor allem befreit von jeder Schuld, ist sicher für viele eine durch und durch erstrebenswerte Vorstellung.

Wer in der Mitte seines Lebens steht und einen Blick zurück auf vergangene Zeiten wirft, wird aber vielleicht häufiger ins Grübeln über Entscheidungen und Wendungen geraten, die vorrangig das *eigene* Leben betreffen: Stünde ich heute besser da, wenn ich damals eine andere Studienrichtung gewählt hätte? War es ein großer Fehler, dass ich einer Affäre meine langjährige Beziehung opferte? Hätte ich meine Eltern doch früher mit Fragen konfrontieren sollen, die ich jetzt, wo sie alt und gebrechlich sind, nicht mehr zu stellen wage? Vor allem aber: Wie finde ich einen klugen Umgang mit meinem Blick zurück und den damit einhergehenden Gefühlen? Habe ich Grund, von mir selbst enttäuscht zu sein und zu bedauern, nicht klüger, mutiger, souveräner gewesen zu sein? Oder kann ich trotz aller naturgemäß verpassten Möglichkeiten zufrieden mit mir sein?

»Reue« und »Bedauern«

Um im Nachdenken über den bilanzierenden Blick auf das eigene Leben voranzukommen, ist es nötig, einige Begriffe auseinanderzuhalten. Bis hierher habe ich etwa »Reue« und »Bedauern« austauschbar verwendet. Und tatsächlich ist die begriffliche Unterscheidung zwischen den beiden Ausdrücken im Deutschen nicht scharf. Beide Phänomene haben emotionale wie kognitive Elemente: Wir blicken zurück, bewerten eine bereits vollzogene Handlung oder ein Geschehnis negativ und empfinden die Rückschau als schmerzhaft.[18] Reue ist dabei enger gefasst als Bedauern: Sie bezieht sich für gewöhnlich auf Umstände, die sich als negativ für einen selbst oder für andere herausstellen und die zu verhindern in der eigenen Macht gestanden hätte. So kann ich bereuen, einen Kollegen in einer Sitzung bloßgestellt oder mich nicht rechtzeitig um Karten für ein Konzert, das ich unbedingt hören wollte, bemüht zu haben.

Die beiden Beispiele machen deutlich, dass wir Reue sowohl für moralische Vergehen empfinden können als auch für das, was man in der Philosophie »prudentielle Fehler« nennt, also für Handlungen, die dem Gebot der Klugheit oder unserem eigenen Wohlergehen widersprechen. Wenn ich das Konzert meiner Lieblingsband nicht verpassen möchte, tue ich gut daran, mich hinreichend früh um Tickets zu bemühen, und kann entsprechend in einem prudentiellen Sinn bereuen, dass das Konzert bereits ausverkauft ist. Wie konnte ich diese Chance bloß verpassen?

Persönliche Verantwortung scheint, wie daran deutlich wird, eine notwendige Bedingung zu sein, um sinnvollerweise von Reue sprechen zu können.[19] Bedauern hingegen lassen sich auch Dinge, über die wir keine Kontrolle hatten. So kann ich etwa bedauern, dass die Ferien vorbei sind oder dass die Katze der Nachbarin gestorben ist. Zu sagen, man bereue diese Dinge, wäre dagegen widersinnig. Bedauern lassen sich sogar Handlungen einer anderen Person, beispielsweise dass meine Freundin nicht zu meiner Party kommen konnte. Es ergibt jedoch begrifflich keinen Sinn, zu behaupten, ich würde das Fernbleiben meiner Freundin bereuen.

Wenn ich sage, »Bedauern« sei der breiter gefasste Begriff als »Reue«, wird das auch daran ersichtlich, dass wir ihn manchmal für Dinge nutzen, von denen wir ebenso gut sagen können, dass wir sie bereuen: Ich kann sowohl bedauern wie auch bereuen, mich nicht besser auf eine Prüfung vorbereitet und sie deshalb nicht bestanden zu haben. Zwar mag Reue dramatischer klingen als Bedauern und eine moralische Nuance aufweisen. Gleichwohl können wir auch Banales bereuen, etwa uns für die Lasagne entschieden zu haben, wenn wir die Pizza auf dem Teller unseres Freundes sehen, oder umgekehrt Gravierendes bedauern, etwa dass ich ein mir anvertrautes Geheimnis ausgeplaudert habe.

Beim Nachdenken über die Lebensmitte und die Bilanzierung, die ich in diesem Kapitel besser verstehen möchte, nutze ich sowohl den Begriff der »Reue« als auch den des »Bedauerns«. Fürs Erste fokussiere ich mich dabei auf Fälle, in denen die negative Bewertung Handlungen betrifft, die in unserer Kontrolle lagen. In der Philosophie spricht man in diesem Zusammenhang von »agent regret«[20]: einem Bedauern also, das sich auf Handlungen bezieht, die wir ausgeführt haben – im Unterschied zu Dingen, die andere getan haben oder die uns einfach zugestoßen sind. Für unseren Umgang mit Reue und Bedauern ist es von großer Bedeutung, wie wir diese Gefühle bewerten. Manchmal hadern wir ja im Nachhinein mit uns, weil wir zu dem Schluss kommen, dass wir anders hätten handeln oder entscheiden sollen. Wir machen uns vielleicht sogar Vorwürfe, dass wir zum Beispiel nicht mutiger, fairer oder durchsetzungsstärker waren, und sind überzeugt, wir würden uns, bekämen wir eine zweite Chance, anders verhalten. Für diesen Fall nutze ich im Folgenden den Begriff der »Reue«: Wir wünschten, was wir getan oder versäumt haben, ließe sich korrigieren, und es tut uns leid, was geschehen ist.

Manchmal ist die Sachlage aber eine andere: Zwar finden wir schade, dass wir die Möglichkeit nicht ergriffen haben, Mitglied des Handballteams zu werden, bei dem wir gern mitgemacht hätten – wissen aber zugleich, dass wir gute Gründe hatten, uns dagegen zu entscheiden. Der Zeitpunkt war einfach nicht der richtige, die Trainingszeiten wären zu aufwändig gewesen. Obwohl wir im Rückblick denken, richtig entschieden zu haben, trauern wir der Option immer noch ein wenig nach. Wir haben aber keinen Grund, uns im Nachhinein Vorwürfe zu machen oder zu denken, unsere Entscheidung tue uns irgendwie leid. Vielmehr liegt es in der Natur der Sache, dass Entscheidungen für das eine oftmals mit einem Verzicht auf viele andere Dinge einhergehen. In diesem Zusammenhang spreche ich im Folgenden von »Bedauern«.

Wenn wir in der Mitte des Lebens zurückblicken und über die von uns eingeschlagenen Wege zu grübeln beginnen, ist diese Differenzierung hilfreich. Es macht nämlich einen großen Unterschied, ob wir Grund haben, zu bereuen und uns Vorwürfe zu machen, weil wir falsch entschieden haben – oder ob sich Bedauern einstellt, weil in einem menschlichen Leben selten alles Platz hat, was uns reizen würde. Anders gesagt, ist es *eine* Sache, wenn sich der Dreißigjährige in Bachmanns Erzählung verflucht, weil er sich zu nichts aufraffen konnte und die Zeit ungenutzt verstreichen ließ – ein Anlass für bittere Reue. Eine *andere* und leichter erträgliche Sache wäre es dagegen, wenn er, wie von ihm erträumt, Brückenbauer geworden wäre und als Fünfzigjähriger bedauerte, dass er nicht auch noch »Revolutionär« oder »Müßiggänger« werden konnte – denn alles werden kann nun einmal niemand.

Auf allen Hochzeiten tanzen?

Zurückzublicken und zu bedauern, ist genau genommen weder außergewöhnlich noch bedrohlich, sondern die ganz normale Begleitmusik der menschlichen Angewohnheit, sich weit mehr zu erträumen, als in einem Leben Platz hat. Man kann, wie man leichthin sagt, nicht auf allen Hochzeiten tanzen, weshalb wir uns damit abfinden müssen, dass zu leben immer auch heißt, andere attraktive Optionen ziehen zu lassen.[21] Mit Wünschen verhält es sich nämlich in entscheidender Weise anders als mit Überzeugungen: Haben wir zwei unterschiedliche Überzeugungen, die sich gegenseitig ausschließen, stören wir uns für gewöhnlich an diesem Widerspruch und räumen ihn aus, indem wir zum Beispiel bei Experten nachfragen und danach die falsche Ansicht aufgeben. Niemand kann beispielsweise gleichzeitig der Überzeugung sein, der Internetkonzern *Meta Platforms* gehöre Mark Zuckerberg und er gehöre Elon Musk. Eine der beiden Ansichten ist falsch, und wir geben sie auf, wenn wir wissen, welche der beiden richtig ist. Das verlangt die logische Konsistenz von uns.

Anders verhält es sich mit unseren Wünschen: Entscheide ich mich, in den Ferien nach London zu fahren, bedeutet das nicht, dass ich nicht auch gern nach Florenz oder Kopenhagen reisen würde und bedaure, dass es für diese Städtereisen nicht auch noch reicht. Es ist einfach sehr schade, dass wir nicht allen Träumen und Plänen gerecht werden können, und insofern eine ganz und gar normale Angelegenheit, als wir meist mehr wollen, als wir haben können.[22] Dem Bedauern ganz aus dem Weg gehen zu wollen, würde schlicht bedeuten, eine eher eindimensionale Existenz zu führen.

Sokrates vergleicht eine solche Existenz in Platons Dialog *Philebos* mit jener eines Polypen oder eines Schalentiers wie beispielsweise eines Hummers.[23] Er streitet sich in diesem Text mit zwei jungen Athenern über die menschliche Lust und darüber, wonach Menschen sich eigentlich sehnen. Seine Kontrahenten sind sogenannte Hedonisten: Sie sind der Überzeugung, dass alles, wonach Menschen streben, sich letztlich auf ein Lustgefühl reduzieren lasse. Wenn wir uns fragen, ob wir lieber London, Florenz oder Kopenhagen bereisen sollen, bräuchten wir entsprechend nur zu überschlagen, welches Maß an Zufriedenheit welche Wunscherfüllung bringen würde. Es gälte durchzukalkulieren und dann jener Sehnsucht nachzugeben, die am meisten Wohlbefinden verspräche. Wunschkonflikte zu lösen, würde zu einer Frage des korrekten Kalküls. Sokrates überzeugt dieser Vorschlag aber nicht. Denn nicht nur, dass man sich diese Rechnerei nicht recht vorstellen kann. Vieles, was uns Menschen anzieht, lässt sich nicht miteinander vergleichen, und tun wir es doch, fühlt es sich an, als würden wir Äpfel gegen Birnen abwägen. Das stimmt vielleicht nicht für Städtereisen – aber wie sollen sich etwa Freundschaften mit der romantischen Liebe vergleichen lassen? Wie der Genuss, der sich einstellt, wenn uns beruflich etwas gelingt, mit dem, wenn wir einen Sonntag lang im Bett fläzen? Das heißt nicht, dass wir nicht dennoch abwägen und uns fragen, ob wir lieber mehr Zeit für Freundschaften oder eine feste Beziehung hätten – aber die Tatsache, dass, wie immer wir entscheiden, der nicht berücksichtigte Wunsch weiter in uns rumort, ist nicht befriedigend erklärt damit, dass wir einfach nicht hinreichend akkurat gerechnet haben.

Vor allem aber wäre es gar nicht erstrebenswert, wenn alles sich mit allem verrechnen ließe. Unser Leben ist gerade deshalb interessant und reich, weil wir komplexe Wesen mit widerstreitenden Regungen und Sehnsüchten sind, die in unterschiedliche Richtungen ziehen und sich nicht saldieren lassen. Seien wir also froh, dass wir keine Polypen und Schalentiere sind! Wir sehnen uns nicht nur nach einem vollen Bauch und einem schmerzfreien Dasein, sondern auch nach tragfähigen Beziehungen, erfüllenden Aufgaben und ästhetischem Genuss, wir wollen etwas von der Welt sehen und doch Wurzeln schlagen, sozial anerkannt sein und dennoch eigenständig bleiben. Bedauern zu empfinden, ist so verstanden nichts anderes als der Nebeneffekt der Tatsache, dass wir Wesen mit vielen Wünschen und Neigungen sind, die selten oder nie allesamt in einem Leben verwirklicht werden können. Zumal dieses Leben für uns alle ein endliches ist: Hätten wir unbegrenzt Zeit, ließe sich manches vielleicht wenn auch nicht gleichzeitig, so doch nacheinander verwirklichen. James Baldwin schreibt ganz zu Recht: »Auch wenn wir gerne ohne Reue leben würden und manchmal stolz behaupten, keinerlei Bedauern zu empfinden, ist dies nicht wirklich möglich, allein schon deshalb nicht, weil wir sterblich sind.«[24]

Hinzu kommt ein zweiter und vielleicht wichtigerer Punkt, weshalb wir uns mit unserem Bedauern versöhnen sollten. In vielerlei Hinsicht ist es nicht nur menschlich, sondern Ausdruck einer luxuriösen Situation, sich überhaupt vor eine Wahl gestellt zu sehen zwischen verschiedenen Feriendestinationen, Wohnungen oder Ausbildungen, zwischen Partnerinnen und Partnern, zwischen einem Leben mit oder ohne Kinder. Andere Menschen haben diese Wahlmöglichkeiten nicht. Auch sie werden vermutlich zuweilen *bedauern*, nicht alles haben zu können, aber womöglich sehr viel öfter *betrauern*, dass sie sich in einer miserablen Ausgangslage befinden, die ihnen wenig oder keine Wahl lässt. Auch wenn in jüngerer Zeit viel geschrieben wurde über die Bürde der Freiheit und die Autonomie untergrabenden Effekte von ausufernden Wahlmöglichkeiten,[25] ist die Qual der Wahl letztendlich weitaus weniger quälend, als keinerlei Optionen zu haben.

Warum sich zu entscheiden gut ist

Dennoch kann man an der Fülle von Optionen scheitern und sich von der Angst, falsch zu entscheiden und später mit der Wahl zu hadern, paralysieren lassen. So empfindet etwa die Hauptfigur Esther in Sylvia Plath' 1963 erschienenem Roman *Die Glasglocke*, die ihre Zukunft als einen weit verzweigten grünen Feigenbaum beschreibt. Am Ende ihrer Collegezeit scheint ihr die Welt offenzustehen, aber die vielen sich bietenden Optionen lähmen sie: »Gleich dicken, purpurroten Feigen winkte und lockte von jeder Zweigspitze eine herrliche Zukunft.«[26] Esther weiß nicht, wie sie sich entscheiden soll: für ein Zuhause mit Ehemann und Kindern, für den Ruhm als Dichterin, für eine Karriere als Professorin, für den Beruf einer Redakteurin, für Reisen in ferne Länder oder für einen Liebhaber mit ausgefallenem Namen? »Ich sah mich in der Gabel dieses Feigenbaumes sitzen und verhungern, bloß weil ich mich nicht entscheiden konnte, welche Feige ich nehmen sollte. Ich wollte sie alle, aber eine von ihnen nehmen bedeutete, alle anderen verlieren.« Und während Esther zaudert, weil sie fürchtet, ihre Entscheidung später zu bereuen, verdorren die Feigen eine um die andere vor ihren Augen. Bis die junge Frau resigniert feststellt: »Für den Rest meiner Tage werde ich zwischen Dingen, die sich gegenseitig ausschließen, hin- und herfliegen.«[27]

Esther wünscht sich ein Leben, in dem sie sich richtig entscheidet, und die richtige Entscheidung bemisst sich für sie offenbar daran, dass sie im Nachgang nichts bereuen wird. Doch dieses Kriterium trägt nicht: Vielmehr gehört es zu einem menschlichen Leben eben gerade dazu, dass wir einzelne Wünsche unerfüllt ziehen lassen müssen und um die Erfüllung anderer kämpfen. Bedauern ist die bittere Pille, die wir schlucken müssen zugunsten eines lustvollen Lebens, das nicht nur etwas Bestimmtes, sondern viel Verschiedenes will. Wie wir gesehen haben, ist es gerade der Witz von Wünschen, dass sie sich selten in Luft auflösen, wenn wir sie nicht erfüllen. Auch wenn sie Gefühle des Bedauerns nicht zum Verschwinden bringt, kann diese Einsicht uns zumindest von einem schmerzhaften Gefühl entlasten – nämlich davon, dass wir uns zusätzlich Vorwürfe machen müssen. Dazu besteht kein Anlass, denn wir haben nicht zwingend das Falsche gewählt, wenn wir bedauern, sondern weil wir gewählt haben, bleiben andere Wünsche ungestillt, die möglicherweise in uns weiterglühen.

Esther in ihrem Feigenbaum wäre also gut beraten, mutig eine der Feigen zu ergreifen, denn ewig zögernd lebt es sich nicht gut. Erstens werden wir auf diese Weise nie »vom Möglichkeitsmenschen zum Wirklichkeitsmenschen«, wie Rüdiger Safranski in Auseinandersetzung mit dem Existenzphilosophen Sören Kierkegaard schreibt. Zwar mag die Wirklichkeit uns vorkommen wie eine schier unerträgliche Reduktion von allem, was an Optionen um uns blüht. »Aber immerhin, sie ist wenigstens wirklich und nicht bloß möglich.«[28] Vom buddhistischen Mönch Geshe Shawopa wird der Ausspruch überliefert: »Herrscht nicht über imaginäre Reiche endlos wuchernder Möglichkeiten.«[29] Aus endlosen Wucherungen wird tatsächlich kein Wald, kein Haus, kein Blätterdach – kein reales Reich, das beherrscht, aber letztlich auch gestaltet, bewohnt und eingerichtet werden kann. Wer klug ist, wählt deshalb unter den sich bietenden Möglichkeiten eine und akzeptiert das Risiko, aufs falsche Pferd zu setzen.

Zweitens ist es ermüdend, sich immer alle Optionen offenzuhalten. Sich beherzt für etwas zu entscheiden, gibt dem eigenen Leben dagegen Kontur und Farbe und entlastet davon, weiterhin nach allen Seiten Ausschau zu halten. Erst wenn wir uns zu einer Sache oder zu Menschen bekennen, sind wir überhaupt in der Lage, Pläne zu formulieren und über einen gewissen Zeithorizont hinweg als eigene Projekte zu verfolgen. Auf diese Weise schaffen wir narrative Identitäten, denen wir wiederum gerecht werden, indem wir weiter an unseren Zielen und Projekten festhalten. Über eine Identität zu verfügen, sich als autonome Person wahrzunehmen, hat ganz wesentlich damit zu tun, sich für einiges – und eben nicht für alles – entschieden und anderes außen vor gelassen zu haben, zumindest für eine bestimmte Weile.[30] Ein Leben, in dem wir nichts bedauerten, wäre also auch ein Leben, in dem wir keine Entscheidungen getroffen hätten. Das wäre allerdings auch ein Leben, das wir kaum als das unsere empfinden würden, sondern wohl eher eines, in dem wir nach der Vorstellung anderer oder nach dem Zufallsprinzip gelebt hätten.

Allerdings ist das bisher Gesagte ein schwacher Trost, wenn ich feststelle, dass ich im falschen Leben feststecke. Der Hinweis auf den Umstand, dass ich nicht alles haben kann, was ich will, und dass ungestillte Sehnsucht nur zeigt, dass ich kein Schalentier bin und mich überdies in der luxuriösen Lage befinde, überhaupt Optionen zu haben, macht die Situation dann wohl kaum besser. Man stelle sich zum Beispiel eine Person vor, die sich in einer Beziehung gefangen sieht, die sie tief unglücklich macht, oder die eine Stelle innehat, auf der sie sich langweilt. Sagt sie nicht zu Recht, sie hätte sich nie auf diese Beziehung oder Stelle einlassen sollen? Könnte sie zurück, würde sie anders entscheiden. Doch selbst wenn das richtig ist: Hat diese Person auch Anlass für Reue und Grund, sich selbst Vorwürfe zu machen? Oder könnte sie dennoch versöhnt mit sich und ohne Selbstgroll an vergangene Tage denken?

Entscheidende Erfahrungen

Ich glaube durchaus, dass wir selbst in solchen Situationen von Selbstvorwürfen entlastet sind und zumindest diese Skrupel von uns weisen können. Das hat damit zu tun, dass die von uns getroffene Wahl unsere Sichtweise in der Folge oft nachhaltig verändert. Vielleicht können wir nur durch die getroffene Entscheidung an Informationen gelangen, die wir vorher nicht hatten. Oder extremer: Wir werden zu Personen, die neue Vorlieben ausbilden und deshalb rückblickend denken, sie hätten schon früher anders leben sollen.

Manchmal hat das schlicht damit zu tun, dass wir eine Sache erst erproben müssen, um überhaupt zu wissen, ob wir sie mögen. Wir dachten beispielsweise immer, wir seien Personen, die gern zelten gehen. Und dann sitzen wir im Zelt, ärgern uns über den harten Boden, die herumkrabbelnden Käfer und die zu laute Musik auf dem Campingplatz. Wir bereuen, fürs Wochenende nicht ein Hotel gebucht zu haben, und verwünschen unsere vermeintliche Abenteuerlust: Wie konnten wir uns nur so täuschen? Für solche Reue gibt es wohl einen *Anlass*: Wir befinden uns mitten in der Nacht auf einem Zeltplatz und wünschten, zuhause im Bett zu sein. Doch gibt es auch einen *Grund,* uns selbst zu kritisieren? Schließlich wussten wir einfach nicht, wie zelten sich anfühlen würde.[31] Wir können natürlich bedauern, uns nicht besser informiert zu haben. Wir hätten vielleicht zuhause im Garten testschlafen können. Nicht alles lässt sich aber vorgängig ausprobieren oder auskundschaften. Wenn das, was wir entschieden haben, zum Zeitpunkt der Entscheidung gerechtfertigt war, scheint Reue unangemessen, ganz egal, wie wir heute über diese Entscheidung denken. Wir handelten nach bestem Wissen und Gewissen – mehr ist nicht möglich, und mehr sollten wir von uns selbst auch nicht erwarten.[32] Es stimmt eben einfach: Im Nachhinein ist man meist klüger. Wenn Immanuel Kant seinem Lob des Vernunftgebrauchs immer auch die Urteilskraft zur Seite stellt, dann genau aus diesem Grund: Wir können noch so intensiv im stillen Kämmerlein vor uns hin brüten, letztlich muss man das Leben erfahren, ausprobieren und scheitern, um hoffentlich klüger und lebensgewandter in die Zukunft zu schreiten. Das sollte uns unserer Vergangenheit und unseren Entscheidungen gegenüber versöhnlicher stimmen.

Nicht immer liegt es aber an einem Erfahrungsdefizit oder einer Wissenslücke, dass wir im Nachhinein denken, wir hätten anders entscheiden sollen. Manchmal blicken wir eher mit einem Anflug von Irritation zurück und fragen uns, wie wir überhaupt auf die Idee gekommen sind, eine solche Wahl zu treffen. Unsere früheren Präferenzen sind uns fremd geworden, weil unsere heutigen Einstellungen und Überzeugungen auch die Sicht auf die Vergangenheit färben: Wir sehen die Optionen, die wir vor vielen Jahren hatten, heute vielleicht in einem ganz anderen Licht und würden, könnten wir nochmals zurück, andere Beschlüsse fassen. Das liegt nicht nur daran, dass wir bestimmte Erfahrungswerte – wie jene des Zeltens – noch nicht hatten. Sondern einschneidende Erfahrungen verändern uns auch persönlich, und wir bilden in der Folge vielleicht neue Präferenzen und Wertvorstellungen aus, während wir andere Vorlieben verlieren.

Die Philosophin Laurie A. Paul spricht in diesem Zusammenhang von »transformativen Erfahrungen«:[33] Manchmal verändern uns Erfahrungen so umfassend, dass wir in unseren Haltungen große Kehrtwenden vollziehen und in deren Licht anders entscheiden würden. Eine schöne Geschichte einer transformativen Erfahrung ist der Roman *Der kleine Lord* von Frances Hodgson Burnett aus dem Jahr 1886: Ein kleiner Junge erobert das verhärtete Herz seines Großvaters und wendet damit das Schicksal einer ganzen Familie zum Guten, obwohl der Großvater Kinder zu Beginn nicht ausstehen kann. Die Erfahrung des Zusammenlebens mit seinem Enkelkind verändert die Präferenzen des Mannes so tiefgreifend, dass er seine vormalige Abneigung gegen Kinder im Nachhinein nicht mehr verstehen kann.

In ihrer tragischen Variante können transformative Erfahrungen allerdings auch ein weniger glückliches Ende nehmen. Denken wir etwa an die Diskussion um Frauen, die bedauern, ein Kind bekommen zu haben. Unter dem Titel *Regretting Motherhood* erschien 2015 eine Studie der Soziologin Orna Donath, die Frauen befragt hatte, die angaben, ihre Mutterschaft zu bereuen. Sämtliche befragten Frauen machten deutlich, wie sehr sie ihre Kinder liebten. Dennoch bezweifelten sie, ob sie sich nach den Erfahrungen, die sie als Mütter gemacht hatten, noch einmal für Kinder entscheiden würden.[34] Unter dem Hashtag *#regrettingmotherhood* meldeten sich nach Erscheinen der Studie weltweit Frauen zu Wort, die erleichtert waren, dass andere Mütter das Tabu gebrochen und öffentlich gemacht hatten, wie sehr sie sich in ihrer Rolle gefangen fühlten und ihre Mutterschaft bereuten.[35]

Transformative Erfahrungen können in zweierlei Hinsicht verändernd wirken: *epistemisch* und *persönlich*, und oft treten die beiden Aspekte im Verbund auf. Epistemisch (bezogen auf unser Wissen), weil sie uns mit Informationen darüber versorgen, wie sich etwas darstellt oder anfühlt, was wir nicht wissen konnten, bevor wir die jeweilige Erfahrung gemacht haben; persönlich, weil sie unser Wertesystem verändern, also unsere Präferenzen, Wünsche und Werte. Wenn wir eine transformative Erfahrung machen, sind wir also, bevor wir entscheiden, doppelt blind: Wir wissen zum einen nicht, wie es sich anfühlen wird, die Erfahrung zu machen oder, von der Zukunft her gedacht, gemacht zu haben. Zum anderen sind wir unwissend mit Blick auf die Frage, wie die Erfahrung unser Wertesystem und damit uns selbst verändern wird.[36] Anders gesagt kann sich unsere retrospektive Reue gar nicht darauf richten, dass wir eine falsche Entscheidung getroffen haben, denn im Lichte dessen, was wir damals wussten, war sie ja richtig. Auch wenn wir also vielleicht bedauern, was wir getan haben, haben wir keinen Grund, uns etwas vorzuwerfen.[37]

Dieser Gedanke wirft einen weicheren Blick auf uns und unsere Vergangenheit: Es gibt einfach keinen Anlass, hart mit sich selbst ins Gericht zu gehen. Angemessener ist ein verständnisvoller Blick. Vielleicht ist man retrospektiv sogar dankbar für die Erfahrung, die man gemacht hat und die einen mit der Zeit kenntlicher werden lässt: Je mehr wir den Mut haben, uns ins Leben zu werfen, Entscheidungen zu fällen und im Licht unserer Erfahrungen zurückzublicken, umso deutlicher wird, was uns kostbar ist und uns ausmacht. Wir träumen dann nicht länger davon, alles Mögliche werden zu können, wie Bachmanns Dreißigjähriger – »ein Leuchtfeuer, ein philosophischer Geist«[38] –, sondern wissen nun, wie sich das Erprobte anfühlt, und können einiges davon in Zukunft auch getrost sein lassen.

Dinge sein lassen zu können mündet in eine Form von Souveränität, die nicht zuletzt das Resultat einer wachsenden Lebenserfahrung ist (auf die Kapitel 4 eingeht). Um Lebensentscheidungen besser zu treffen, hilft es oftmals wenig, sich den Kopf zu zermartern mit der Frage: »Soll ich, soll ich nicht?», und vermutlich bringt einen auch die Frage nicht weiter: »Werde ich dies oder das später eher bereuen?« Laurie A. Paul schlägt als Leitfrage für derartige Situationen vielmehr vor: »Will ich herausfinden, wie mich eine Entscheidung verändert?«[39] Diese Frage führt in eine offene Haltung einem Leben gegenüber, das einen beständig verändert und verändern darf.

Das Wissen um die transformative Kraft von Erfahrungen sollte auch skeptisch stimmen mit Blick auf eine Strategie, die in Managerkreisen oft angepriesen wird und die auch der Unternehmer Jeff Bezos gern zum Besten geben soll: nämlich, sich in »prospektivem Bedauern« zu üben. Indem ich zu antizipieren versuche, was ich dereinst mit achtzig bedauern werde, sollte ich in der Lage sein, heute die besseren Entscheidungen für morgen zu treffen.[40] Aber wie kann ich wissen, ob ich bereuen werde, was ich heute entscheide, wenn ich nicht weiß, wie mich die entsprechende Erfahrung verändern wird? Vor dem Hintergrund des Gesagten ist unklar, über wie viel epistemische Kraft prospektives Bedauern überhaupt verfügen kann.[41] Außerdem haben wir gesehen, dass ein Leben ohne Bedauern weder möglich noch erstrebenswert ist. Denn Entscheidungen gehen immer damit einher, gewisse Wünsche ungestillt zu lassen.

Auch die Einübung der sogenannten *deathbed perspective*, der Perspektive vom Sterbebett aus, erfreut sich großer Beliebtheit. Bücher, in denen berichtet wird, was Menschen am Ende ihres Lebens am meisten bereuen, werden regelmäßig zu Bestsellern.[42] Sie sind meist im Duktus einer Warnung verfasst: »Verschwende deine Zeit nicht, fokussiere dich auf das Wesentliche!« Als dieses Wesentliche werden dann wenig überraschend weder Ruhm noch Geld noch Macht genannt, sondern Gesundheit, Freundschaften, Familienbeziehungen, Naturerlebnisse und Ähnliches. Das hat ja vermutlich alles seine Richtigkeit. Doch die entsprechenden Bücher unterschlagen meist, dass es zwischen den einzelnen Dimensionen menschlicher Existenz Korrelationen gibt, die wir im Rückblick gern übersehen. Vielleicht wird empfohlen, weniger zu arbeiten, ohne darauf einzugehen, dass viele ihre Freundinnen und Freunde bei der Arbeit kennenlernen. Der Arbeitsplatz ist außerdem für viele ein Ort sozialer Anerkennung, dessen Wert oft erst geschätzt wird, wenn man unfreiwillig arbeitslos ist. Würden Sterbende wirklich dasselbe vermissen, hätten sie sich ein Leben lang ausschließlich um ihre Familie und Freundinnen gekümmert? Auch die institutionellen Rahmenbedingungen, vor deren Hintergrund Personen Entscheidungen treffen, werden in besagten Büchern gern ausgeblendet: Materieller Wohlstand mag für sich genommen kein hohes Gut sein. Aber die ausgedehnten Reisen oder Wochenenden in unberührter Natur, die am Ende des Lebens vielleicht als besonders bedeutsam herausgestrichen werden, muss man sich erst leisten können – und unter anderem deshalb arbeiten einige auch so hart.

Was an der Sterbebett-Perspektive hingegen hilfreich sein mag, ist der Versuch, bei Entscheidungen das ganze Leben in den Blick zu nehmen und die eigene Endlichkeit mitzudenken. In seinem Buch *Nachruf auf mich selbst*[43] schlägt der Sozialpsychologe Harald Welzer vor, sich der Gegenwart im Modus des Futur II zu nähern und sich zu fragen: Wer werde ich gewesen sein? Diese Übung lenkt die Aufmerksamkeit weg von der Frage nach dem Bedauern und hin zur Frage, was für ein Mensch man gewesen sein möchte: fürsorglich, gelassen, gütig, heiter? Oder duckmäuserisch, lustlos, banal, arrogant? Mich zu fragen, welche Eigenschaften die meinen gewesen sein sollen und wie ich in meinem Nachruf dereinst beschrieben und in Erinnerung gehalten werden möchte, ist vielleicht erkenntnisreicher und gewinnbringender, als mir auszumalen, was ich dereinst bereuen werde, im Unwissen darum, welche Präferenzen ich in zwanzig Jahren haben werde.

Ziehen wir ein Zwischenfazit: Hinsichtlich des Unrechts, das wir anderen zugefügt haben, gibt es guten Grund, dass uns die Geister der Vergangenheit in Form des schlechten Gewissens so lange quälen, wie wir nicht versuchen, die Schuld zu begleichen. Das Bedauern dagegen, das sich mit Blick auf Entscheidungen einstellt, die unser eigenes Glück betreffen, ist zumindest in den bisher diskutierten Beispielen kein Anlass, mit sich selbst hart ins Gericht zu gehen. In vielen Fällen zeigt es lediglich an, dass das Leben mehr an Schönem bereithält, als in einem Menschenleben Platz hat. Diese Einsicht wird Gefühle des Bedauerns nicht zum Verschwinden bringen, uns aber vielleicht versöhnlicher zurücklassen: lieber überschäumend vor Träumen und Sehnsüchten sein und einsehen müssen, dass nicht alles gelebt werden kann, was einen reizt, als ein langweiliges Schalentier oder eine deprimierte Person, die gar keine Sehnsucht kennen.

In anderen Fällen formt und prägt uns das Leben so sehr, dass uns der Weg, den wir vor Langem eingeschlagen haben, irgendwann vielleicht fremd und unverständlich erscheint. Dann aber gilt es einzusehen, dass wir keinen Anlass zu jammern haben, denn wir hätten es schlicht nicht besser wissen können und haben uns folglich auch nichts vorzuwerfen. Beide Einsichten – einerseits, dass Bedauern das Hintergrundrauschen eines Lebens ist, das viel und manchmal sogar alles will, und andererseits, dass sich gewisse Enttäuschungen und Sackgassen nicht vermeiden lassen, weil uns Erfahrungen verändern – bringen die Geister, die in uns rumoren und fragen, ob es anders nicht besser gewesen wäre, nicht zum Verstummen. Aber ich vermute, dass es sich auf diese Weise versöhnter mit ihnen leben lässt.

Nicht alle Geister der Vergangenheit werden ruhen. Einige zerren sogar heftig und fortwährend an uns, und wir laufen Gefahr, bitter zu werden: Wir hätten es durchaus besser gewusst, es fehlte lediglich der Mut, die entscheidende Abzweigung tatsächlich zu nehmen. Zuweilen ist uns nämlich schon in dem Augenblick glasklar, in dem wir etwas entscheiden oder zusagen, dass wir das Falsche tun. Wir wagen aber nicht, ein Angebot auszuschlagen, unsere Meinung zu sagen oder gegen die Erwartungen Dritter zu verstoßen. Die feige Entscheidung beruht dann nicht auf fehlendem Wissen, sondern auf Willensschwäche oder mangelndem Durchsetzungsvermögen.

Werden große Meilensteine im Leben nicht im Einklang mit den eigenen Überzeugungen und Sehnsüchten gesetzt, leben wir im schlimmsten Fall ein Leben, in dem wir uns selbst fremd werden – ein »uneigentliches« Leben, um noch einmal mit Martin Heidegger zu sprechen, in dem wir uns am »Man« ausrichten (an dem, was »man« macht, denkt und tut) statt an den eigenen Wertmaßstäben und Lebensvorstellungen, wie in Kapitel 2 beschrieben. Für konformistisches Verhalten gibt es viele Gründe: Angst, mangelndes Selbstwertgefühl, soziale Zwänge. Auch wenn wir im Nachhinein vielleicht erklären können, warum wir nicht angepackt haben, was wir eigentlich wollten, sind das alles keine guten Gründe für unsere damalige Entscheidung im Sinne einer Rechtfertigung vor uns selbst. Retrospektive Reue ist in dieser Situation deshalb mehr als verständlich: Wir wünschten, wir wären unabhängiger und mutiger in der Ausgestaltung unseres Lebens gewesen und hätten uns vielleicht um die Erwartungen anderer weniger geschert.

Iwan Iljitsch beispielsweise bereut in Leo Tolstois gleichnamiger Erzählung sein verpasstes Leben zu Recht: Er kam in jungen Jahren nicht einmal auf die Idee, die Frage zu stellen, was er persönlich für erstrebenswert hielt, sondern trachtete fortwährend danach, in der Gesellschaft gut dazustehen. Seine Frau, die er mehr aus Statusgründen denn aus Liebe heiratet, erträgt er bald nicht mehr, seine Arbeit erscheint ihm mehr und mehr wie ein »toter Dienst«, und die Jahre ziehen ins Land, »zwei und zehn und zwanzig – immer das gleiche. Und je weiter, desto lebloser«. Iljitschs Fazit, als er sterbenskrank darniederliegt, ist bitter: »In der öffentlichen Meinung stieg ich bergan und im gleichen Maße absteigend, verließ mich das Leben.«[44] Dass er nicht ausbrach aus seinem Gefängnis, um dem Raum zu verschaffen, was ihn beflügelt hätte, begründet er im Rückblick mit der Furcht vor dem sozialen Abstieg. Soziale Anerkennung zu erfahren, eine Familie und Freunde zu haben, ist für viele Menschen zwar außerordentlich wichtig, und wir gehen zuweilen weit, um diese Zugehörigkeit nicht aufs Spiel zu setzen. Muss man sich in den entsprechenden Kontexten jedoch gänzlich verbiegen, kann das nicht »das Wahre« sein, wie Iljitsch resigniert einsieht: »Und ihm war ferner der Gedanke gekommen, daß vielleicht seine kaum merklichen Versuche, gegen das, was von höhergestellten Personen für gut gehalten wurde, anzukämpfen, daß diese kaum bemerkbaren Versuche, die er jedes Mal sofort aufgegeben hatte, daß vielleicht gerade sie das Wahre gewesen seien und alles übrige nicht das Wahre.«[45]

Wer sich im Nachhinein eingestehen muss, gedankenlos in einer Herde mitgetrottet zu sein – nicht weil es einem als die richtige und wahre Existenz erschien, in erster Linie ein tüchtiges Mitglied einer Gruppe zu sein und soziale Anerkennung zu erfahren, sondern weil man sich nicht traute, als Exzentrikerin auszuscheren und sich von vorgegebenen Erwartungen zu emanzipieren[46] –, hat durchaus Grund zu bereuen: Was wäre möglich gewesen, wenn man gewagt hätte, das Leben angstfrei anzupacken? Die prudentielle (auf die Lebensklugheit bezogene) Reue, die sich auf diese Weise einstellen kann, bezieht sich auf keinen Dritten, wie im Fall begangenen Unrechts. Sie gilt allein dem eigenen Unvermögen, nicht dem Raum verliehen zu haben, woran einem wirklich lag.

Manchmal lassen sich solche Momente der Willensschwäche nicht gut trennen von den Momenten der transformativen Erfahrungen, von denen vorher die Rede war. Als Nora in Ibsens Theaterstück *Nora oder Ein Puppenheim* klar wird, dass ihr Familienleben ihr zum Gefängnis geworden ist, in dem sie nur noch als hübscher »Singvogel« für ihren Ehemann Thorvald fungiert, beschließt sie, ihren Gatten und die drei gemeinsamen Kinder zu verlassen.[47] Ibsen zeichnet Noras Weg als einen der Emanzipation: Endlich wagt sie es, sich gegen die Vereinnahmung durch ihren Ehemann zur Wehr zu setzen und dem Raum zu geben, was sie als Keim schon lange in sich spürte, aber aus Angst vor gesellschaftlicher Ächtung nicht zu leben wagte. Man kann sich aber ebenso vorstellen, dass sie zum Zeitpunkt der Eheschließung einfach nicht wusste, was auf sie zukommen würde: wie elend das bürgerliche Leben sich anfühlen und wie gelangweilt sie sein würde in ihrer Ehe, als Mutter und Dame der feinen Gesellschaft. Die Geschichte ließe sich aber auch so interpretieren, dass Nora sich im Laufe ihrer Ehe stark verändert hat, weshalb sie nun andere Dinge wertschätzt und ihr das Leben, das ihr einst so glanzvoll erschien, nur noch als billiger Abklatsch der einstigen Träume vorkommt. Dann ist es diese Persönlichkeitsveränderung infolge einer transformativen Erfahrung, die sie ihre Ehe bedauern lässt.

Vor diesem Hintergrund wird deutlich, dass wir manchmal zu Recht bereuen, was wir getan oder entschieden haben: nämlich dann, wenn wir im Nachhinein feststellen, dass wir viel zu lange nach der Pfeife anderer getanzt und uns fremden Vorstellungen untergeordnet haben, die uns einengten und kleinhielten. Erwachsen zu werden, bedeutet unter anderem genau das: sich von fremden Erwartungen zu emanzipieren und unberechtigte Forderungen zu ignorieren. Selbst zu denken, wie der Leitspruch der Aufklärung und zugleich das Ideal der Mündigkeit lautet, oder »mit eigener Stimme zu sprechen«, wie es der Philosoph Stanley Cavell ausdrückt, ist freilich eine lebenslange Aufgabe, die bereits im frühen Erwachsenenleben ihren Anfang nimmt oder nehmen sollte. Manchen wird die Tragweite dieser Aufgabe aber vielleicht erst in ihren mittleren Jahren bewusst, weil sie die Kürze des Lebens deutlicher empfinden. Wer nicht wie Iljitsch in seinen letzten Tagen bereuen will, sein ganzes Leben am Gängelband von anderen und der eigenen Angst zugebracht zu haben, wird es spätestens jetzt als dringlich erachten, die eigenen Wege zu prüfen und gegebenenfalls kehrtzumachen oder abzubiegen.

Das betrifft nicht nur die Erfahrung, sich selbst verpasst zu haben. Dass wir manches im Rückblick bitter bereuen, kann auch Ausdruck davon sein, dass wir unseren Bindungen an geliebte Menschen und Projekte nicht hinreichend Raum gegeben haben.[48] Jemanden zu lieben oder etwas aufrichtig wertzuschätzen, geht einher mit der Sorge, sie oder ihn in Zukunft zu verlieren, und manchmal auch mit der Befürchtung, jemandem in der Vergangenheit nicht gerecht geworden zu sein. So können wir etwa bedauern, im entscheidenden Moment nicht ausreichend da gewesen zu sein für einen Freund, den ersten Schultag unseres Kindes verpasst zu haben oder mit der nun dementen Mutter nicht früh genug private Fragen geklärt zu haben. Es ist manchmal ausgerechnet dieses schmerzhafte Gefühl des Verlusts, das uns deutlich macht, wie lieb und teuer uns jemand oder etwas in Wahrheit ist oder war.[49]

Das Bedauern, dass wir diesen Dingen nicht mehr Aufmerksamkeit geschenkt, sondern stattdessen Zeit vergeudet oder anderes getan haben, ist somit seinerseits von epistemischem Wert: Es zeigt an, woran einem wirklich liegt. Manchmal wird einem sogar erst richtig klar, was einem wirklich wichtig ist, wenn sein Verlust droht oder einen bereits ereilt hat, was dann besonders tragisch scheint. Dem Bedauern wohnt zuweilen nämlich ein offenbarendes Moment inne.[50] Gerade in der Mitte des Lebens ist diese offenbarende Funktion von Reue hilfreich, denn wir haben vielleicht noch Zeit, uns dem zuzuwenden, woran uns liegt.[51] Wohl ist der Traum vom Haus auf dem Land mit dem großen Garten, den wir uns einmal ausmalten, nicht mehr realisierbar, aber vielleicht engagieren wir uns in einem städtischen Gemeinschaftsgarten?

Für Iwan Iljitsch, der erst am Schluss versteht, was er im Leben eigentlich hätte realisieren wollen, kommt diese Form der Einsicht zu spät. Seine Häuser, um im Bild zu bleiben, sind bewohnt von den Geistern der Personen, die man auch hätte sein können, und diese Geister quälen ihn nun. Was aber, wenn solche Geister der eigenen ungelebten Möglichkeiten einen rechtzeitig zum Tanz aufforderten und man in der Auseinandersetzung mit alternativen Vorstellungen seiner selbst den Mut fände, auszubrechen und das Leben noch einmal neu auszurichten? Dann wäre die Reue bestenfalls der Schlüssel zur

Umkehr, fast so wie die Buße im Christentum, und es gälte, entschlossen neu anzusetzen.

Ambivalenzen

Nicht alles lässt sich im Rückblick emotional exakt verorten. Gerade weil wir uns manchmal zwischen gleichermaßen attraktiven Optionen oder verschiedenen Rollen entscheiden müssen, bleiben bisweilen Ambivalenzen zurück. Die eine Person mag eine erfüllende berufliche Laufbahn verfolgt haben, aber ihre Liebe zum Musizieren blieb auf der Strecke. Eine andere hat es vollauf genossen, viel Zeit mit ihren Kindern zu verbringen, hat währenddessen aber enge Freundschaften vernachlässigt. Reue kann, wie wir gesehen haben, nicht nur die Folge eines Lebens sein, in dem wir nicht gewagt haben, unseren Sehnsüchten Raum zu geben, oder in dem wir jemandes Ansprüche zu Unrecht verletzt haben. Manchmal stellt sich Bedauern auch als Kehrseite eines reich erfüllten, interessanten Lebens ein, weil wir nicht alles – oder zumindest sicher nicht alles gleichzeitig – verwirklichen können, was uns reizt. Nicht immer sind wir im Nachhinein aber gänzlich versöhnt oder frustriert über die Setzung unserer Prioritäten. Manchmal bleiben wir auch ambivalent zurück: froh über das, was gelang und was wir erreicht haben, und doch betrübt, dass anderes nicht möglich war.

Ambivalenzen prägen das menschliche Leben aber auch aus einem weiteren Grund: Hin und wieder müssen wir nämlich eine herbe Enttäuschung oder ein tragisches Ereignis hinnehmen, stellen aber im Rückblick fest, dass exakt aus diesem bedauernswerten Vorfall etwas überaus Gutes erwachsen ist. Dann bedauern wir zwar womöglich, was geschehen ist – sind dazu aber nicht vollumfänglich in der Lage, weil das unglückselige Ereignis die Bedingung war für das Glück, in das es schließlich mündete. Diesem Zwiespalt erwächst eine zweite und tiefgreifendere, vielleicht muss man sagen: verstörendere Form von Ambivalenz.

Die Geschichte von Manfred Furter und Manon Wolff mag erläutern, was gemeint ist. Beide verloren 1998 beim Swissair-Absturz vor Halifax ihre damalige Liebe. Bei einem Gedenkanlass für die 229 Todesopfer des Flugzeugunglücks lernten sich die zwei kennen, trafen sich später wieder und wurden schließlich ein Paar.[52] Obwohl sie heute offenbar glücklich sind in ihrer neuen Beziehung, stelle ich mir vor, dass beide zutiefst bedauern, was damals vor Halifax geschehen ist, und wünschten, das Flugzeug wäre nicht zerschellt und seine Partnerin beziehungsweise ihr Partner wären noch am Leben. Zugleich gehört die Katastrophe zu dem, was man als »historische Bedingungen« ihrer heutigen Beziehung bezeichnen kann: Die zwei hätten sich mit größter Wahrscheinlichkeit nie kennengelernt, wäre das Flugzeug nicht abgestürzt und hätten sie sich nicht von ihren Liebsten verabschieden müssen.

Solch drastische Beispiele sind zugegebenermaßen selten. Aber wenn wir es recht bedenken, ist unser Leben doch voller tragischer Momente, die uns ambivalent zurücklassen. Stellen wir uns vor, dass wir durch eine Zulassungsprüfung gefallen sind, dadurch aber gezwungen waren, einen anderen Beruf zu ergreifen, von dem wir heute denken, er sei die weitaus bessere Wahl gewesen als das, was wir ursprünglich vorhatten. Die Neuorientierung wurde uns aufgenötigt, aber sie befreite uns letztlich von der Fixierung auf einen Plan, mit dessen Umsetzung wir vielleicht nicht glücklich geworden wären. In solchen

Situationen wünschen wir zwar, die Dinge wären anders gelaufen – und können sie doch nicht beklagen, weil sie ungeschehen zu machen hieße, uns einer Sache zu berauben, an der uns heute liegt. Für viele Paare, die sich erst in der Mitte des Lebens begegnen, sind die Verhältnisse genau deshalb kompliziert: Der eine ist vielleicht Witwer und betrauert den Tod seiner Frau weiterhin, während seine neue Partnerin ihren Mann verlassen hat und der früheren Beziehung keine Träne nachweint. Die Trauer um einen früheren Partner zu akzeptieren und dennoch an die aufkeimende Liebe zu glauben, ist nicht einfach. Je später wir uns kennenlernen, umso wahrscheinlicher wird es aber, dass auch Gefühle der Ambivalenz unsere Geschichten begleiten.[53]

Der Philosoph R. Jay Wallace betont, dass sich solche Ambivalenz nicht immer auflösen lässt und auch nicht auflösen muss. Wir betrauern ja zu Recht, wenn ein Schicksalsschlag unsere Pläne durchkreuzt oder uns einen geliebten Menschen entreißt. Gleichzeitig ist es auch richtig, sich an glücklichen Fügungen zu freuen, die einem Unglück entspringen. Manche verfallen angesichts schmerzvoller Momente in eine Extremform positiven Denkens: Musste es letztlich nicht so kommen, und fügt sich nicht alles ohnehin stets zum Besten? Bücher mit Titeln wie *Krankheit als Weg* oder *Schicksal als Chance* suggerieren, alles Leiden habe einen tieferen Sinn und es gehe stets darum, das Schicksal ungebrochen anzunehmen. Jay Wallace' Gedanke der tiefen Ambivalenz, die ihre Quelle einerseits in unserer Sehnsucht nach einer umfassenden Affirmation unseres Lebenswegs hat, andererseits den Umstand berücksichtigt, dass auch beklagenswerte Momente diesen Weg säumen, vermag dem menschlichen Leben auf eine ehrlichere Art und Weise gerecht zu werden, als es das vorbehaltlos positive Denken tut. Sicherlich wird der Schmerz über einen Verlust oder eine vertane Chance erträglicher, wenn aus dem Unglück etwas Heilvolles erwachsen kann. Aber damit wird das Unglück eben gerade nicht ungeschehen gemacht, und wer so tut, als wäre dem so, belügt sich letztlich selbst. Die Spuren von Leid und Unglück gilt es im Lauf des Lebens nicht auszuradieren, sondern ins Leben zu integrieren.

Trauer, Stolz und Dankbarkeit

Manchmal allerdings ist der tiefe Schmerz, der unser Leben durchdringt (falls es einen solchen gibt), als Ambivalenz falsch beschrieben. Denken wir an Eltern, die ein Kind verlieren, oder an eine junge Frau, die nach einem Unfall querschnittsgelähmt ist. In beiden Fällen kann das Leben durchaus weitergehen und möglicherweise sogar eine positive Wendung nehmen, die es ohne das schreckliche Unglück nicht genommen hätte. Dennoch erschiene es unangebracht, in solchen Momenten von der Vielschichtigkeit menschlichen Daseins und dem Reichtum verschlungener Wege zu faseln. Vielmehr sind die Betroffenen zu Recht untröstlich über Vorkommnisse, die außerhalb ihrer Macht lagen, oder hadern damit, dass lang gehegte Träume ohne eigenes Verschulden platzen. Zu bedauern oder zu bereuen gibt es dann nichts, sondern nur zu betrauern, was geschehen ist oder uns für immer entrissen wurde.

Der Riss, der sich urplötzlich durchs Leben zu ziehen vermag, ist in jedem Lebensalter brutal und die Orientierungslosigkeit, die sich breitmachen kann, erbarmungslos. In der Mitte des Lebens erfahren solche existentiellen Formen von Unglück jedoch schnell eine Zuspitzung: Denn in dieser Phase verlieren wir durch Schicksalsschläge oftmals nicht nur einen Menschen oder ein Zuhause, sondern womöglich ein ganzes Lebensmodell. Wer über Nacht zur alleinerziehenden Person wird, muss vielleicht sein ganzes Berufsleben umkrempeln, und wer mit Mitte vierzig eine schwere Diagnose erhält, hat für das, was er vorhatte, plötzlich bereits jetzt keine Zeit mehr.

Manche werden einwenden, dass es immer ein Fehler sei, sich auf eine Karriere, einen Plan, eine Beziehung zu versteifen. Wer sich offenhalte für die Möglichkeiten des Schicksals und nicht alles auf eine Karte setze, sei eher gewappnet für den Moment, in dem alles neu geordnet werden muss. Das mag zwar stimmen. Doch viele Lebensprojekte, und vermutlich gerade die zentralsten, verlangen nach großer Hingabe: Elternschaft etwa, wahre Liebe oder auch eine berufliche Karriere. Der jähe Abbruch des Begonnenen ist auch deshalb derart schmerzhaft, weil erst einmal gänzlich fraglich werden kann, wer oder was man überhaupt ist angesichts des entsprechenden Verlusts. Manche sehen sich getroffen in ihrer gesamten Identität. Andere fühlen sich getäuscht von geliebten Menschen oder zweifeln an den eigenen Fähigkeiten, weil sie zurückgewiesen werden oder scheitern in dem, was ihnen so wichtig war. Alles, woran sie glaubten, stellt sich dann vielleicht plötzlich in einem anderen Licht dar. Die viel beschworene »midlife crisis« erweist sich denn auch bisweilen als genau dies: als existentielle Erschütterung, weil ein eingeschlagener Weg jäh abbricht. Ich komme im 5. Kapitel auf diese Erfahrung zurück.

Das bedeutet allerdings nicht, dass nur Resignation als Möglichkeit bliebe.[54] Vielleicht lösen Trauer, Reue und Bedauern auch einen Veränderungsprozess aus, in dem wir wachsen können. Oft gilt es zunächst einfach nur, die Lücke auszuhalten, die entsteht, wenn wir realisieren, dass es mit einer Beziehung zu Ende geht oder ein Vorhaben aufgegeben werden muss. In dem Fall ist es nötig, wie der Schriftsteller Daniel Schreiber sagt, »das Strickstück meines Lebens aufzutrennen, um aus dem Faden etwas Neues zu machen«.[55] Und zwar selbst dann, wenn wir noch nicht wissen, was aus der Wolle Neues entstehen könnte.

Bedauern, Reue und Trauer stehen überdies hoffentlich nicht allein, wenn wir den Blick in die Vergangenheit richten. Zu diesen resignativen Gefühlen gesellen sich bestenfalls nämlich ihre Kehrseiten: Dankbarkeit für glückliche Fügungen und Stolz auf das Erreichte. Bei allem Vergleich mit dem, was womöglich nicht glückte, vergessen wir allzu schnell, zu würdigen, was gelungen ist. Mir fällt dazu immer Bertolt Brechts »Morgendliche Rede an den Baum Griehn« von 1927 ein: ein Baum, an dem nachts der Sturm so heftig rüttelt, dass er schwankt »wie ein besoffener Affe«. Am Morgen danach, als wieder die Sonne am Himmel steht, sollte der Baum wissen, was er wert ist, denn »einzig durch Ihre unerbittliche / Nachgiebigkeit stehen Sie heute morgen noch gerade«. Und der Redner schiebt nach: »Es war wohl keine Kleinigkeit, so hoch heraufzukommen / Zwischen den Mietskasernen, so hoch herauf, Griehn, daß / Der Sturm so zu Ihnen kann wie heute nacht.«

Ausdauer lässt uns in die Höhe schießen, Unnachgiebigkeit im Streit nicht wanken. Ist nicht die Mitte des Lebens der Moment, sich zu fragen, ob man die Stürme nicht ganz gut überstanden hat? Immerhin sind wir schon eine Weile unterwegs im Leben. Etwas Stolz auf die Standhaftigkeit, die wir bewiesen haben, scheint durchaus angebracht.

Zum Stolz auf das Erreichte und Durchlebte kommt hoffentlich als Gegenstück zur Klage über das Schlimme, das uns widerfahren ist, die Dankbarkeit hinzu. Glücklicherweise sterben oder verlassen uns ja nicht alle Menschen, die wir lieben, sodass wir nicht ausschließlich trauern und uns übers Schicksal empören. Sondern geliebte Menschen überleben auch, gesunden, kehren zurück, und wir haben Anlass zu Erleichterung und Dankbarkeit. Dasselbe lässt sich mit Blick auf die Klage über das Verfliegen der Lebenszeit sagen: Unsere Tage werden uns nicht nur entrissen, indem sie vergehen; wir hatten sie auch in großer Fülle. Zur Trauer gesellt sich deshalb bestenfalls die Dankbarkeit, und tut sie es nicht, lohnt es sich, sie einzuüben. Denn nicht nur gilt Dankbarkeit als eine der zentralen Tugenden; dankbar gehen wir auch besser durchs Leben. Die meisten Todesanzeigen bergen übrigens beide Momente: Trauer über den Verlust einer geliebten Person und Dankbarkeit für das Leben, das man mit ihr teilen durfte. Ebenso verhält es sich wohl mit allem Trubel, in dem wir mitten im Leben stecken: Reue und Stolz, Bedauern und Dankbarkeit – eine reiche Fülle an Gefühlen säumt unseren Weg.

Und noch etwas gilt es einzusehen: Genauso wie vieles, was man bereut, nicht klüger hätte entschieden werden können, weil wir zum Zeitpunkt der Entscheidung nicht wussten, wie sich was auswirkt und wie wir uns selbst im Lauf der Zeit verändern, so ist auch vieles, was wir schlussendlich erreicht haben, nicht allein Resultat kluger Entscheidungen oder harter Arbeit, sondern meist auch glücklicher Zufälle und Umstände. Dankbarkeit und Demut machen uns weich und offen einem Leben gegenüber, das in den mittleren Jahren in seiner ganzen Fülle greifbar wird: im Schmerzhaften, aber auch im sprudelnden Glück. Dankbarkeit und Demut machen aber auch empfänglich für das Leid, mit dem andere zu kämpfen haben.

4

In den besten Jahren

»Ich glaube nicht, daß es irgendeinen Denkvorgang gibt, der ohne persönliche Erfahrung möglich ist. Alles Denken ist Nachdenken, der Sache nach-denken.«
HANNAH ARENDT[1]

»Welches Problem, das Sie früher hatten, haben Sie heute nicht mehr?« – »Ich habe keine Angst mehr, nicht der zu werden, der ich sein wollte.«
PHILIPPE CHAPPUIS ALIAS ZEP[2]

Im Herbst 1949 unternimmt Theodor W. Adorno eine Reise durch Europa, die ihn tiefgreifend erschüttert. Es ist die erste Reise, die ihn aus seinem Exil in den Vereinigten Staaten in seine alte Heimat führt. Die »Wiederberührung mit Europa« beschreibt er als »überwältigend«. Vor dem Hintergrund dieser tiefen Erfahrung verblasst offenbar selbst die Zurückweisung seitens einer Dame, die es Adorno angetan hat. »Die hübsche Magda Brunner«, notiert der Philosoph am 28. Oktober in sein Tagebuch, habe ganz eindeutig mehr Wohlgefallen an seinem norwegischen Attaché gefunden – »sie schlief wohl mit ihm«. Seine kleine Niederlage steckt Adorno aber zumindest in seiner Tagebuchnotiz leicht weg: Er bringe ohnehin keinerlei Ressentiment auf »über Dinge, die einfach damit zusammenhängen, daß ich middle aged bin«.[3]

Wer in der Mitte des Lebens angekommen ist, muss offenkundig gelegentlich Abstriche machen: Namen fallen einem nicht mehr immer spontan ein, eine neue Sprache zu lernen, fällt schwerer, und beim Joggen wird man häufiger als früher überholt. Viele Frauen spüren den hormonellen Wandel, einige betrauern das Ende ihrer Fruchtbarkeit, während andere dieses Ende geradezu feiern, manche Männer verlieren ihre Haare und kaschieren lichte Stellen oder schaffen klare Verhältnisse und tragen selbstbewusst Glatze. Waren sie vorher stets gesund und haben ihrem Körper nicht viel Beachtung geschenkt, merken wohl die meisten spätestens jetzt, dass sie zunehmend verletzlicher werden und ihre Kräfte begrenzt sind. Selbst Roger Federer musste im Alter von einundvierzig Jahren und nach mehr als 1500 Spielen einsehen, dass seine Karriere als

Tennisprofi an ein Ende gekommen war. In seinem Rücktrittsschreiben ließ er seine Fans wissen: »Ich habe hart gearbeitet, um wieder voll in Form zu kommen. Aber ich kenne auch die Fähigkeiten und Grenzen meines Körpers, und seine Botschaft an mich war in letzter Zeit eindeutig.«[4]

Ähnlich eindeutige Botschaften dürften in den mittleren Jahren viele erreichen, und sie sind vermutlich selten willkommen. Kürzlich witzelte eine gleichaltrige Freundin, sie habe ein neues zeitintensives Hobby namens »body maintenance«: Man wird zur ersten Darmspiegelung einbestellt, lässt Hautveränderungen untersuchen und Knie- und Schulterschmerzen vom Spezialisten abklären. Adorno hatte wohl recht: Wozu Ressentiments aufbringen und sich aufregen mit Blick auf etwas, das sich eh nicht ändern lässt? Weshalb sich im Selbstmitleid suhlen angesichts der Tatsache, dass sich das eigene Alter nicht leugnen und schon gar nicht aufhalten lässt? Schließlich werden wir täglich, stündlich, ja sekündlich älter, und dies ab dem ersten Atemzug. »Alle Tage, Stunden und Sekunden, alle Herzschläge führen wie Trittsteine vom Krabbelkind zur alten Frau«,[5] schreibt der Schriftsteller Ian McEwan, und diese Entwicklung ereilt bekanntlich nicht nur die Frauen, sondern ausnahmslos alle.

Aber selbst wenn wir um unseren unabänderlichen Alterungsprozess theoretisch wissen, machen sich die zugebrachten Lebensjahre für gewöhnlich lange Zeit praktisch kaum bemerkbar – und wenn, dann eher im positiven Sinn: Die meisten Kinder feiern zum Beispiel gern Geburtstag, und zu Geschenken und Kuchen gibt es für sie dabei meist noch eine Tranche Freiheit und Selbstbestimmung obendrauf. Die Lebensjahre, die mir meine älteren Geschwister voraushatten, waren für mich auf jeden Fall bis weit in die Jugend hinein ein

Sehnsuchtsort: Wenn ich erst einmal so alt sein würde wie sie, würde ich bei Festen bis Mitternacht aufbleiben dürfen und feine Nylonstrümpfe tragen anstelle der baumwollenen Modelle aus der Kinderabteilung. Selbst als die Schule begann, wie ein enges Korsett an meinem wachsenden Freiheitsbedürfnis zu scheuern, sehnte ich mich niemals zurück ins Kindergartenalter. Vielmehr schielte ich neidisch auf die Großen auf dem Schulhof, die sich betont lässig gaben, und freute mich, als ich ein paar Jahre später die bewundernden Blicke der Jüngeren einfing. Ich denke, den meisten geht es ähnlich. Die Weigerung, in jungen Jahren älter zu werden, scheint uns so unverständlich, dass dafür sogar ein Krankheitsbild ersonnen wurde: das »Peter-Pan-Syndrom«.

Im Laufe der Jahrzehnte drängt sich das Fortschreiten der Zeit jedoch zunehmend unangenehm ins Bewusstsein: Fotoalben aus jüngeren Jahren lassen einen innerlich zusammenzucken, so deutlich weichen die abgelichteten Gesichter ab von dem, was einem heute aus dem Spiegel entgegenblickt. Die Philosophin Simone de Beauvoir zeigte sich als Fünfzigjährige über ihr Konterfei nachgerade schockiert: »Ich hasse mein Spiegelbild: über den Augen die Mütze, unterhalb der Augen die Säcke, das Gesicht zu voll, und um den Mund der traurige Zug, der Falten macht. Die Menschen, die mir begegnen, sehen vielleicht nur eine Fünfzigjährige, die weder gut noch schlecht erhalten ist. Sie hat eben das Alter, das sie hat. Ich aber sehe meinen früheren Kopf, den eine Seuche befallen hat, von der ich nicht mehr genesen werde.«[6] Die Folgen der »Seuche«, die de Beauvoir beschreibt, lassen sich zwar heute auf Bildern mit Filtern wegretuschieren, und einige, die das nötige Kleingeld besitzen, eliminieren sie auch am lebenden Objekt, um das jugendliche Bild zu konservieren. Doch das täuscht nur äußerlich darüber hinweg, dass wir älter werden. Warum aber wird das eigene fortschreitende Alter in der Lebensmitte zu einem derart bestimmenden Thema, das viele belastet – so sehr, dass es Simone de Beauvoir beschreibt als ein »riesiges Tier«, das sich im Traum auf ihre Brust setzt und ihr die Luft abschnürt?[7]

Älter werden – eine »Seuche«?

Eine naheliegende Erklärung unserer Abwehrreaktion auf den Alterungsprozess ist sicherlich ästhetischer Natur. In vielen Zeiten und Kulturen waren Schönheit und Jugend eng verwoben, und entsprechend unverhohlen wurden immer schon Produkte, Apparaturen und Operationen angeboten, um Falten, Pigmentflecken und Glatzen zum Verschwinden zu bringen. Manchmal sind diese Retuschen allerdings nicht allein durch ästhetische Präferenzen motiviert, sondern ebenso Ausdruck der Sehnsucht, weiter an der unbeschwerten Welt der Jungen partizipieren zu können. In Thomas Manns Novelle »Der Tod in Venedig« macht sich Gustav von Aschenbach, ein Schriftsteller im besten Alter, zu Beginn seiner Überfahrt nach Venedig zwar noch lustig über die älteren Urlauber, die sich benehmen, als wären sie noch blutjung. Doch in seinem Verlangen nach dem Jüngling Tadzio, dem er bald darauf verfällt, leidet er zunehmend selbst darunter, nicht mehr der Jugend anzugehören und arglos mit dieser am Strand herumalbern zu können. Es ist offensichtlich sein Alter, das ihn vom Objekt seiner Begierde trennt: »Angesichts der süßen Jugend, die es ihm angetan, ekelte ihn sein alternder Leib; der Anblick seines grauen Haares, seiner scharfen Gesichtszüge stürzte ihn in Scham und Hoffnungslosigkeit.«[8] Umso schmeichelhafter klingen für ihn die Worte des aufgesuchten Friseurs, der ihm zuflüstert, wir seien doch immer nur so alt, »wie unser Geist, unser Herz sich fühlen«, und das ergraute Haar bedeute »unter Umständen eine wirklichere Unwahrheit, als die verschmähte Korrektur bedeuten würde«. Aschenbach habe »ein Recht auf seine natürliche Haarfarbe. Sie erlauben mir, Ihnen die Ihrige einfach zurückzugeben?«[9]

Aschenbach nimmt dankbar an. Doch worin besteht sein »Alter des Herzens«, und woran bemisst es sich? Was meinen wir, wenn wir sagen, wir fühlten uns jünger, als wir sind?[10] Manchmal verbirgt sich hinter solchen Aussagen wohl ein Gefühl des Befremdens: Man erinnert sich zum Beispiel an den fünfzigsten Geburtstag der eigenen Eltern und daran, wie alt sie einem damals vorkamen. Im Vergleich dazu hat man sich doch wirklich besser gehalten! Womöglich stimmt das sogar, was immer »besser« hier bedeuten mag. Die für die einzelnen Lebensphasen typischen Normen und Verhaltensweisen haben sich ja tatsächlich nach hinten verschoben und überdies pluralisiert, wie in Kapitel 1 deutlich wurde. Nicht nur die durchschnittliche Lebenserwartung ist in vielen Ländern über die Generationen hinweg gestiegen – die meisten bleiben auch länger bei guter Gesundheit. Die Omas und Opas wirkten früher also vielleicht tatsächlich schon in jüngeren Jahren älter, als sie es heute tun.[11]

Und doch bleibt der Verdacht, dass hier eine Verdrängung am Werk ist, eine Weigerung, sich einzugestehen, dass man nicht mehr das ganze Leben vor sich hat, das noch zig beliebige Wendungen nehmen kann, sondern die Halbzeit bereits angezählt oder sogar vorbei ist. Die meisten Mittelalten dürften, auch wenn sie es sich ungern eingestehen, innerlich auf jeden Fall dankbar aufatmen, wenn wieder einmal eine Reportage titelt: »Fünfzig ist das neue Dreißig!« Manchmal gewinnt man fast den Eindruck, die Lebensmitte sei eine so düstere Phase, dass sie am besten übersprungen würde, sodass man aus der ewigen Jugend direkt ins hohe Alter glitte.

In den Kapiteln 2 und 3 bin ich möglichen Gründen für den schlechten Ruf der Lebensmitte nachgegangen: Der Blick nach vorn konfrontiert uns, je älter wir werden, umso deutlicher mit der eigenen Endlichkeit und der Trauer darüber, dass nichts ewig währt und auch wir selbst dem eigenen sicheren Ende entgegengehen. Dazu kommt die Erfahrung des Verlusts: dass wir, in der Lebensmitte angekommen, Möglichkeiten schwinden sehen und realisieren, dass einige Züge für immer abgefahren sind. Doch wäre es besser, immer dreißig zu bleiben? Würde man nicht Entscheidendes verpassen, ließen sich die mittleren Jahre überspringen? Immerhin wird diese Periode auch als die »besten Jahre« angepriesen. Worin also besteht ihr Glanz, ihre Verheißung, und wie lässt sich der beengenden Erfahrung des Verlusts etwas positiv Weitendes entgegensetzen: eine Zeit, in der wir zu den freisten Jahren unseres Lebens anheben können?[12]

Fülle des Lebens

In der Philosophie hat die Vorstellung von den mittleren Jahren als einer Zeit der Fülle, der Hochblüte, auf Englisch »our prime«, eine lange Tradition. Das Bild findet sich beispielsweise bereits bei Aristoteles, der die Lebensmitte in seiner *Rhetorik* als eine Blütezeit schildert, die körperlich zwischen dreißig und fünfunddreißig, geistig im Alter von neunundvierzig Jahren erreicht werde.[13] Auch Platon konnte der Lebensmitte viel abgewinnen, weil die menschliche Urteilskraft in diesem Alter in Hochblüte stehe – und eine gute Urteilskraft für viele wichtige Aufgaben unabdingbar sei.[14]

Bei Aristoteles ist diese Vorstellung eng verknüpft mit seiner Ethik des Strebens, der *Teleologie*. Ihr zufolge drängt alles danach, die jeweils eigene spezifische Qualität oder das eigene Wesen zu verwirklichen, und »gut« nennen wir etwas genau dann, wenn dies gelingt. Ein Abenteuerroman ist zum Beispiel gelungen, wenn er seine Leserschaft packt; Schuhe sind gut, wenn sie uns bequem durch die Tage tragen; einen Aprikosenbaum schätzen wir, wenn er viele Früchte abwirft. Aristoteles zufolge geht es entsprechend auch für den Menschen darum, sein Wesen oder seine spezifische Qualität zur Entfaltung zu bringen. Ist er damit erfolgreich, ist er einerseits ein »guter Mensch«, verstanden als eine Person, die das Beste aus sich herauszuholen in der Lage ist und ihrem Wesen gerecht wird. Andererseits ist eine gelungene Entwicklung eine notwendige Bedingung für ein erfülltes, glückliches Leben, die »eudaimonia«.[15] Folgen wir Aristoteles, haben wir also genau dann ein gutes Leben, wenn wir unser Wesen entfalten und das Potential ausschöpfen, das in uns schlummert. Da die Entwicklung der eigenen Persönlichkeit aber Zeit braucht und wir erst heranreifen müssen zur besten Version von uns selbst, befinden wir uns in den mittleren Jahren in einer komfortablen Ausgangslage, sie zu unserer besten Phase zu machen: Im Vergleich zur Jugend haben wir bereits ein gutes Wegstück unseres Lebens zurückgelegt und hatten im besten Fall Zeit, uns zu entwickeln. Gleichzeitig liegen im Kontrast zum hohen Alter hoffentlich noch viele Jahre vor uns, und wir können aus der gewonnenen Fülle schöpfen.

Der aristotelische Gedanke, dass ein geglücktes Leben mit

persönlicher Entfaltung zu tun hat, dürfte vielen unmittelbar einleuchten. Menschliches Glück erschöpft sich schließlich nicht darin, genussvolle Erfahrungen aneinanderzureihen, etwa immer im Liegestuhl zu liegen, sich prächtig zu amüsieren und sorglos vor sich hin zu dämmern. Zu einer gelingenden Existenz gehört für die meisten auch, sich Ziele zu setzen und durch eigenes Bemühen zu erreichen – »etwas aus sich zu machen«, wie wir manchmal etwas plakativ sagen. Wie bedeutsam es für ein erfülltes Leben ist, dass es neben lustbetonten, hedonistischen Momenten auch solche enthält, in denen wir unsere Komfortzone verlassen und am Leben und in Beziehungen wachsen, mag von Person zu Person verschieden sein und ist auch in der philosophischen Debatte strittig. Dass ein gutes Leben aber zumindest bis zu einem gewissen Grad auch mit einer gelingenden persönlichen Entfaltung über die Zeit hinweg zu tun hat, scheint den meisten doch von hoher Plausibilität zu sein.[16] Mit dem Gedanken der mittleren Jahre als einer Zeit der Fülle, in der wir von dem profitieren können, was wir erfahren, erlebt und gelernt haben, lässt sich aus diesem Grund erst einmal viel anfangen.

Nun ist es Aristoteles zufolge allerdings nicht einerlei, was in einem Leben zur Entfaltung kommt. Glückverheißend ist in seinen Augen ja nur, das wesenstypische Gut über das eigene Leben hinweg zu entwickeln. Von zentraler Bedeutung ist deshalb die Frage, worin diese spezifische Qualität oder das Wesen des Menschen besteht. Dieser Frage geht er in seiner *Nikomachischen Ethik* auf den Grund. Seine Methode ist dabei eine der Abgrenzung: Aristoteles fragt sich, was den Menschen im Unterschied zu allen anderen Lebewesen wie Tieren oder Pflanzen auszeichnet, und gibt wenig überraschend zur Antwort: die Vernunft. Entsprechend ist ein menschliches Leben seiner Ansicht nach dann gut, wenn wir unsere vernünftigen Anteile kultivieren und perfektionieren, was für ihn bedeutet, ein *tugendhaftes* Leben zu führen. Damit ist nicht allein ein moralisches Leben gemeint, in dem charakterliche Tugenden wie Gerechtigkeit, Sanftmut oder Wohlwollen ihren festen Platz haben, sondern genauso eines, in dem die Tugenden des Verstandes zur Entfaltung kommen, also auch Weisheit, Klugheit oder Scharfsinn.

Im richtigen Maß

Tugendhaft zu handeln bedeutet primär, eine bestimmte Eigenschaft im richtigen Ausmaß zum Ausdruck zu bringen. Dieses richtige Maß ist dabei nicht zu verwechseln mit der mathematischen Hälfte oder einem Durchschnittswert, sondern es verkörpert das Ideal der Angemessenheit. Das lässt sich gut illustrieren an der Tugend der Sanftmut: Wer selbst gröbste Beschimpfungen schweigend erduldet oder sich ausnutzen lässt, ohne sich zu wehren, legt nicht die Tugend der Sanftmut an den Tag, sondern beweist, dass er nicht für sich einzustehen vermag oder sich selbst geringschätzt. Wütend zu werden und aufzubegehren ist nämlich durchaus angemessen, wenn man nicht respektiert wird. Geraten wir hingegen wegen jeder Bagatelle in Rage und regen uns wegen Kleinigkeiten fürchterlich auf, ist dies nicht tugendhaft, sondern kindisch. Die Tugend der Sanftmut vermag uns in solchen Situationen zu beschwichtigen, verlangt aber nicht von uns, zu allem Ja und Amen zu sagen.

Wo genau die goldene Mitte innerhalb eines Spektrums von Handlungsoptionen und Reaktionsweisen anzusiedeln ist und worin entsprechend tugendhaftes Handeln in einer konkreten Situation besteht, darüber geben uns weder Formeln noch Lehrbücher Auskunft. Letztlich geht es darum, eine Form von praktischer Klugheit auszubilden, die in der jeweiligen Situation zu Rate gezogen werden kann. Aristoteles nennt sie »phronesis«. Wer über sie verfügt, vermag tugendhaft und charakterstark durch das Leben zu gehen und in der konkreten Situation angemessen zu reagieren.[17] Um diese praktische Klugheit zu erwerben, bedarf es einerseits einer guten Umgebung und hilfreicher Vorbilder, andererseits der Übung und Gewöhnung und damit auch der Zeit.[18] Auch darum sind die mittleren Jahre besonders geeignet, sich an ein tugendhaftes Leben heranzutasten: Bestenfalls haben wir schon reichlich Erfahrung gesammelt, konnten von anderen lernen und haben am eigenen Leib erfahren, was in der jeweiligen Situation angebracht oder zielführend ist. Die Hörner der jugendlichen Ungeduld sind hoffentlich bereits abgestoßen, das vorschnelle Urteil der frühen Jahre wurde milder. Gleichzeitig ist noch nicht so viel Zeit vergangen, dass wir möglicherweise desillusioniert oder mutlos sind und nicht mehr daran glauben, dass sich der volle Einsatz lohnt. In seiner *Rhetorik* schreibt Aristoteles: »Augenscheinlich ist, dass diejenigen, die in der Blüte ihres Lebens stehen, ihrem Wesen nach eine Mittelstellung zwischen beiden Altersgruppen einnehmen werden, indem sie deren Extreme mildern.« Sie vereinigen nämlich die »förderlichen Eigenschaften in sich, die Jugend und Alter getrennt für sich haben«.[19] Die mittleren Jahre können sich also als eine Zeit erweisen, in der wir hoffentlich von unserer Lebenserfahrung profitieren und gefestigt im Leben stehen, zugleich aber den jugendlichen Übermut abgelegt haben, weil wir bereits erfahren konnten, dass sich Langmut, Sorgfalt und Geduld auszahlen. Sie werden damit – aristotelisch verstanden – zu »Jahren des Mittleren«, in denen wir zu den besten Versionen unserer selbst heranzuwachsen vermögen, indem wir den Extremen abzuschwören lernen.

Die bisher beschriebene Fülle klingt allerdings zugegebenermaßen etwas blutleer und verkopft. Sie würde anschaulicher, dichter und konkreter, wenn wir weiter einstiegen in die aristotelische Ethik und deren Gedanken vertieften. Mich interessiert aber vor allem eine spezifische Schwierigkeit in Aristoteles' Vorstellung vom guten Leben, von der ich meine, dass sie weiterhelfen kann, über die Fülle der Mitte produktiv nachzudenken, und zwar die folgende: Für ihn ist das spezifisch Gute im Menschen (und damit auch das, worum wir uns bemühen sollten, wollen wir gut leben) über alle Phasen hinweg dasselbe. Immer ist das Beste im und am Menschen, die eigene Vernunft zu gebrauchen und sie klug und besonnen in Anschlag zu bringen. Doch stimmt das auch für ein fünfjähriges Kind? Es ist unbestritten ein Mensch, aber wollen wir wirklich behaupten, für ein Kind sei dasselbe gut wie für einen Vierzigjährigen?

Dieselbe Frage stellt sich auch mit Blick auf betagte Menschen, die gemäß Aristoteles die Blütezeit bereits hinter sich haben.[20] Können sie wirklich kein erfüllendes Leben mehr führen – oder ist es nicht viel plausibler, zu sagen, die späten Lebensjahre würden eine ihnen eigene Qualität bergen, die Jüngeren nicht vergönnt ist und die Aristoteles ganz offensichtlich übersieht? Die Kindheit scheint bei ihm in erster Linie eine Phase der ungestümen und irrationalen Unreife zu sein, während er sich das Alter als eine Epoche des allmählichen Verblühens vorstellt. Dagegen lässt sich zu Recht einwenden, dass die Phasen vor und nach den mittleren Jahren nicht etwa mindere Zeiten seien, Phasen des »noch nicht« oder

»nicht mehr«, sondern dass ihnen andere Qualitäten entsprächen und in ihnen zur Entfaltung gebracht werden könnten als in der Lebensmitte. Alles hätte dann eben, wie es schon in der Bibel heißt, seine Zeit – und entsprechend auch seine spezifischen Tugenden und Laster.[21]

Alles hat seine Zeit

Die Vorstellung, dass die verschiedenen zeitlichen Phasen eines menschlichen Lebens auch unterschiedliche Potentiale bergen, leuchtet unmittelbar ein, wenn wir an die Kindheit denken. Idealerweise ist diese Phase eine unbeschwerte Zeit, in der Kinder vor allem von Fantasie, Neugier und Überschwang geleitet sind und noch nicht allzu viel Verantwortung übernehmen müssen. In der Philosophie ist in jüngerer Zeit viel darüber nachgedacht worden, worin eine gute Kindheit besteht.[22] Dabei wurde diese Lebensphase vom Bild befreit, lediglich ein Vorstadium zur eigentlich ertragreichen Zeit des Erwachsenenalters zu sein. Kinder und Jugendliche sind nicht einfach unfertige Mittvierziger, sondern Menschen, die in ihrer Lebensphase von Stärken profitieren können, um die wir sie nicht selten beneiden. Wer wäre nicht manchmal gern noch so verträumt, vertrauensselig und begeisterungsfähig wie ein Kind? Nur vor dem Hintergrund des Werts, den wir der Kindheit attestieren, ist auch die gesellschaftliche Forderung zu verstehen, man solle Kinder doch Kinder sein lassen und sie nicht zu früh in die Welt der Erwachsenen einpassen.

Wie für die Kindheit lassen sich auch für das hohe Alter typische Güter ausmachen. Gerade in den vergangenen Jahren wurde die letzte Lebensphase noch einmal neu als eine Zeit entdeckt, in der etwa zu einer tiefen inneren Gelassenheit und Souveränität gefunden werden kann.[23] Mich hat die Ruhe, die ältere Menschen bisweilen ausstrahlen, immer berührt: eine Form des inneren Friedens und des Gleichmuts, den sie womöglich daraus ziehen, dass sie nichts mehr unbedingt erreichen und im Wettbewerb mehr bestehen müssen. Ich stelle mir vor, dass die Aussicht auf das nahe Ende vielleicht auch an Bedrohlichkeit einbüßt, wenn die Kräfte nachlassen. Schon der römische Philosoph Cicero hat in seinem Werk *Cato maior* das Alter entsprechend als eine Zeit des Weitblicks besungen, der Besonnenheit und der Gelassenheit, ja sogar als eine Weise der Vollendung.[24]

Kindheit und Jugend, die frühen Erwachsenenjahre und das Alter sind also nicht adäquat beschrieben als Schwundstufen menschlichen Lebens. Viel plausibler ist es, sie als eigenständige Lebensphasen mit Qualitäten zu verteidigen, die sie jeweils einzigartig und für sich genommen kostbar machen. Eine gute Kindheit und ein ertragreiches Alter sind entsprechend im philosophischen Jargon ausgedrückt Zeiten, in denen deren spezifische Tugenden realisiert werden. Was in der einen Phase als tugendhaft oder angemessen gilt, muss dies nicht zwingend auch in einer anderen Phase sein.[25] So wird es einem Kleinkind vermutlich eher nachgesehen, wenn es eine lautstarke Szene macht, weil es nicht sitzen kann, wo es möchte, einem Jugendlichen hingegen kaum und einem Erwachsenen gar nicht mehr, während man bei einer betagten Person möglicherweise wieder verständnisvoll reagiert, weil nachvollziehbar ist, dass sie verunsichert ist, wenn die angestammte Routine durchbrochen wird.[26] Wann es aus welchen Gründen passend ist, seinen Willen durchsetzen zu wollen, hängt also nicht zuletzt davon ab, wie alt jemand ist. Auch eine Tugend wie die Besonnenheit ist nicht in allen Phasen gleichermaßen kostbar: Eine wahrhaft »erwachsene« Person, die nicht lediglich das chronologische Alter der Mündigkeit erreicht hat, sondern sich auch ihrem Alter entsprechend benimmt, zeichnet sich etwa dadurch aus, erst einmal über eine Sache zu schlafen, statt überstürzt zu handeln. Als Erwachsene hat sie gelernt, dass es oftmals klüger ist, dem eigenen Unmut nicht sofort Luft zu machen, sondern das Gespräch aus der Distanz zu suchen, wenn ein Konflikt sich abgekühlt hat. Von einem Kind hingegen wird nicht erwartet, dass es seinen Unmut herunterschluckt und erst nach ein paar Tagen auf den Konflikt zurückkommt.[27]

Einige mag das Gesagte irritieren: Kippen wir mit der Rede von der Altersadäquatheit eines bestimmten Benehmens nicht in die normierten Stufenmodelle, die ich im 1. Kapitel zurückgewiesen habe? Ich meine, nein: Die Stufenmodelle behaupten einen biografischen »Normalfall«, wie er den verschiedenen Lebensentwürfen nicht länger gerecht wird (und es wohl nie wurde). Sie versteigen sich im Extremfall zu Aussagen darüber, in welchem Alter es beispielsweise angemessen ist, von zuhause auszuziehen, bei der Arbeit Turnschuhe zu tragen oder sich öffentlich zu küssen. Bei der Idee der phasenspezifischen Tugenden geht es dagegen um einen Vorschlag, Altersadäquatheit in Hinblick auf unsere persönliche Entwicklung zu verstehen. Würden wir im Leben nichts lernen und an Ereignissen nicht reifen, blieben wir ewig kindisch. Was hingegen bedeutet es, in einem philosophischen Sinn zu reifen und aus dem Strudel der Tage erfahren und klüger hervorzugehen? Worin besteht die besondere Qualität der mittleren Jahre, worin die Fülle, die in der Rede von der Zeit der Blüte mitschwingt?

Aristoteles' Methode – nämlich zu fragen, was der spezifische Kern einer Sache oder eines Wesens ist, um seine herausragende Qualität zu bestimmen – inspiriert, zu fragen, was die Lebensmitte im Vergleich zu den anderen Lebensaltern eines Menschen auszeichnet. Im Unterschied zu Kindheit, Jugend und frühem Erwachsenenleben haben wir in den mittleren Jahren meist schon viel erlebt: Wir haben eine Menge Erfahrungen gesammelt, gute wie schlechte, haben Fehler gemacht und im Idealfall etwas aus ihnen gelernt, Erfolge gefeiert und Verluste hinnehmen müssen, Unrecht und Verletzungen erlitten und anderen zugefügt. Wir sind, anders gesagt, keine Anfängerinnen und Anfänger mehr, was das Leben anbelangt, sondern verfügen bestenfalls über ein gerütteltes Maß an *Lebenserfahrung*, das erste Gut der Lebensmitte. Wir hatten im Lauf der Jahre aber nicht nur Gelegenheit, das Leben und die Menschen, sondern auch uns selbst besser kennenzulernen und mit unseren Stärken und Schwächen Bekanntschaft zu machen. Nicht immer werden wir uns selbst verstanden haben, und sicherlich sind wir dann und wann hinter den eigenen Erwartungen zurückgeblieben. Über die Jahre hinweg können wir uns selbst aber doch vertrauter werden und schließlich, zweitens, über das Gut der *Kenntlichkeit* verfügen: über die Fähigkeit, die eigenen Stärken und Schwächen, aber auch Vorlieben zu kennen und diese Kenntnis mit Gewinn zum Einsatz zu bringen. Als drittes Gut kommt die *Fähigkeit zur Distanznahme* hinzu: In jüngeren Jahren fällt es meist noch schwer, das eigene Sehnen, Bemühen und Scheitern zu relativieren. Junge Menschen sind oft von Pathos und Leidenschaft beseelt und stürzen sich unbeirrbar und manchmal blindlings ins Leben. Erst mit einem gewissen Maß an Lebenserfahrung gelingt es, einzusehen, dass vieles aus der Distanz weniger dringlich oder dramatisch scheint. So schnell lässt man sich in der Lebensmitte nicht mehr beeindrucken – und auch nicht entmutigen. All die Besserwisser und Großmäuler kann man im besten Fall jetzt getrost reden lassen.

Keines dieser Güter – Lebenserfahrung, Kenntlichkeit und Distanznahme – ist exklusiv für die Lebensmitte in dem Sinne, dass wir als junge Erwachsene nicht auch bereits Distanz zu gewinnen fähig wären oder als alte Menschen zwangsläufig an Lebenserfahrung einbüßten. Doch können diese Güter in den mittleren Jahren erstmals zu einer Hochblüte gelangen. Das »können« ist dabei von großer Bedeutung: Wer sich auf dem Zenit seines Lebens befindet, ist nicht automatisch lebenserfahren, kenntlich und fähig, sich von sich und dem alltäglichen Trubel etwas zu distanzieren. Vielmehr bedarf es, wie wir noch sehen werden, der steten Arbeit an sich und der persönlichen Bemühung, um diese Güter tatsächlich für das eigene Leben fruchtbar zu machen – und zwar stets im richtigen Maß. Im Unterschied zum Alter sind die mittleren Jahre aber mit der Perspektive auf eine vergleichsweise geräumige Zukunft verbunden. Die entsprechenden Güter lassen sich jetzt also noch für eine Schärfung des eigenen Lebensentwurfes und für ein Leben in Freiheit und Fülle nutzen.

Lebenserfahrung

Der Begriff der »Erfahrung« ist vieldeutig und schillernd. In der Philosophie findet er sich meist im Kontext der Erkenntnistheorie, wo er, je nach Ansatz, die Grenzen dessen auslotet, worüber überhaupt gesichertes Wissen erlangt werden kann. Wenn wir jedoch von »Lebenserfahrung« sprechen, legen wir einen anderen, lebensweltlichen Erfahrungsbegriff zugrunde, der in der Philosophie gemeinhin wenig Beachtung findet.[28] Er ist nicht auf die prinzipielle Möglichkeit der theoretischen Erkenntnis der Welt ausgerichtet, sondern auf praktische Orientierung *in* dieser Welt: welchen Reim man sich worauf machen kann, wie sich zu verhalten angemessen ist, worauf in aller Regel Verlass ist, was sich wirklich lohnt und wie wir im Lauf der Zeit besser zurechtkommen in dem Leben, in das wir gestellt sind. Mit zunehmendem Alter büßen wir zwar an körperlicher Stärke ein und können uns nicht mehr alles so schnell merken, dafür sind unsere »Rüstkammern der Erfahrung«[29] reich gefüllt. Doch womit genau? Oder anders gefragt: Was erfahren wir, wenn wir das Leben erfahren?

Hilfreich ist an dieser Stelle die Unterscheidung zwischen Wissen und Erfahrung. Wissen lässt sich vermitteln und in der Schule erwerben. Um Wissen zu erlangen, brauchen wir das, was in der Psychologie »fluide Intelligenz« genannt wird: die Fähigkeit, Daten und Fakten in großen Mengen zu speichern und rasch abzurufen. Ab vierzig nimmt diese Fähigkeit bei den meisten langsam ab. Dafür erstarkt in diesen Jahren langsam die »kristalline« Intelligenz: die Fähigkeit, Faktenwissen und gemachte Erfahrungen in Kombination zu nutzen, um Probleme zu lösen und komplexe Zusammenhänge aufzuschlüsseln.[30] Zur kristallinen Intelligenz wird auch die Sozialkompetenz gezählt, in konkreten Situationen pragmatisch und angemessen zu reagieren und vorzugehen. Denken wir etwa an den Begriff der »Berufserfahrung«. Er meint, dass jemand nicht nur das nötige Fachwissen mitbringt, sondern erfahrungsgesättigte Kenntnisse und praktische Übung vorweisen kann, also in einer breiten Palette von Situationen Geschick und Geduld zu beweisen in der Lage ist.

Lebenserfahrung fällt einem allerdings nicht automatisch

im Laufe des Lebens in den Schoß. Man kann durchaus Erfahrungen machen, und dennoch bleiben die eigenen Rüstkammern leer. Wir sind dann zwar gealtert, aber nicht älter geworden in jenem emphatischen Sinne, in dem wir von einem Kind sagen, es sei älter geworden, wenn wir es beispielsweise nach Langem wiedersehen und beobachten, wie es plötzlich interessiert am Gespräch der Erwachsenen teilnimmt. Umgekehrt gelten Erwachsene als kindisch, die wegen jeder Kleinigkeit in Rage geraten oder es nicht ertragen, wenn sie nicht im Mittelpunkt stehen. Wohl sind sie gealtert, offenbar aber unreif geblieben. Eine reife Person verkörpert entsprechend ein normatives Ideal, um das man sich bemühen muss, will man es erreichen. Die Entwicklungspsychologie spricht in diesem Kontext nicht vom Reifen, sondern von Wachstum. Wachstum vollzieht sich, wie auch das Lernen, nicht von selbst und zwangsläufig, sondern schließt das eigene Bemühen notwendig ein. Wenn ich im Folgenden vom »Reifen« spreche, verwende ich den Begriff im Sinne des entwicklungspsychologischen Wachstums. An einer Situation zu reifen, bedeutet so verstanden, dass wir bereit sind, uns konstruktiv mit dem Leben und dem, was uns zustößt, auseinanderzusetzen. Lebenserfahrung erschöpft sich also nicht darin, über die Jahre hinweg mehr Faktenwissen akkumuliert zu haben, sondern ist weit besser als eine Bereitschaft und Möglichkeit vorgestellt, sich von dem, was einem zustößt, prägen und verändern zu lassen und aus ihm zu lernen.

Als Vorbedingung für Lebenserfahrung und Klugheit bedarf es dazu, dass wir uns *erstens* überhaupt Erfahrungen aussetzen. Das ist mitnichten so trivial, wie es vielleicht klingen mag. Wenn die Dichterin Hilde Domin schreibt: »Ich setzte den Fuß in die Luft, / und sie trug«[31], so sprechen diese Verse vom Mut, sich ungeschützt dem Unbekannten preiszugeben. Domin als geächteter und durch den Nationalsozialismus ins Exil vertriebener Jüdin blieb nur die Option, sich neuen Erfahrungen zu stellen. Schutzräume und Rückzugsorte waren ihr auf ihrem Lebensweg lange Jahre verwehrt. Wer dagegen wohlbehütet und in materiell sicheren Verhältnissen aufwächst, hat bis zu einem gewissen Grad die Wahl, inwiefern er oder sie sich ins Leben zu stürzen und die Lektionen zu lernen bereit ist, die allein das Leben lehrt. Wagen wir nicht, den Fuß hin und wieder in die Luft zu setzen, und gehen stattdessen der Eigenverantwortung und neuen Herausforderungen partout aus dem Weg, wachsen wir auch nicht am Leben. Denn Erfahrungen, die wir nicht selbst machen, sind keine Erfahrungen.

Das hat nicht zuletzt damit zu tun, dass die prägendsten Erfahrungen meist auch eine leibliche Komponente aufweisen: Sie tun zum Beispiel weh, lassen vor Glück schier bersten, rühren tief an oder versetzen einen Stich. Zwar lässt sich über Verliebtheit, Heimweh, Flugangst, Einsamkeit oder die Liebe zu einem Kind allerhand lesen. Doch wie es sich anfühlt, einsam oder verliebt zu sein, unter Heimweh oder Flugangst zu leiden oder sich um das eigene Kind zu sorgen, weiß man im engeren Sinn erst, wenn man es am eigenen Leib erfahren hat.[32] Wenn jemand sagt: »Ich rede aus Erfahrung«, meint sie entsprechend auch genau dies: Dass sie ihre Sache selbst erlitten und dabei etwas verstanden hat, das tiefer gründet und weiter reicht als alles, was sich dazu recherchieren ließe. Deshalb lassen sich Erfahrungen auch nur begrenzt vermitteln, sondern eigentlich nur austauschen, teilen und erzählen, woraus der Trost erwachsen kann, mit der eigenen Erfahrung nicht allein zu sein. Das ist im Übrigen auch einer der Gründe, weshalb ungefragte Ratschläge so unbeliebt sind: Nicht nur, dass ihnen bisweilen ein paternalistischer, besserwisserischer Gestus innewohnt.[33] Sie sind oftmals auch müßig, weil wir unsere eigenen Erfahrungen mit einem Sachverhalt machen müssen, um herausfinden zu können, wie wir persönlich zu ihm stehen.[34]

Zweitens gilt es eben, aus den gemachten Erfahrungen zu lernen und sich von ihnen prägen zu lassen. Dass allzu forsches Auftreten im Team genauso schlecht ankommt wie sich einzuschmeicheln, wird einem meist erst klar, wenn man einmal die eine oder andere Grenze überschritten hat. Manche Lektion, die das Leben lehrt, mag bitter sein: Weshalb blieb es immer an mir hängen, das Protokoll bei den Vereinssitzungen zu schreiben, nach einer Party für den Abwasch zu bleiben oder die Blumen für den Geburtstag der Kollegin zu besorgen? Über die Rolle, in die man stets von Neuem rutscht, kritisch nachzudenken, mag eine Antwort liefern. Ändern lässt sich unser Verhalten aber nur, wenn wir allen Mut zusammennehmen, im entscheidenden Augenblick unser Muster durchbrechen und uns selbst in eine alternative Rolle begeben.

Eine der Fragen, die ich anderen Menschen am allerliebsten stelle, lautet: »Was siehst du heute anders als früher?« Weiß jemand darauf gar nichts zu erzählen, irritiert mich das. Hätten die Lektionen des Lebens einen nichts gelehrt, wären sie gänzlich ohne Folgen geblieben, wäre das Leben dann nicht an einem vorbeigezogen? Romane, Filme, Comics und Videospiele arrangieren bekanntlich das Motiv der »Heldenreise« wieder und wieder: der Figur, die durch widrige Umstände moralisch geläutert oder auch einfach nur daran erinnert wird, dass sie bloß dieses eine Leben hat und es beim Schopf packen und gestalten kann – oder aber es vorüberziehen lassen und zum Zaungast der eigenen Existenz werden kann. Die Moral von der Geschichte lautet dabei stets, dass der Heldenfigur das

Glück nicht in den Schoß fällt, sondern dass sie etwas lernen muss, bevor sich das Happy End einstellt. Denn zur Lebenserfahrung gehört auch, Verantwortung für das eigene Tun und Lassen zu übernehmen und den eigenen Charakter nicht als gegeben, sondern als Resultat von Reifeprozessen und Lebenserfahrung zu sehen.[35] Wer immer den anderen für alles die Schuld in die Schuhe schiebt, tut möglicherweise nicht nur Unrecht, sondern verpasst auch die Chance, sich selbst in Frage zu stellen und positiv zu verändern.

Lebenserfahrung zu erlangen, heißt *drittens*, verinnerlicht zu haben, dass die Zeit doch manche Wunde heilt und Gras über die Dinge wachsen lässt. In den letzten Jahren musste ich oft an einen Satz denken, den meine Großmutter in den unterschiedlichsten Lebenslagen zum Besten gab: »Alles geht vorüber, alles geht vorbei.« Als Kind hatten diese Worte etwas Bedrohliches für mich: Die seligen Sommerferien, die Weihnachtstage, der Nachmittag mit ihr im Zoo – sie alle würden vergehen. Erst als ich erwachsen war, verstand ich, dass meine Großmutter den Satz tröstlich meinte. Vorbei gehen ja nicht nur schöne Tage, sondern auch trübe Momente und bange Stunden, und selbst der größte Schmerz versiegt irgendwann oder klingt zumindest etwas ab. Zwar heilt die Zeit bestimmt nicht alle Wunden, sie bringt keine Geliebten zurück, die sich aus unserem Leben verabschiedet haben, und macht unsere Verstorbenen nicht wieder lebendig. Aber hinlänglich mit Schmerz, Verlust und Abschied Bekanntschaft gemacht zu haben, mag einem deutlich machen, dass wir Schweres zu schultern vermögen. Das nietzscheanische Credo »Was mich nicht umbringt, macht mich stärker!« gilt freilich nicht für alle – vielleicht sogar für überhaupt niemanden in dieser Absolutheit. Man kann an Schwerem auch zerbrechen. Was es bewirkt, dass die einen aus harten Zeiten umso gestärkter und beweglicher, andere jedoch wund und von den vielen Vernarbungen steif, unflexibel und zaudernd hervorgehen, ist Gegenstand anhaltender Forschung.[36] Aber selbst wer keine besonders resiliente Person ist, wird die Erfahrung kennen, dass noch der größte Schmerz an Bitterkeit verliert und Wunden heilen und vernarben, wenn auch selten spurlos verschwinden.[37]

Kenntlichkeit

Lebenserfahrung zu gewinnen bedeutet aber nicht nur, das Leben in seinen vielen Schattierungen besser kennenzulernen und sich von diesen prägen zu lassen. Es heißt auch, *sich selbst* besser kennenzulernen: sich der eigenen Präferenzen, Ängste und Reaktionsweisen bewusst zu werden und zu verstehen, woran einem wirklich liegt. Sören Kierkegaard hat dafür das schöne Bild gefunden, dass wir uns im Lauf des Lebens idealerweise »selbst durchsichtig« werden. Gänzlich transparent werden wir uns dabei wohl nie sein. Gelegentlich geraten wir alle in Situationen, in denen sich Mutlosigkeit oder Ärger breitmachen, ohne dass wir genau verstünden, woher diese Gefühle rühren. In den mittleren Jahren ist die Wahrscheinlichkeit aber groß, dass wir uns selbst zumindest vertrauter geworden sind, unsere Ängste und unser Zögern kennen, doch auch die Sehnsüchte, die unstillbar in uns lodern.

Bertolt Brecht schreibt in seinem »Lied über die guten Leute«: »Wie immer sie sich verändert haben – / Denn gerade sie ändern sich – / Sie sind höchstens kenntlich geworden.« Mit der Kenntlichkeit der guten Leute hat Brecht hier zwar vor allem Moral bestimmter Leute im Blick und meint etwa wohlwollende und gerechte Menschen, die auch dann, wenn für sie viel auf dem Spiel steht, nicht wie Fähnchen im Wind umschwenken, sondern an ihren Grundsätzen festhalten. Aber Kenntlichkeit lässt sich auch als ein umfassenderes Ideal vorstellen, als eine Weise, einen vertrauten Umgang mit sich selbst zu pflegen, sich und die eigenen Werte und Prinzipien nicht zu verraten und den eigenen Intuitionen zu trauen. Dabei scheint mir erhellend, was Brecht für ausschlaggebend hält, um zu solcher Kenntlichkeit zu gelangen: »Die guten Leute erkennt man daran / Dass sie besser werden / Wenn man sie erkennt. Die guten Leute / Laden ein, sie zu verbessern, denn / Wovon wird einer klüger? Indem er zuhört / Und indem man ihm etwas sagt.« Kenntlichkeit wird also begünstigt durch Lebenserfahrung und durch die Bereitschaft, sich hinterfragen und sich etwas sagen zu lassen, andere Ansichten zu prüfen und schließlich eine eigene Meinung zu entwickeln und zu vertreten. Eine Vorbedingung für solche Erfahrungen ist dabei wie beschrieben, dass man sich neuen Erfahrungen überhaupt aussetzt. Brechts »gute Leute« sind auf jeden Fall nicht nur für Nabelschau und Selbstbeweihräucherung empfänglich. Vielmehr sind sie »an etwas interessiert / Was außer ihnen liegt.«

Kenntlich werden sie so nicht nur für sich, sondern – so ist es im Gedicht gemeint – auch für andere: Wir erkennen »gute Leute« an ihren verlässlichen Reaktionen und ihrer Standhaftigkeit, daran, dass sie uns nicht enttäuschen, sondern sicht- und spürbar bleiben in dem, was sie tun und sagen. Diese soziale Form der Kenntlichkeit findet sich vornehmlich eingebettet in langjährige Beziehungen, in denen wir einander in guten wie in schlechten Zeiten kennen und vertrauen und Irritationen darum schnell bemerken und ansprechen können. Soziale Kenntlichkeit wirkt wiederum zurück auf das eigene Handeln:

Manchmal ist es gerade das Wissen darum, dass nahe Freundinnen einem etwas zutrauen oder etwas von einem erwarten, das uns den entscheidenden Impuls gibt, ins Handeln zu kommen und verlässlich zu bleiben, für uns wie für andere. Insofern können wir tatsächlich Bessere werden im Austausch mit einem Gegenüber, das an das Gute in uns glaubt und auf uns zählt. Das Umgekehrte gilt freilich gleichermaßen: Für stete Nörgler, Besserwisserinnen und Zauderer ist es zuweilen nicht einfach, sich zu wandeln, weil ihre Umgebung mit ihrem schlechten Benehmen immer schon rechnet. Es ist deshalb sicher auch möglich, im negativen Sinne »kenntlich« zu sein, während Brechts Gedicht ausschließlich die »guten Leute« beschreibt.

Kenntlichkeit ist für Brecht eben nicht als neutrale Beschreibung von Personen zu verstehen, sondern vielmehr als Qualität, als Charakterstärke, sich zu sich selbst zu bekennen und das Leben souverän und mit sich vertraut anzugehen. Sie wird damit zu einem schöpferischen Akt, das zu finden, was uns ausmacht, und dann danach zu leben.[38] Selbstverständlich werden wir auch als gereifte und kenntliche Personen weiterhin mit Aufgaben hadern, stolpern und uns wund stoßen. Auch Brecht räumt ein: »Alle ihre Lösungen enthalten noch Aufgaben.« Aber wissen wir erst einmal, wer wir sind und sein wollen, fällt es vermutlich leichter, verbleibende Aufgaben so anzugehen, dass eigene Stärken gezielt zum Einsatz gebracht werden können und Schwächen nicht länger überspielt werden müssen.

Manchmal wird das Potential der Kenntlichkeit allerdings überstrapaziert, als könnte es jemals ganz erfüllt oder ausgeschöpft sein und als bestünde die Möglichkeit, abschließend über sich Bescheid zu wissen, weil man es wagt, »seinem inneren Ruf zu folgen«, oder »seine Bestimmung« gefunden hat – Redeweisen, die in den letzten Jahrzehnten inflationär gebraucht wurden und ganze Bibliotheken an Ratgeberliteratur füllen. Sie alle klingen, als gäbe es in uns einen unveränderlichen höchstpersönlichen Kern, auf den sich unser Streben durch alle Irrungen und Wirrungen hindurch beziehen sollte. Kenntlich zu werden wäre demnach nichts anderes als eine Rückbesinnung auf eine innere Bestimmung, die wir immer schon hatten.

Der Aufruf, sich selbst zu erkennen, ist zwar ungefähr so alt wie die Philosophie selbst. »Erkenne dich selbst!«, prangte schon als Inschrift über dem Eingang zum Tempel in Delphi. Es wäre allerdings ein Missverständnis, zu glauben, dieser Spruch animiere dazu, im Selbstfindungskurs das authentische, höchstpersönliche Ich freizulegen, das uns einzigartig macht. Vielmehr war der Satz in der Antike als Aufforderung an die Adresse des Menschen gemeint, sich im Gegensatz zu den Göttern die eigene Begrenztheit und Hinfälligkeit deutlich – man mag auch sagen: gnadenlos – vor Augen zu führen. Der Spruch ist also in erster Linie eine Erinnerung an die Notwendigkeit der Demut, ein Memento, die individuellen Möglichkeiten gerade nicht zu überschätzen. Auch der aristotelische Vorschlag, das Glück als eine Entfaltung des eigenen Wesens oder inneren Kerns zu verstehen, hat mit den modernen Idealen von Selbstwerdung und Authentizität herzlich wenig zu tun, sondern ruft dazu auf, das zu vervollkommnen, was *alle* Menschen und nicht einzelne Individuen in Abgrenzung von anderen Wesen auszeichnet.

Sprechen wir heute über Selbstwerdung und Selbsterkenntnis, ist meist etwas anderes gemeint, als sich die eigene Sterblichkeit vor Augen zu halten oder ganz generell das menschliche Potential auszuloten. Längst geht es nämlich nicht mehr und schon gar nicht vorrangig darum, einzusehen, dass wir *Menschen* sind (wie alle anderen Menschen auch), sondern darum, dass wir *Individuen* sind: Einzelne, Spezielle, Einmalige. Der Soziologe Andreas Reckwitz spricht in diesem Zusammenhang in seiner Studie *Die Erfindung der Kreativität* von einem heute um sich greifenden »Kreativitätsimperativ«:[39] Wir alle müssten im Grunde Künstlerinnen und Künstler sein, besonders, individuell, stets neu und aufregend, uns selbst formend nach einem höchstpersönlichen Ideal, mit dem wir uns aus dem Morast des Gewöhnlichen erheben. Ein solcher Imperativ erschöpft uns jedoch psychisch und bestärkt uns keineswegs darin, uns den Fremdzugriffen zu entziehen. Im Gegenteil: Der Authentizitätsdiskurs geht Hand in Hand mit einem Leistungsideal, uns als einmalig zu inszenieren und jeglicher Konformität abzuschwören. Der französische Soziologe Alain Ehrenberg hat in seinem Buch *Das erschöpfte Selbst*[40] eindringlich geschildert, wie müde der Mensch wird, der ständig sich selbst finden und unverfälscht er selbst sein müsse.

Die Rede von der »Selbstfindung« birgt ein weiteres Problem: Lautet der Imperativ, man selbst zu werden, impliziert das nichts Geringeres, als dass man nicht bereits ein »Ich« ist, sondern lediglich im Vorzimmer des wahren Lebens vor sich hin dümpelt, bis man endlich erkennt, wer man eigentlich ist, um sich dann freizustrampeln von sozialen Konventionen und biografischer Bedingtheit. Eine solche Vorstellung trennt das Selbst übermäßig von sozialen und historischen Bedingungen. Denn als nackte Individuen, als vereinzelte Inselwesen gibt es uns gar nicht. Das beginnt schon mit der Tatsache, dass wir in soziale Kontexte hineingeboren werden und viele unserer Prägungen nicht wählen können. Dennoch kann man sich von sich selbst entfremdet fühlen, gerade wenn die Umgebung einen daran hindert, dem Raum zu geben, wonach es einen drängt. Dass der sterbende Iwan Iljitsch bereut, das »wahre Leben« verpasst zu haben,[41] ist nur verständlich, wenn zugestanden wird, dass man sich durchaus von sich entfernen und von seinem Leben entfremden kann.

Ein solcher Zustand der Entfremdung würde aber überinterpretiert, wenn damit ein Rückbezug auf ein eigentliches, ursprüngliches, wahres Ich gemeint sein sollte, das immer schon da war und das wir im Vollzug des Lebens freizulegen haben oder gänzlich verpassen können. Das Gefühl der Entfremdung lässt sich philosophisch adäquat nur beschreiben als ein Unbehagen darüber, sich im Laufe der eigenen Geschichte von dem entfernt zu haben, wonach einen gegenwärtig drängt und als die man sich begreift.

Wenn der Philosoph Stanley Cavell davon spricht, die eigentliche Aufgabe des Erwachsenwerdens bestehe darin, eine eigene Stimme zu finden und zu wagen, diese zu erheben, meint er damit nicht, eine im Inneren feststehende Tatsache oder bereits vorliegende Substanz ausfindig machen zu können, sondern dass man in einem Reflexionsprozess über die bisherige Lebensgeschichte herausfindet, welche Stränge dieser Geschichte man fortsetzen, welche beenden und welche vielleicht neu anfangen will. Die eigene Stimme ist dabei mit zwanzig vermutlich eine andere als mit vierzig. Cavell beschreibt diesen Prozess, dieses Streben deshalb als eine lebenslange philosophische Aufgabe, die er als »Erziehung von Erwachsenen« versteht: eine eigene Stimme zu finden gegen Imperative, die uns in unserer Entwicklung einengen und in einer eigenen Perspektive auf die Welt hemmen.[42]

Es scheint mir also plausibler, das Selbst bis zu einem gewissen Grad als narrativ oder sozial bedingt zu verstehen. Der Zusammenhang zwischen Lebensgeschichte und Selbst ist allerdings komplex.[43] Ist das Verhältnis so zu denken, dass wir, indem wir uns selbst unser eigenes Leben erzählend vor Augen führen, ein Selbst herbeireden oder erfinden? Oder entdecken wir das Selbst in unserer eigenen Wiedergabe unserer Biografie, wenn wir nur wagen, uns die Geschichte hinreichend detailliert und ehrlich vor Augen zu führen, eine Geschichte, die somit offenbarenden Charakter hätte? Der Philosoph Dieter Thomä weist beide Ideen zurück: »Man kann wohl etwas finden – nur nicht sich selbst; und man kann wohl etwas erfinden – nur nicht sich selbst.«[44] Die Erzählung, warum wir damals aus der WG auszogen, die Verlobung auflösten oder uns an einem hinterhältigen Streich beteiligten, taugt für sich genommen nicht dazu, ein quasi nacktes Selbst mit seinen ursprünglichen Motiven freizulegen, es sei denn, die einzelnen Elemente werden dabei bewusst betont, gedeutet und nuanciert. Dann aber entdecken wir in der Erzählung kein Selbst, sondern reden es vielmehr interpretierend herbei. Ebenso wenig passt aber die Vorstellung, wir könnten uns vollumfänglich erfinden durch eine Geschichte, die wir über uns erzählen, denn ein menschliches Leben ist weitaus komplexer, verschachtelter, vielschichtiger, als dass es sich in eine einzige kohärente Geschichte gießen lassen würde.

Mit dem Begriff der »Kenntlichkeit«, den ich hier vorschlage, lässt sich eine dritte Idee fruchtbar machen, wie Selbstkenntnis gerade in der Lebensmitte gedacht und bestenfalls auch erreicht werden kann: indem wir uns die Freiheit nehmen – aber auch immer von Neuem den Mut aufbringen –, uns dem zuzuwenden, was uns überzeugt, begeistert und erfüllt.[45] Dabei ist dieser Prozess stets ein suchender, schrittweiser, ein Vor und Zurück, nicht zuletzt auch weil das, was wir erfahren, uns seinerseits wieder prägt und formt und wiederum anders und neu wählen lässt, als wir es ohne die entsprechenden Erfahrungen getan hätten.

Erwachsen oder mündig zu werden, bedeutet wie gesagt mitunter, sich abzugrenzen von dem, was andere einem vorgegeben haben und von uns erwarten. Das Finden der eigenen Stimme ist in der Jugend und den frühen Erwachsenenjahren dabei vorrangig eine Frage der Differenz: »Wer bin ich *im Verhältnis zu den anderen*?« Die Aufgabe, die sich stellt, wenn man mit eigener Stimme sprechen will, ist in diesen frühen Jahren anders gesagt vorrangig eine der Desintegration: Autoritäten zu misstrauen und aufoktroyierten Regeln zu widersprechen, sofern sie nicht länger zu uns passen. In den mittleren Jahren gilt es, vor dem Hintergrund der gemachten Erfahrungen und gelebten Beziehungen eine neue Frage zu stellen: »Wer will ich sein *im Verhältnis zu mir selbst?*« Die Frage ist nicht mehr vornehmlich eine der Differenz, sondern eine der Identität: Wer bin ich geworden, und wer will ich im Weiteren sein? Die Aufgabe, die sich uns stellt, ist entsprechend eine der Integration: Wie gelingt es, dem Rechnung zu tragen und Raum zu geben, was ich will und was mich ausmacht? Dabei erschaffen wir uns nicht im Leeren. Vielmehr entscheiden wir, wie wir unser Lebensmaterial ordnen und uns »aus dem Angehäuften, Verschütteten und Eingezwängten« herausschälen, so der Sinologe und Philosoph François Jullien. Das Leben in der Mitte wird damit zu einem »freigelegten Leben«[46] – allerdings nicht in dem Sinne, dass wir ein ungeprägtes, ursprüngliches Selbst vorfänden, sondern immer nur ein gewordenes Selbst, mit dem wir uns identifizieren mögen.

Wenn der Comiczeichner Philippe Chappuis alias Zep im Eingangszitat sagt, er fürchte sich nicht mehr wie früher davor, nicht der zu werden, der er sein wollte, dann deshalb, weil er nun in der Mitte des Lebens angekommen und mit sich selbst und dem Leben vertrauter ist. Wer Lebenserfahrung und Kenntlichkeit erworben hat – ein Privileg der mittleren Jahre –, hat beste Voraussetzungen, entschlossen weiterzugehen und Verantwortung zu übernehmen für den vor ihm liegenden Weg. Schließlich bleibt nicht ewig Zeit. Manchmal setzt diese Einsicht notwendige Schubkräfte frei, lang gehegte Sehnsüchte umzusetzen, auszubrechen aus zu engen Strukturen und mit Lebenslügen Schluss zu machen. François Jullien stellt das »erste Leben«, die erste Lebenshälfte, als eines vor, »in dem man dem Angesicht seines Todes ausweicht. Das zweite Leben hingegen ist jenes, das sich eröffnet, weil ich begonnen habe, meinen Tod als Verfallsdatum zu setzen. Denn damit wird eine zweite Phase im Leben definiert.«[47]

Dieses zweite Leben ist dabei nicht als Konversion, als radikale Umkehr zu deuten. Jullien wendet sich dezidiert gegen jeglichen Moralismus, das bisherige Leben als gänzlich missglückt oder vergeblich zu sehen. Vielmehr geht es ihm darum, einen neuen Anlauf zu nehmen, und zwar gerade vor dem Hintergrund dessen, was wir bisher an Erfahrungen geschöpft und an Perspektiven gewonnen haben. Würden wir alles schlechtreden, so würden wir dadurch negieren, dass es gerade unsere Umwege und Abwege sind, die zu unseren produktivsten Erfahrungsschätzen gehören. Das Potential der Lebensmitte ist deshalb nicht gut beschrieben als eines der Umkehr, sondern viel besser als eines der Entscheidung für einen Neuanfang im Sinne einer bewussten Festigung dessen, was wir fortsetzen wollen.

Sich festzulegen und entschlossen weiterzugehen, schließt dabei Ambivalenzen nicht aus. Wir können einen Menschen sehr lieben und uns für eine Beziehung mit ihm entscheiden – und dennoch denken, dass er uns nicht in allem vollumfänglich guttut. Wir schätzen eine Arbeit und beschließen, den Vertrag zu erneuern – und fragen uns bisweilen doch, ob uns ein Stellenwechsel nicht weiterbrächte. Solche Zweifel gehören zur Entschlossenheit dazu, denn Wünsche und Sehnsüchte kommen, wie in Kapitel 3 deutlich wurde, nicht zum Schweigen, wenn wir uns entschieden haben, einem anderen Begehren den Vorzug zu geben. Eine vollkommen harmonische Willensstruktur, die frei von aller Ambivalenz wäre, würde bedeuten, widerstreitende Wünsche zu unterdrücken.[48] Meist haben wir aber kein gänzlich ungebrochenes Verhältnis zu uns selbst, und das ist auch nicht weiter schlimm. Von zentraler Bedeutung ist vielmehr, dass man sich selbst im eigenen Leben und Handeln ernst nehmen kann und sein Leben nicht abgespalten von inneren Überzeugungen zubringt oder sich in seinem Handeln von widerstreitenden Wünschen blockiert fühlt.[49]

Sich die Hochebene der Lebensmitte als perfekte Ordnung all unserer Wünsche und Pläne vorzustellen, wäre deshalb ein Missverständnis. Mit dieser Illusion lebt offenbar der mittelalte Romanheld Michael Beard in Ian McEwans Roman *Solar*, der irgendwann begreift, dass sie nie Wirklichkeit werden wird: »Es war ein Trugschluss, anzunehmen, er erreiche irgendwann einen Punkt, eine Art Plateau, wo er alle Fähigkeiten, um zurechtzukommen, beherrschte und einfach vor sich hin leben könnte. Alle Briefe und E-Mails beantwortet, alle Papiere sortiert, die Bücher alphabetisch geordnet im Regal [...], alle seine Sachen dort, wo sie hingehörten, die Vergangenheit –

einschließlich Briefen und Fotos – in Schachteln und Alben, das Privatleben ruhig und heiter, Haus und Finanzen in Ordnung. Dieser Ruhepunkt, dieses Plateau, war sein Leben lang nie in Sicht geraten, und doch hatte er immer, ohne groß darüber nachzudenken, angenommen, noch ein kleiner Endspurt, und schon sei es so weit, er nun endlich richtig erwachsen, sein Leben wohlgeordnet und sein Geist frei.«[50]

Das entschlossene Leben ist kein geordnetes Regal, und es findet sich auch nicht automatisch nach der nächsten Wegschleife. Der Romanheld Beard erwartet zu viel, wenn er meint, das selbstbestimmte Leben als Erwachsener sehe aus wie ein aufgeräumter Schrank. Er erwartet aber ebenso zu wenig, wenn er einfach darauf wartet, dass er nach einem kleinen Endspurt richtig erwachsen und sein Geist ganz frei sei. Zur Selbstbestimmung gehören auch Lebenserfahrung und Selbstkenntnis – und Entschlossenheit, verstanden als Mut, sich zu etwas durchzuringen und es dann mit der nötigen Stärke durchzusetzen. Auch Autonomie ist eben gelegentlich eine Tugend, eine Leistung, wie die Philosophin Beate Rössler zu Recht schreibt.[51] Man muss sich, das dürfte nun deutlich geworden sein, gelegentlich anstrengen, aus Erfahrungen zu lernen und kenntlich zu werden und zu bleiben. In diesem Sinne zu reifen, hat öfters seinen Preis: andere zu enttäuschen etwa und anzuecken, weil man wagt, die eigene Stimme zu erheben.

Betrachte ich die Landschaft meines bisherigen Lebens, so wandert mein Blick über ganz unterschiedliche Gegenden. Lichte Wälder liegen neben tiefen Sumpfgebieten, sanfte Hügel gehen über in weite Wiesen, steinige Abhänge wechseln sich ab mit befestigten Pfaden. Von der Hochebene der mittleren Jahre aus lässt sich besser erkennen, wo die Grenzgebiete verlaufen und welche Landschaften durch harte Konturen begrenzt sind – wo etwa eine Freundschaft abrupt abbrach oder ein Weg sich verlief. Zeiten, die als tiefe Abgründe erlebt wurden, ähneln von Weitem betrachtet nunmehr einer kleineren Schlucht, und Durststrecken, die scheinbar kein Ende nehmen wollten, gleichen aus der Vogelperspektive nur noch einem kürzeren Abschnitt durch ein Dickicht, das etwas weiter in eine liebliche Landschaft übergeht.

In jüngeren Jahren sind einem solche luftigen Höhen des Denkens und Fühlens selten vergönnt. Es fehlt schlicht das Material des eigenen bereits gelebten Lebens, um sich überhaupt davon distanzieren zu können. In Distanz treten kann erst, wer sich zumindest ein Stück weit von den früheren Ereignissen gelöst und die Erfahrung der Vergänglichkeit gemacht hat, wer weiß, dass alles vorübergeht, auch die allerschlimmste Schmach, die schmerzhafteste Auseinandersetzung – aber auch errungene Siege und glückselige Momente. Nichts lässt sich festhalten. Das mag manchmal erleichternd sein und manchmal traurig – es nimmt aber dem Leben und unserem Treiben darin auch etwas von seiner Schwere. Denn aus der Distanz lässt sich erkennen: Wie sehr eine Sache auch immer hochgekocht wird – ziehen die Tage oder Jahre ins Land, stellt sich so vieles weit weniger drastisch dar, als es zunächst schien. Eine Erfahrung der mittleren Jahre ist deshalb, wie schon gesehen, wesentlich die der Entdramatisierung.

Solche Distanznahme zu pflegen und situativ angemessen walten zu lassen, ist die Tugend oder auch die Kunst der Ironie. Meist wird unter Ironie eine rhetorische Figur verstanden, die einen Sachverhalt durch gegenteilige Rede zum Ausdruck bringt. Sokrates beherrschte diese Form der Ironie meistergültig, indem er denen, die schon alles zu wissen glaubten, nicht in der Rolle des Belehrenden, sondern des Naiven, Unwissenden entgegentrat, dessen Fragerei erst an ein Ende kam, wenn sein Gegenüber einsah, dass seine Gewissheiten nicht mehr als Schall und Rauch waren. Ironie als eine Kunst oder auch Haltung der Lebensmitte zu verstehen, bedeutet dagegen, sich selbst einen Spielraum zu gewähren, um aus angemessener Ferne auf das Geschehen zu blicken, ohne Vergangenes ins Lächerliche zu ziehen oder zynisch zu verachten. Es gestattet dem eigenen Denken und Fühlen, »Luft zu holen«, wie der Philosoph Vladimir Jankélévitch es formulierte.[52] Wer Luft holen kann, lässt sich nicht erdrücken vom Leben, sondern schafft atmend Raum – einen Raum, der von vielen als trostreich empfunden wird.[53]

In den mittleren Jahren haben wir hinreichend viele Erfahrungen machen können, um zu wissen, dass Dinge selten so sind, wie wir dachten, und dass auch die stärksten Gewissheiten einreißen können. Die Ironie als ein Gespür für die Kluft zwischen Wissensanspruch und tatsächlich einlösbarem Wissensgehalt immunisiert gegen Größenwahn und Überheblichkeit. Jankélévitch schreibt: »Ironie besteht darin, zu wissen, dass Inseln nicht Kontinente, Seen nicht Ozeane sind; der Seefahrer, der eines Tages an seinen Ausgangspunkt zurückkommt, erfährt, dass die Erde eine einfache runde Kugel […]

ist.«[54] Wir nehmen Abstand von einem »endgültigen Vokabular«, wie es der Philosoph Richard Rorty formuliert, weil wir andere Vokabularien kennengelernt haben, die uns ebenfalls beeindruckt haben: andere Redeweisen von und Umgangsformen mit Schuld, Hoffnung, Lob, Verzweiflung und Tod. Zwar glaube ich nicht, dass alle Argumente innerhalb meines Vokabulars in gleicher Weise Geltung beanspruchen können. Aber ich gestehe mir zu, dass ich mich irren und viele Dinge anders sehen kann, und dies ist Teil der Ironie, die wir in den mittleren Jahren besser denn je pflegen können.[55]

Eine solche Haltung kommt dem nahe, was der Schriftsteller David Foster Wallace in seiner berühmt gewordenen Abschlussrede mit dem Titel *Das hier ist Wasser* in einer Parabel illustrierte: »Schwimmen zwei junge Fische des Weges und treffen zufällig einen älteren Fisch, der in die Gegenrichtung unterwegs ist. Er nickt ihnen zu und sagt: ›Morgen, Jungs. Wie ist das Wasser?‹ Die zwei jungen Fische schwimmen eine Weile weiter, und schließlich wirft der eine dem anderen einen Blick zu und sagt: ›Was zum Teufel ist Wasser?‹«[56] Foster Wallace wollte mit seiner Rede zeigen, dass die »offensichtlichsten, allgegenwärtigsten und wichtigsten Tatsachen oft die sind, die am schwersten zu erkennen und zu diskutieren sind«.[57] Wir alle haben »Glaubensschablonen«, wie er sie nennt, Gewissheiten, die wir unhinterfragt voraussetzen – nicht nur das Wasser, in dem die beiden Fische schwimmen, oder die Luft, die wir atmen, sondern auch innere Schiedssprüche und langgehegte Vorurteile, die wir selten bewusst zur Kenntnis nehmen, obwohl wir uns dauernd an ihnen orientieren.

Der Reim, den wir uns auf unsere Wahrnehmung machen, stützt sich dabei allzu oft auf die trügerische Überzeugung, dass wir der Mittelpunkt des Universums sind, die Maßgabe all dessen, was sich auf dieser Welt zuträgt. Unsere »Standardeinstellung«, aus der heraus wir meist auf die Welt und auf andere Menschen blicken, ist die Selbstzentriertheit. Diese Engführung führt jedoch notgedrungen zu einer sehr beschränkten Wahrnehmung all dessen, was der Fall ist. Allerdings ist niemand seinen oder ihren »Glaubensschablonen«, wie es bei Foster Wallace heißt, wahllos ausgeliefert. Denn wenn wir uns erst einmal klarmachen, dass unsere Perspektive mitnichten die einzige und schon gar keine objektive ist, können wir anfangen, spielerisch mit dieser umzugehen, indem wir versuchen, selbst mitzubestimmen, worauf wir unser Augenmerk richten und welchen Reim wir uns auf die uns umgebenden Dinge machen – so wie wir uns bemühen können, andere Perspektiven ernst zu nehmen und zu prüfen.[58]

Jungen Menschen fällt solche ironische Brechung oft noch schwer. Sie wollen meist aufs Ganze gehen, das, was sie tun, kompromisslos tun, und innig an seine Bedeutsamkeit glauben. Sich abzugrenzen von anderen und sich mutig und frei in ein eigenes Leben hinein zu entwerfen, wäre ein Ding der Unmöglichkeit, zöge man die eigenen Leitplanken andauernd in Zweifel und verteidigte das, was man glaubt, hofft und ersehnt, nicht mit hinreichend viel Inbrunst. Ironie wird, wie übrigens auch die Kunst und die Komik, erst da möglich, »wo die vitale Dringlichkeit nachlässt«[59] – also in Momenten, in denen wir nicht mitten im Strudel des Lebens stehen, sondern etwas Distanz gewonnen haben zu den Schwierigkeiten einer bestimmten Zeit. Die Haltung der Ironie kann uns erheitern und uns spielerischer, vielleicht auch mutiger werden lassen. Gerade weil wir uns selbst nicht mehr so tragisch ernst nehmen müssen und etwas Distanz gewonnen haben, können wir das Spektakel des Lebens mit Erstaunen zur Kenntnis nehmen und genießen. Wir werden höchstwahrscheinlich keine Kerbe ins Universum schlagen – aber das eigene kleine Leben dürfen wir ausschöpfen und bis in alle Winkel erproben.

Freilich lässt sich die Sache mit der Ironie auch übertreiben. Hier gilt es also ebenfalls, das goldene Mittelmaß zu finden. Wer sie zu weit treibt, kippt in Zynismus oder Nihilismus und nimmt überhaupt nichts mehr ernst und wichtig. Die Ironie wurde in der Philosophie genau deshalb auch immer wieder als Laster abgewertet – weil ihr die Gefahr innewohnt, sie zu überstrapazieren, sodass sie jeglichen Ernst im Leben und im zwischenmenschlichen Kontakt ins Lächerliche zieht. Die Tugend der Ironie als angemessene Form der Distanznahme nimmt hingegen das Leben und all das menschliche Sehnen und Trachten darin durchaus ernst, aber vielleicht eben nicht ganz so schwer wie in den Jugendjahren. Von Theodor W. Adorno stammt der schöne Satz: »Philosophie ist das Allerernsteste, aber so ernst wieder auch nicht.«[60] Vielleicht lässt sich in Abwandlung sagen: »Leben ist das Allerernsteste, aber so ernst wieder auch nicht.« Das zu erkennen, ist eines der Vorrechte der mittleren Jahre.

5

Alles erreicht

»›Gesetzt, dass alle deine Lebensziele verwirklicht wären [...], würdest du froh und glücklich sein?‹ Und eine ununterdrückbare Stimme in meinem Innern antwortete deutlich: ›Nein!‹«
JOHN STUART MILL[1]

»Das Problem ist, dass es halt oft nur ums Abhaken geht. Dann muss man das noch machen und dies, und währenddem geht das Leben einfach vorbei. Wie sollen wir denn Momente festhalten?«
WINFRIED CONRADI IM FILM *TONI ERDMANN*[2]

In letzter Zeit stolpere ich oft über den Hashtag #alleserreicht, der mich jedes Mal kurz irritiert. Die Einträge, die mir dazu in den sozialen Medien angezeigt werden, sind ganz unterschiedlichen Inhalts: Sie zeigen Personen, die einen Abschluss geschafft haben, Hobbyfußballer, die eine gute Saison hatten, Aktivistinnen, die erfolgreich einen Damm blockieren, eine Person, die einen Saftladen eröffnet hat, eine Frau im langen Kleid an einem Traumstrand, ein Selfie eines Fans, der Seite an Seite mit seinem Idol posiert. #alleserreicht scheint für viele ein Synonym dafür zu sein, dass man sich außerordentlich glücklich schätzt und die anderen wissen lassen möchte: Das hier ist der perfekte Moment, besser wird es kaum mehr kommen.

Meine Irritation beim Scrollen durch diese Beteuerungen rührt nicht etwa daher, dass Personen offensichtlich unterschiedliche Vorstellungen davon haben, worin für sie das ultimative Glück besteht. Im langen Kleid am Palmenstrand zu stehen, ist beispielsweise nichts, wovon ich träume, und ich möchte auch keinen Saftladen eröffnen. Aber die Präferenzen sind nun mal verschieden, und das ist auch gut so. Wie langweilig wäre eine Welt, in der alle von demselben träumten. Außerdem ist mir klar, dass Hashtags spielerisch bis ironisch verwendet werden und Superlative in den sozialen Medien gang und gäbe sind, denken wir etwa an #bestholidayever, #BFF, #perfectday.

Verwundert bin ich vielmehr darüber, dass es für viele ausnahmslos positiv besetzt zu sein scheint, alles erreicht zu haben, wohingegen ich mir wenig öder vorstelle als das, alles, was ich mir wünsche, irgendwann erfüllt zu sehen. Ich fühlte mich immer eher verstanden von einer Passage in der Autobiografie des Philosophen John Stuart Mill aus dem neunzehnten Jahrhundert: »›Gesetzt, dass alle deine Lebensziele verwirklicht wären […], würdest du froh und glücklich sein?‹ Und eine unund unterdrückbare Stimme in meinem Innern antwortete deutlich: ›Nein!‹«[3] Mag sein, dass es gegen Ende des Lebens nichts Schöneres gibt, als zurückzublicken und mit Genugtuung sagen zu können, dass sich alles so fügte, wie man es sich erhoffte. Aber als junge Erwachsene oder in der Lebensmitte? Was soll man denn mit den vielen Jahren anfangen, die noch vor einem liegen?

Mit dieser Frage sieht sich auch der Philosoph Kieran Setiya konfrontiert, als er mit fünfunddreißig von einer großen inneren Unruhe erfasst wird und sich selbst eine »midlife crisis« attestiert.[4] In seinem Leben scheint bisher zwar alles nach Wunsch verlaufen zu sein: Auf eine steile akademische Karriere folgte die Professur an einer renommierten Fakultät in einer schönen Stadt im Mittleren Westen der USA, er hat geheiratet und ist Vater geworden, er schätzt seinen Job und seine Kollegen. Setiya stellt sich vor, dass er, von außen betrachtet, wohl als Glückspilz wahrgenommen wird. Dennoch fühlt er sich in seinem prestigereichen Dasein seltsam rastlos, geplagt von einer »beunruhigende[n] Mischung aus Wehmut, Bedauern, Enge, Leere und Furcht«.[5] Irgendwie ist vieles erreicht und offenbar doch seltsam wenig gewonnen.

Das erinnert an die Lebenskrise des russischen Schriftstellers Leo Tolstoi. Ihm sind wir bereits in der Einleitung begegnet. In seinen Memoiren beschreibt er detailliert, wie er in seiner Lebensmitte, »noch keine fünfzig«, in eine Phase existentieller Verzweiflung gerät. Auch ihm will sich nicht recht erschließen, warum er mit sich und seinem Dasein hadert. Vielleicht ist das Unverständnis über die eigene Unzufriedenheit mit ein Grund, weshalb Tolstoi seine Betrachtungen als »Beichte« anlegt, als wäre es peinlich, angesichts seines von außen betrachtet perfekten Lebens – er ist verheiratet, hat gesunde Kinder, einen Hof mit Angestellten, ist als Schriftsteller weithin gefeiert – über irgendetwas zu klagen. Aber selbst wenn er sich in seinen Aufzeichnungen ausführlich vor Augen führt, wie glänzend sein Leben bis jetzt verlaufen ist, scheint auch ihm seine Existenz seltsam sinnentleert.[6] Hinter sich ein erfolgreiches Leben, aber auch Arroganz und Überheblichkeit, für die er sich im Rückblick schämt; vor sich ein Leben, dessen tiefere Bedeutung sich ihm nicht erschließt: Tolstoi erlebt die Mitte des Lebens als umfassenden Stillstand, der sich »immer in den gleichen Fragen aus[drückte]: ›Wozu? Und was dann?‹«[7]

Was Tolstoi und Setiya hier beschreiben, scheint mir eine andere Färbung aufzuweisen als die Art von Sinnfrage, die wir zumindest mit einem Teil der Krisen der Jugendjahre in Zusammenhang bringen. Fragten wir damals manchmal mutlos, meist jedoch eher großspurig in der Entdeckung eigenen existentiellen Ringens, ob das Leben *an sich* einen Sinn habe und warum es uns gibt, ja, warum es überhaupt etwas gibt und nicht vielmehr nichts, präsentiert sich die hier formulierte Sinnfrage enger gefasst auf das eigene Dasein bezogen. Sie fragt weniger nach dem »großen« Sinn *des Lebens* insgesamt, nach dem Zweck dieses bewohnten Planeten inmitten eines unwirtlichen Weltalls, als vielmehr nach dem »kleinen« Sinn *im Leben*: Wie ist es möglich, der je eigenen Existenz Richtung und Tiefe zu verleihen, gerade wenn bereits viele Kämpfe ausgefochten sind, aber nichts mehr unmittelbar ansteht, was unsere volle Aufmerksamkeit verdiente?[8] Was tun, wenn eigentlich vieles ganz gut läuft – und man dennoch unzufrieden ist? Ich denke, das ist die Sinnfrage, wie sie sich nicht ausschließlich, aber typischerweise in Krisen der Lebensmitte stellt, wenn einem stärker bewusst wird, dass wir nur dieses eine Leben haben und es ein Ablaufdatum hat. Was sollen wir mit der verbleibenden Zeit anfangen, wie ist sie sinnvoll zu nutzen?

Setiya und Tolstoi leiden nicht in erster Linie darunter, dass die Jahre allzu schnell verflogen sind und das Ende bereits in Sichtweite gelangt – ein Gefühl, das die Lebensmitte ja manchmal auch zu trüben vermag. Zwar schreibt Setiya auch von der Endlichkeit des Lebens, die ihm deutlicher als je zuvor vor Augen steht: »Die Zeit rast dahin, meine Jahre sind gezählt.«[9] Und vielleicht wurde auch Leo Tolstoi wie sein Held Iwan Iljitsch in den mittleren Jahren von einem Bedauern ergriffen, nicht klarer für die eigenen Bedürfnisse und Werte eingestanden zu sein. In erster Linie könnten die beiden jedoch voller Stolz und Dankbarkeit zurückblicken und sich freuen auf die Jahre, die noch vor ihnen liegen, finanziell abgesichert und familiär geborgen, wie sie sind. Doch statt Stolz auf das Erreichte und Freude über die Fülle von vor ihnen liegenden Optionen zu empfinden, quält sie vor allem Scham, dass sie nicht zufrieden sind mit ihrem Leben, sondern, wenn sie ehrlich sind, tief unglücklich.[10] Verständlicherweise: Immerhin muss man sich eine solche Krise leisten können. Wie viele haben weder Zeit noch Raum, auch nur einen Gedanken daran zu verschwenden, wie sie sich fühlen, so mitten im Leben stehend, nicht mehr ganz jung, nicht mehr von Übermut und Tatendrang strotzend, dafür lebenserfahrener und mit, wenn alles gut geht, noch ganzen Dekaden vor sich, die sie mit Leben füllen können?

Philosophisch betrachtet, gibt es keinen Anlass, sich für das Ringen mit solchen existentiellen Fragen zu schämen. Sie sind vielmehr die Kehrseite unserer besonderen menschlichen Fähigkeit, ein Leben aus Gründen führen zu können und oft auch zu wollen: uns Rechenschaft darüber abzugeben, warum wir so und nicht anders leben, und entsprechend verwirrt oder aufgebracht zu sein, wenn das Leben, in dem wir gelandet sind, nicht oder nicht mehr übereinstimmt mit dem, was wir für gut und richtig halten oder was uns glücklich macht und tief erfüllt. Setiya beschließt, seinem Unbehagen auf den Grund zu gehen und eine »philosophische Gebrauchsanleitung« (so lautet der Untertitel seines Buches) zur Überwindung seiner Krise zu verfassen: Was, wenn es in der Lebensmitte, wie in seinem Fall, gar nichts zu betrauern oder zu bedauern gibt, wenn man sogar der Endlichkeit des Lebens panikfrei entgegenblickt – und doch nichts fühlt außer Leere? Was, wenn man sich eigentlich glücklich schätzen könnte, oder zumindest passabel, und sich insgeheim doch fragt: »Und nun?«

Was nun?

Die Leere, die sich in der Lebensmitte breitmachen kann, lässt sich manchmal wohl mit einer Art Langeweile oder Überdruss erklären – mit dem faden Gefühl, alles, was sich zuträgt, schon gesehen und erlebt zu haben. Dieses Gefühl ergründe ich im nächsten Kapitel. Doch Setiya deutet sein Gefühl der Leere und Antriebslosigkeit anders: Er denkt nicht, dass sich sein Interesse an seinen beruflichen Aufgaben erschöpft hat und ihn seine Arbeit langweilt. Im Gegenteil: Er ist sich sogar ziemlich sicher, dass er weitere Forschungsideen aushecken und darüber Aufsätze schreiben wird. Auch bedauert er nicht, überhaupt den Weg einer akademischen Karriere eingeschlagen zu haben. Ihm fällt also nicht plötzlich wie Schuppen von den Augen, dass er beispielsweise immer schon Modedesigner werden wollte, es aber nie wagte, an sein Talent zu glauben. Vielmehr ortet er den Grund für seine depressive Verstimmung in einer geradezu krankhaften Zielversessenheit: Hat er ein Projekt erfolgreich zu Ende gebracht, ist sein Wohlgefühl stets nur von kurzer Dauer, und ein neues Projekt muss her, um der Leere zu entfliehen. Dieses Spiel hat er viele Jahre lang äußerst erfolgreich praktiziert: Er kletterte Sprosse um Sprosse die Karriereleiter hoch, erarbeitete sich einen hervorragenden Ruf bei den Studierenden und in der Öffentlichkeit und richtete sich auch privat so ein, wie er es sich immer erträumt hatte. Doch jetzt, angekommen auf dem Hochplateau des Lebens, wo er sich ausruhen könnte auf seinen Lorbeeren, fragt er sich zunehmend verzweifelt: Was nun? Und wozu das alles?

An dieser Stelle liegt es nahe (und auch Setiya tut dies), an Arthur Schopenhauer zu denken.[11] Für den Philosophen des neunzehnten Jahrhunderts ist das Gefühl der inneren Leere charakteristisch für das ganze menschliche Dasein. Unser Leben ist ihm zufolge nämlich eine einzige Qual: Aus einer Leere heraus begehren wir etwas, von dem wir denken, es könne uns Linderung verschaffen, weshalb wir uns nach Kräften bemühen, es zu bekommen. Doch kaum sind wir am Ziel und haben, was wir wollten, enden wir genauso frustriert und leer, wie wir vormals waren. In seinem Buch *Die Welt als Wille und Vorstellung* von 1818 sieht Schopenhauer für den Menschen entsprechend nur zwei gleichermaßen lästige Zustände: Schmerz und Langeweile. Entweder sind wir energiegeladen, aber nur weil uns der Schmerz plagt, dem wir um jeden Preis entkommen wollen. Oder der Schmerz ist gerade gestillt, dafür sind wir umso antriebsloser und gelangweilter. Das menschliche Dasein »schwingt also, gleich einem Pendel, hin und her, zwischen dem Schmerz und der Langenweile«.[12] Besonders attraktiv klingt das freilich nicht. Und so erstaunt wenig, dass Schopenhauer als unverbesserlicher Pessimist in die Philosophiegeschichte eingegangen ist.

Man mag für seine negative Weltsicht mehr Verständnis aufbringen, wenn man sich vor Augen führt, wie schwierig sein Leben war: Zwar erbte er ein beträchtliches Vermögen, verlor es jedoch schon in jungen Jahren wieder. Sein Vater starb früh. Im Versuch, in seine Fußstapfen als Kaufmann zu treten, scheiterte Schopenhauer kläglich, und auch seine Laufbahn als Philosoph war lange Zeit nicht von Erfolg gekrönt. Erst in den letzten Jahren seines Lebens erhielt er etwas Anerkennung für seine Arbeit. Allerdings nicht von seiner Mutter, die seine wissenschaftlichen Ambitionen wiederholt lächerlich machte, weshalb Schopenhauer jeglichen Kontakt zu ihr abbrach. Einzig seine Pudel duldete der Philosoph in seiner unmittelbaren Nähe.

Auch wenn man Schopenhauers negative Weltsicht biografisch nachvollziehen kann – in letzter Konsequenz teilen mögen sie wohl die wenigsten. Schopenhauer weist mit seinem Bild des zwischen Schmerz und Langeweile schwingenden Pendels aber auf etwas hin, mit dem vermutlich doch viele vertraut sind: So hingebungsvoll wir zuweilen auf ein Ziel hinarbeiten – die Freude über das Erreichte währt tatsächlich oftmals deprimierend kurz.[13] Nicht selten müht man sich ab und meint, dass einem das Erreichen dessen, was man sich vorgenommen hat, Erleichterung verschaffen werde. In Tat und Wahrheit fühlt sich jedoch jeder Etappensieg nur für kurze

Zeit gut an und lässt einen umso gieriger nach dem nächsten Erfolg von Neuem losschreiten.

Setiya glaubt, in diesem Schopenhauer'schen Teufelskreis einen Hinweis auf seine Misere gefunden zu haben: Sein Gefühl der Leere rühre daher, sich stets auf Kosten der Gegenwart in die Zukunft projiziert und das tatsächliche Leben verpasst zu haben, gerade so, als hätte die Gegenwart, der einzelne Moment, gar nie stattgefunden. Tatsächlich habe er im Lauf seines Lebens eine ausgeprägte Vorliebe für alles »Telische« entwickelt, also für Tätigkeiten, die auf ein Ziel (griechisch *telos*) gerichtet sind, um dessentwillen sie angestrebt und ausgeführt werden.[14] Man kann sich das gut vorstellen: Um eine Professur an einer guten Universität zu ergattern, wird es notwendig sein, Ziel um Ziel abzuhaken – sich im Studium um einen guten Abschluss zu bemühen, um einen Platz für eine Promotion zu bekommen; in den bestmöglichen Fachzeitschriften zu publizieren, um danach eine Stelle an einer guten Universität zu erhalten, sich anschließend in akademischen Gremien aufzureiben, um eine Entfristung der Stelle zu erlangen, und so weiter. Kaum ist ein Ziel erreicht, heckt man das nächste Projekt aus, getrieben von der Idee, immer weiter und weiter vorankommen zu müssen. Ist man unfähig, das Erreichte, auf das man gerade in der Mitte des Lebens stolz sein könnte, zu genießen und alles etwas ruhiger anzugehen, bleibt trotz Erfolg auf Dauer wohl nichts als Leere und Unruhe. Es ist dieses Gefühl, das Setiya beschreibt und das ihn in den mittleren Jahren zunehmend quält. Wozu soll das alles gut sein, wenn sich nie Zufriedenheit, Glück und innerer Frieden einstellen?

In jüngeren Jahren gehen ja viele tatsächlich noch davon aus, dass die Kaskade von immer neuen Plänen irgendwann in eine ruhigere Zeit münden werde – zum Beispiel in Michael

Beards Vorstellung vom eigenen Leben als einem geordneten Bücherregal, dem wir im 4. Kapitel begegnet sind. Damit erliegt man aber einer Täuschung, wie auch Beards Bücherregal eine war: Das aus dem Erreichen von Zielen folgende Glück führt leider nicht automatisch in die entspannte Ruhe oder zum geordneten Regal, sondern öfters zu einem weiteren rastlosen Aufbruch. Denn mit der Flut an Aufgaben, mit den Stapeln an Arbeit, mit immer neuen To-do-Listen wird es nie von sich aus ein Ende nehmen. Zwar schwören sich wohl viele: »Jetzt bringe ich noch dies eine zu Ende – und danach folgen endlich ruhigere Zeiten!« Doch die Jahre ziehen ins Land, und die ruhigeren Zeiten vertagen wir ein ums andere Mal. Ich schätze, mit diesem Gefühl dürften viele gerade in ihren mittleren Jahren besser vertraut sein, als ihnen lieb ist.

»Telisch« leben

Vermutlich ist das Gefühl, dass es zur ersehnten Ruhe scheinbar einfach nie kommen will, auch der Überfülle geschuldet, dem Umstand, dass viele in ihren mittleren Jahren nicht nur aus einer Fülle schöpfen, sondern auch zwischen beruflichen und familiären Pflichten aufgerieben werden. Tatsächlich mag das eine spezifische Form von Belastung mit sich bringen, mit der viele zwischen vierzig und sechzig hadern. Aber es ist nicht diese ununterbrochene Arbeitslast, die Setiya zu schaffen macht. Vielmehr vermutet er, dass sich in seinem Leben kein nachhaltiges Glücksgefühl einstellt, weil er sein Leben zu einer endlosen Serie von Projekten degradiert hat, die zwar glücklicherweise dann und wann auch von einem Zwischenerfolg gekrönt war, die ihn aber nie wirklich zufrieden zurückgelassen hat. Der Grund für seine Niedergeschlagenheit ist also der Fokus seines Lebens: die konstante Ausrichtung darauf, immer weiter voranzukommen und noch mehr zu leisten. Es ist ein bisschen, als lebte man mit der Stimme eines neugierigen Kleinkindes in sich, das sich konzentriert eine Geschichte anhört und bei der kleinsten Pause fragt: »Und dann?« Die Rastlosigkeit, immer gleich zu fragen, was als Nächstes angepackt werden soll, lässt wenig Raum, sich auf den einzelnen Moment einzulassen.

Doch das ist nicht einmal das einzige Problem. Setiya zumindest geht in seiner Kritik an dieser zielfokussierten Art und Weise, sich auf das eigene Leben zu beziehen, einen entscheidenden Schritt weiter: Sie zerstöre die Werte an sich, an denen uns eigentlich liege. Wenn wir uns zum Beispiel bemühten, ein bestimmtes Vorhaben erfolgreich umzusetzen, nur um dann in einer besseren Ausgangslage zu sein, die nächste Stufe in Angriff zu nehmen, dann erschöpften wir den eigentlichen Wert der jeweiligen Ziele – gerade so, als ob jemand Freundschaften schließen würde, um diese Freundinnen und Freunde danach wieder loszuwerden und sich stattdessen nach neuen Bekanntschaften umzusehen.[15] Geht es nur darum, mit dem Vorhaben bereits fertig zu sein, um ein nächstes anpacken zu können, das uns lockt, wird sozusagen der Wert des ursprünglichen Vorhabens von innen ausgehöhlt. Das vernichtende Fazit: Eine »telische Lebensweise« sei insgesamt nicht wertsteigernd, sondern wertvernichtend. Sie verleihe unserem Leben deshalb auch keinen Sinn, sondern entziehe ihm diesen permanent von Neuem.[16]

Aber ist das nicht zu drastisch formuliert?[17] Viele Menschen zehren doch recht lange von errungenen Siegen und erfolgreich zu Ende gebrachten Vorhaben und erzählen im Alter gern (und manchmal auch ungefragt und ausführlich), wie sie damals ohne Bergführer einen Viertausender erklommen, Häuser besetzt und mit kaum Geld in der Tasche die halbe Welt bereist haben. Die Tatsache, dass auf einen Etappensieg das nächste Ziel folgt, zeigt außerdem nicht, dass der Etappensieg nutzlos war und uns enttäuscht zurücklassen muss. In vielen Fällen ermutigt uns das Erreichen eines ersten Schrittes sogar erst, den nächsten Schritt zu wagen. Frühere Bemühungen können zu späteren beitragen, und groß angelegte Fortschritte wären oftmals undenkbar ohne den Elan, den wir bereits in die Grundsteine eines Projekts gesteckt haben. Wenn beispielsweise eine Köchin hart arbeitet, um einen Michelin-Stern zu ergattern, wird sie sich, wenn sie die Auszeichnung erhält, bestimmt darüber freuen – was in keiner Weise unvereinbar ist mit der Vorstellung, dass der Erhalt des ersten Sterns sie dazu motiviert, auch nach dem zweiten und dritten Stern greifen zu wollen und deshalb noch härter zu arbeiten als zuvor. Ziehen wir in Betracht, dass das Erreichen von Zielen uns immer auch in dem voranbringen kann, woran uns liegt, gibt es keinen Grund zur Annahme, dass ein »telisches« Leben, das sich vornehmlich an Zielen und Plänen orientiert, zwangsläufig in ein Gefühl der Vergeblichkeit münden muss. Sich Ziele zu stecken und Anliegen voranzutreiben, muss keineswegs bedeuten, auf der Stelle zu treten, weil auf jede Erfüllung wieder Leere folgt, sondern wir können durchaus vorankommen, lernen und ernten – selbst wenn wir dazwischen Fehlgriffe machen oder scheitern.[18]

Dennoch ist mir das grundsätzliche Problem vertrauter, als mir lieb ist. Nehmen wir die Arbeit an diesem Buch. Es macht mir Freude, über die Fragen nachzudenken, die ich hier diskutiere, und meine Gedanken in eine verständliche Form zu bringen, und ich möchte Antworten auf philosophische Probleme finden, die mich umtreiben. Aber mindestens ebenso sehr möchte ich das Buch bereits geschrieben und die Antworten schon gefunden haben. Wenn die Arbeit am Buch dann dereinst tatsächlich abgeschlossen sein wird, werde ich damit beginnen, über anderen Fragen zu brüten, auf die ich mir gern einen Reim machen würde, und die Arbeit geht von vorne los. Manchmal fühle ich mich wie Toni Erdmann, der fast am Ende des wunderbaren Films von Maren Ade seine Tochter fragt, ob sie eigentlich glücklich sei. Sie gibt die Frage, ohne sie zu beantworten, an ihn zurück, worauf der Vater sagt: »Das Problem ist, dass es halt oft nur ums Abhaken geht. Dann muss man das noch machen und dies, und währenddem geht das Leben einfach vorbei. Wie sollen wir denn Momente festhalten?«[19]

Dinge um ihrer selbst willen tun

Ja, wie sollen wir denn Momente festhalten? Wer stets damit beschäftigt ist, die nächste Sache möglichst erfolgreich auszuführen, um dann wieder etwas Neues anzugehen, reduziert die Gegenwart offensichtlich auf ein Durchgangsstadium zum nächsten großen Schritt, sodass sich die Fülle verflüchtigt, die wir eigentlich gewonnen hätten. Das Leben geht dann wie für Toni Erdmann einfach vorbei, während man von Aufgabe zu Aufgabe hetzt, und die große Ruhe, nach der man sich sehnt, will sich nicht einstellen.

Setiya schlägt als Therapie gegen das Lebensgefühl des ewigen Abhakens vor, die Aufmerksamkeit von den zielorientierten »telischen« Aktivitäten auf »atelische« Tätigkeiten zu lenken. Zur Erinnerung: Telische Aktivitäten zielen auf Endzustände ab, in denen sie fertig ausgeführt und damit erschöpft sind. Einkaufen gehen, die Spesenabrechnung erstellen oder den Rasen mähen sind beispielsweise telische Aktivitäten: Wir investieren eine bestimmte Zeit und haben die Sache dann erledigt. Atelische Aktivitäten sind demgegenüber nicht auf einen Endpunkt ausgelegt, an dem sie erledigt sind – ja, sie lassen sich gar nicht im eigentlichen Sinn »erledigen« und erfahren auch keinen eindeutigen Abschluss. Spazieren gehen, mit der Katze spielen oder Freunde treffen, das alles ist zum Beispiel atelisch: Diese Tätigkeiten lassen sich jederzeit unterbrechen oder nur für eine begrenzte Dauer tun, wobei man nach Ablauf der Dauer nicht »fertig« ist mit ihnen.

Diese Unterscheidung erinnert mich an eine Erfahrung, die ich vor Jahren mit meinen damals noch kleinen Kindern machte: Wollte ich etwas in Ruhe erledigen, schickte ich sie manchmal nach dem Mittagessen zum Spielen in ihr Zimmer, in der Hoffnung, mich für einen Moment konzentriert einer Arbeit widmen oder auch einfach mal zwanzig Minuten schlafen zu können. Meist standen sie aber nach kurzer Zeit wieder vor mir und teilten mir mit großer Ernsthaftigkeit mit: »Wir sind fertig mit Spielen.« Ganz offensichtlich hatten wir unterschiedliche Vorstellungen von dieser Aktion: Während ich gehofft hatte, dass sie sich im atelischen Spiel verlieren und die Zeit vergessen würden, wollten sie das Spiel im Zimmer hinter sich bringen und deuteten es zur telischen Aktivität um, die zu erledigen war, bevor das natürlich bitte von mir animierte Kinderprogramm weitergehen sollte.

Das Schopenhauer'sche Pendel anhalten und Erfüllung in der Gegenwart finden lässt sich, Setiya folgend, aber durchaus – und zwar genau dann, wenn wir uns stärker auf Beschäftigungen konzentrieren, die gar nicht erledigt und abgehakt werden *können.* Vielleicht wenig überraschend heißt das nicht einmal zwingend, *andere Dinge* zu tun – sondern vielmehr, sie *in anderer Weise* zu tun. Wir könnten zum Beispiel Laufen trainieren, aber nicht, um eine bestimmte Zeit oder eine angestrebte Platzierung oder die Kilometerzahl etwa eines Marathons zu erreichen, sondern aus schierer Freude an der Bewegung in freier Natur. Wir könnten Bücher nicht wegen einer anstehenden Prüfung, sondern aus purem Interesse lesen. Das würde unser Tun vom Zwang befreien, stets dessen Zweck und Ende im Blick zu haben, und dafür mehr Raum für den erlebten Augenblick schaffen.[20]

Diese Befreiungsversuche interessieren Setiya – wenngleich er unumwunden zugibt, dass sie öfters scheitern. Denn das eine ist, die atelischen Facetten unserer unzähligen zielfixierten Tätigkeiten überhaupt erst zu finden – und möglicherweise zeigt sich, dass vieles von dem, mit dem wir unsere Tage füllen, über gar kein atelisches Pendant verfügt. (Worin das Atelische des Staubsaugens oder des Ausfüllens der Steuererklärung bestehen soll, ist mir zum Beispiel schleierhaft.) Die andere und weitaus größere Schwierigkeit der Aufgabe aber besteht darin, sich den atelischen Momenten auch wirklich zuzuwenden, also beispielsweise mit Sorgfalt und Sprachfreude an einer Formulierung zu schleifen, ohne innerlich bereits beim nächsten Text zu sein, den es abzuschließen gilt. In einer Tätigkeit aufzugehen, ist zumindest für mich oftmals schwieriger, als sie hinter mich zu bringen – und ich denke, ich bin nicht allein in diesem Empfinden. Die »Schönheit des Prozesses«,[21] die Setiya mir schmackhaft machen will, stellt sich auf jeden Fall nicht immer von selbst ein.

Setiya empfiehlt als Übung zur Entdeckung dieser Schönheit Achtsamkeitsmeditation: stilles Sitzen, konzentriert auf die Atmung, um den einzelnen Moment zu spüren und wertzuschätzen.[22] Man würde dann vermutlich nicht mehr ungeduldig in der Warteschlange stehen, bis man endlich an der Reihe ist, sondern geduldig verweilen. Verweilen kann dabei als ein »Warten ohne Verlangen« verstanden werden: als ein Warten, das nicht mehr vom Ziel abhängt, sondern im Moment aufgeht.[23] Einem Philosophen wie Setiya geht es beim achtsamen Dasein nicht um eine metaphysische Erfahrung, wie sie in vielen spirituellen Traditionen angestrebt wird, sondern um eine mentale Übung in Gelassenheit und Ruhe. Wer lerne, beim Meditieren die Aufmerksamkeit auf den eigenen Atem, den Körper, auf die Geräusche in der Umgebung zu lenken, lerne mit der Zeit auch, einfache atelische Tätigkeiten wertzuschätzen: atmen, sitzen oder lauschen. Wendeten wir diese Übung auf alltägliche Beschäftigungen an, entdeckten wir die atelischen Seiten unserer Aufgaben leichter und könnten auf diese Weise dem Sog des zielorientierten Denkens eher entkommen.[24]

Für einige mag das tatsächlich funktionieren, und ihr Geist beruhigt sich, wenn sie solche Praktiken erlernen und üben. Vielleicht gelingt es ihnen dann besser, im Moment zu verweilen und nicht im Modus des Planens und Vorausschauens auszuharren, in dem die Gegenwart nie stattfinden kann. In der Folge verändert sich dann auch das Gefühl, die Tage zögen einfach vorbei, und es gelingt besser, ihrer habhaft zu werden. Bei vielen anderen dürfte das aber nur kurzfristig funktionieren. Mal ehrlich: Wie soll ich die »Schönheit des Prozesses« zu fassen kriegen, wenn ich Einkaufstüten nachhause schleppe, in endlosen Zoom-Calls sitze oder Mails abarbeite? Sind wir erst einmal im Modus des Erledigens angekommen, wird es schwierig, nicht wie Toni Erdmann noch »das [zu] machen und dies, und währenddem geht das Leben einfach vorbei«.

Treten wir einen Schritt zurück. Wie kommt es zu dem Gefühl, zwar alles erreicht zu haben und dennoch nicht von Glück und Freude erfüllt, sondern von einer seltsamen Leere gequält zu sein? Eine erste Begründung für diese manche in ihren mittleren Jahren ereilende Tristesse findet sich offenbar in einem ausschließlich telischen Leben. Wer ein solches Leben führt, hetzt von Aufgabe zu Aufgabe, von Ziel zu Ziel in der Hoffnung, irgendwann an ein Endziel zu gelangen, an dem man sich zufrieden und erfüllt zur Ruhe setzen kann. Doch während man in jungen Jahren vermutet, irgendwann, gleich nach der nächsten Weggabelung, öffne sich dieses idyllische Hochplateau, auf dem es nichts mehr zu erreichen gelte, findet man sich auch in der Lebensmitte weiterhin im zähen Morast des Alltags wieder, der einem neue Aufgaben und Ziele aufbürdet. Die ersehnte Erfüllung bleibt auf diese Weise langfristig aus. Abhilfe gegen eine solch spezifische Form von innerer Leere schafft wohl in diesem Fall tatsächlich nur, was Setiya empfiehlt: die Schritte im Morast bewusst zu tun, statt ständig weiterzuhetzen, und im atelischen Wirken Erfüllung zu suchen.

Allerdings laufen nicht alle gleichermaßen Gefahr, überhaupt in den Strudel des Abhakens zu geraten. Menschen, die sich stark mit ihrer Arbeit und mit beruflichem Erfolg identifizieren und denen Prestige und soziale Anerkennung wichtig sind, bekunden eher Mühe, sich auf ihren Lorbeeren auszuruhen und sich nach einem Erfolgserlebnis erst einmal für eine Weile zurückzulehnen, meint die Psychologin Pasqualina Perrig-Chiello. Und wer besonders ehrgeizig sei und viele Kompromisse gemacht habe, um zu reüssieren, sei in den mittleren Jahren eher gefährdet, in eine Lebenskrise zu geraten.[25] Macht sich jemand hingegen wenig aus Job und Karriere, wird er mit dem hier verhandelten Problem vielleicht gar nicht viel anfangen können: Wozu sich so hetzen lassen, wenn es auch gemütlicher ginge?

Nun wäre es vorschnell, das Leiden an einem telischen Leben gänzlich auf eine Charakterschwäche von allzu leistungsbezogenen Menschen zu schieben. Erstens muss man es sich leisten können, aus dem Wettbewerbsdenken überhaupt auszusteigen. In einer meritokratischen Gesellschaft, die das Credo, jeder sei seines eigenen Glückes Schmied, verinnerlicht hat und Anerkennung eng an Leistung koppelt, ist es in erster Linie das Privileg der Wohlsituierten, einfach mal halblang zu machen.[26] Zweitens ist unsere auf Wachstum angelegte Gesellschaft ja darauf angewiesen, dass ihre Mitglieder – oder zumindest viele von ihnen – ihr Bestes geben, aufsteigen, sich vergleichen und mehr Erfolg haben wollen als andere, wie immer man dies bewerten mag. Wer an einer allzu verkrampften telischen Lebensweise krankt, muss sich dies auf jeden Fall selten ausschließlich selbst zuschreiben.[27]

Doch nehmen wir einmal an, es wäre tatsächlich alles erreicht und der Stapel an Arbeiten gänzlich abgetragen, was wäre dann? Vielleicht haben wir uns früh schon Großes vorgenommen, haben Schweiß und Tränen investiert, Opfer gebracht und sind Stufe um Stufe emporgeklettert, um uns einen beruflichen oder privaten Traum zu erfüllen. Und nun, da wir glücklich genug sind, tatsächlich ungefähr das erreicht zu haben, was wir uns erhofften, packt uns vielleicht die schiere Angst: Was kommt als Nächstes, was bleibt noch zu tun, womit werde ich zukünftig meine Tage füllen? Den Erfolg zu feiern, das satte Leben zu genießen, mag eine Weile lang schön sein. Aber jahrzehntelang?

Diese Form der Verzweiflung ist anders gelagert. Sie findet ihren Grund in einer überzogenen Vorstellung eines »Lebenstraums« oder »Lebensplans«, als ginge es im Leben darum, sich nach den Kinder- und Jugendjahren etwas Großes vorzunehmen und das Leben in erster Linie danach auszurichten. Die mittleren Jahre sind für solche Lebenspläne ganz offensichtlich entscheidend: In diesen Jahren zeigt sich vermutlich für die meisten, die einen solchen Lebenstraum hegen, ob sich dieser erfüllt oder man sich eingestehen muss, dass man damit gescheitert ist. Wie bitter es sein kann, in der Lebensmitte festzustellen, dass man, sosehr man sich bemüht, mit dem eigenen Geschäft nicht über die Runden kommen oder dass der Kinderwunsch trotz aller Versuche unerfüllt bleiben wird, davon handelte Kapitel 3. An dieser Stelle interessiert mich der andere – und auf den ersten Blick weit glücklichere – Fall: Alles, was man sich zurechtgelegt hat, ist aufgegangen, beruflich und privat könnte es besser nicht laufen. Doch was folgt nun? Welchen Plan haben wir für die weiteren Jahre? Und was, wenn in ihnen nur Leere gähnt, weil das Vorwärtsstreben jetzt zum ersten Mal im Leben überhaupt zu einem Stillstand kommt?

Bevor wir diese Frage beantworten, können wir eine Stufe tiefer ansetzen und fragen: Ist es überhaupt eine gute Idee, sein Leben nach einem Plan oder zumindest nach langfristigen Zielen auszurichten? Diese Frage wird in der Philosophie seit Längerem kontrovers diskutiert.[28] Der Philosoph John Rawls beispielsweise hat in seiner *Theorie der Gerechtigkeit* von 1971 das gute menschliche Leben als eines charakterisiert, das sich einem vernünftigen langfristigen Plan gemäß entfaltet.[29] Für diese Idee spricht erst einmal ja einiges: Anders als Tieren stößt den Menschen ihr Leben nicht einfach zu, sondern sie »führen« ihr Leben, fügen es zu einer sinnvollen eigenen Geschichte, indem sie sich die Zukunft sukzessive aneignen und sich nicht einfach treiben lassen und abhängig machen von Zufällen und Schicksal. Ein Plan könnte bei diesem Anliegen helfen.

Allerdings haben Lebenspläne, nehmen wir sie allzu ernst und zurren sie auf wenig flexible Eckpunkte fest, auch ihre Schattenseiten. Gerade die Lebensmitte kann sich als eine der besten Zeiten unseres Lebens entpuppen, wenn sich Ziele erfüllen und sich vieles exakt so fügt, wie wir es uns erträumt haben. Doch was folgt dann? Gelingt es nicht, eine neue Aufgabe zu finden, eine neue Vorstellung dessen, worauf wir hinarbeiten könnten, laufen wir Gefahr, in eine Leere abzugleiten, die sich nicht nur wie bei Setiya daraus speist, dass jedes Vorhaben zu einem neuen Vorhaben führt, sondern die auch darin gründen kann, dass uns kein neues Vorhaben mehr einfällt, nichts, was uns umfassend interessieren und erfüllen könnte. Einige haben unter anderem deshalb argumentiert, die Betonung der Bedeutung von Plänen sei unserem Glück nicht zu-, sondern abträglich. Menschliche Lebenswege entwickelten sich ohnehin nie nach Plan, sondern mäanderten vor sich hin und durchliefen stets neue Täler und unverhoffte Blütephasen. Dieser Ansicht ist zum Beispiel die Philosophin Margaret Urban Walker: Den menschlichen Lebensweg als planbar vorzustellen, bedeute, das Leben wie eine Karriere – ein »career life« – anzugehen, und genau darin liege das Problem.[30]

Das Bild des menschlichen Lebens als einer Karriere liegt ein Stück weit auch den Stufenbildern zugrunde, denen wir im 1. Kapitel begegnet sind. Zwar ist auch bei ihnen vieles vom Zufall oder Schicksal abhängig (denken wir an den reichen Kindersegen oder daran, dass die dargestellten Figuren körperlich stets unversehrt abgebildet sind). Dennoch schöpfen sie aus der Vorstellung, ein Leben habe einem Plan oder einer Ordnung zu gehorchen und vor allem aus einem Guss zu sein. Brüche und Wendungen zeugen in diesem Bild eher von unglückseligen Schicksalsschlägen oder einem unsteten Charakter und nicht von Justierungen, die jemand selbstbestimmt vornimmt, weil er oder sie sich verändert und wohlüberlegt umentschieden hat. Zwar stimmt es, dass unsere Identität – das wurde bereits an vielen Stellen deutlich – nicht zuletzt von einer schlüssigen Geschichte abhängt, die wir über uns zu erzählen in der Lage sind. Eine solche Geschichte erträgt, soll sie verständlich bleiben, nicht beliebig viele und abrupte Wendungen.

Das heißt jedoch mitnichten, dass sich Identität linear und planvoll entwickeln müsste. Zugegebenermaßen erfordern große Ziele und langfristige Projekte ein kontinuierliches Engagement: Eine politische Karriere, eine Wohnung in einer attraktiven Genossenschaftssiedlung oder eine langjährige tiefe Freundschaft ergeben sich nicht über Nacht. Doch mit der zunehmenden Langlebigkeit, die in den vermögenden Gesellschaften gegenwärtig viel diskutiert wird, ist es durchaus möglich, mehrere Male im Leben zu langfristigen Projekten anzuheben. Geht man heute mit dreißig eine feste Beziehung ein, bleiben womöglich fünfzig oder sechzig gemeinsame Jahre als Paar – eine lange Zeit, in der sich viele in einer Weise verändern, angesichts derer sie sich vielleicht irgendwann fragen, ob sie noch zueinander passen. Ähnliches gilt für die Berufstätigkeit, die sich immer weniger nach einer einzigen Ausbildung richtet, sondern, wie es viele Betriebe fordern, dem »lebenslangen Lernen« verpflichtet ist – was in einzelnen Fällen bereichernd sein, in anderen Fällen eine zusätzliche Belastung darstellen kann. Nach der Pensionierung bleiben außerdem für viele noch zwei Dutzend und mehr Jahre, in denen sie weiterhin tätig sein können und wollen.

Urban Walker plädiert deshalb anstelle des Bildes des »career life« für ein anderes Lebensideal: für das »seriatim life«, das »serielle« Leben, in dem wir nacheinander immer wieder neuen Anliegen Raum geben und uns stetig wandeln können. Vielleicht ist es kein Zufall, dass die Kritik am Leben als Karriere aus dem Feld der feministischen Philosophie stammt: Gerade für Frauen, die in ihren mittleren Jahren oftmals in ihrer Mutterrolle gefangen sind oder waren, ist das Anliegen nachvollziehbar, Wandel und Brüche im Leben nicht als die Autonomie unterwandernd, sondern als die Autonomie erweiternd auszuweisen und damit anzuerkennen, dass auch spät im Leben neue Aufbrüche möglich sind.

Mit ihrem Vorschlag des »seriatim life« richtet sich Urban Walker nicht gegen die Vorzüge des Planens an sich. Vieles, was uns Menschen wichtig ist, wäre ohne Plan gar nicht möglich: Egal ob wir Ferien buchen, eine Party organisieren, ein politisches Anliegen verfolgen – ohne zu planen, wird aus vielen Vorhaben nichts. Menschen sind außerdem soziale Wesen und leben selten gänzlich abgeschnitten, sondern eingebettet in Beziehungsgeflechte, innerhalb derer sie sich mit anderen koordinieren müssen. Planen zu können, ist deshalb eine großartige menschliche Fähigkeit und sicher in gewisser Hinsicht eine notwendige Bedingung, um ein gutes Leben führen zu können. Urban Walker wendet sich lediglich gegen die dominante Vorstellung, ein Leben müsse, soll es autonom geführt sein, insgesamt nach Plan ablaufen, und zwar nach einem Plan, den wir uns als rationale Personen zurechtgelegt haben. Vieles von dem, was vielleicht zum Kostbarsten überhaupt in unserem Leben gehört, lässt sich nämlich gar nicht planen, produzieren oder anstrengen, sondern kann uns nur zufallen, ist also, wenn es geschieht, im eigentlichen Sinn ein »Glücksfall«: Ob ich die Partnerin meines Lebens finde, den Traum vom eigenen Betrieb finanziert bekomme, im Ausland glücklich werde – wir haben es letztlich nicht gänzlich in der Hand. Die »Enthusiasten der Lebenspläne«[31] übersehen womöglich, dass bestimmte erstrebenswerte Güter schlicht nicht im Rahmen eines Plans angestrebt werden können oder dass nicht auf sie hingearbeitet werden kann.[32]

Die Skepsis gegenüber der Idee eines festen und umfassenden Lebensplans verurteilt aber nicht zu Passivität: Unsere Sehnsüchte und Wünsche können uns dabei helfen, das Bühnenbild unseres Lebens so einzurichten, dass sich auf ihr hoffentlich die Geschichten abspielen, die wir uns erträumen. Wer sich tragfähige Freundschaften wünscht, tut bestimmt gut daran, nicht allein zuhause rumzusitzen, und wer sich wünscht, sein Leben im Grünen zu verbringen, fängt vielleicht auch nur an, anderen von diesem Traum zu erzählen. Vielleicht teilt ihn dann jemand und hat Lust, sich gemeinsam nach einem alten Hof im verlassenen Niemandsland umzusehen? Um zu erreichen, was wir uns erhoffen, bedarf es wohl einer Mischung aus aktiver rationaler Planung und einer offenen Haltung gegenüber den Irrungen und Wirrungen des Lebens.[33]

Das gilt im Übrigen auch für die kleinteiligere Ebene unserer einzelnen Tätigkeiten. Oftmals sind die beiden Dinge – Planen und Geschehenlassen, Telisches und Atelisches – nämlich in ein und derselben Tätigkeit verwoben. Ein Beispiel dafür sind meine kläglichen Versuche, zu stricken: Auch wenn ich immer mal wieder einen Pulli zu stricken anfange, weil mich das entspannt, ihn dann aber zugegebenermaßen selten fertig stricke, weil ich mir etwas zu Schwieriges vorgenommen habe oder meine Geduld allzu schnell erschöpft ist, könnte ich das Stricken nicht genießen, wenn ich von vornherein wüsste, dass die Wolle nur für einen Ärmel reicht. Das wäre einfach ein unsinniges Unterfangen.

In einem der »Sonette an Orpheus« von Rainer Maria Rilke von 1922 findet sich die schöne Sentenz: »Mag auch die Spiegelung im Teich / oft uns verschwimmen: / Wisse das Bild.« Das Bild, das Telos, muss in vielem, wenn auch nicht in allem, was wir tun, durchschimmern, ansonsten bleiben zahlreiche Tätigkeiten und Anstrengungen sinnlos. Aber es wäre ebenso unsinnig, mit dem Bild in der Hand loszustürmen und die Welt da draußen nach ihm formen zu wollen.

Sinn im Leben

Bis jetzt habe ich darüber nachgedacht, worin das Gefühl der Leere in der Lebensmitte gründen könnte und weshalb es nicht nur entlastend, sondern auch herausfordernd sein kann, dem Gefühl nach alles erreicht zu haben. Gelingt es, auf dem Hochplateau der mittleren Jahre stärker im Moment zu leben, sich vom verinnerlichten Leistungsideal etwas zu distanzieren und Tätigkeiten zu finden, die einen erfüllen, scheint eine mögliche Form von Sinnkrise, die einen in der Lebensmitte ereilen mag, überwunden werden zu können.

Kehren wir noch einmal zurück zu Tolstoi. Wie versucht er, seiner Krise zu entrinnen? Als Erstes hält er nach neuen Projekten Ausschau, die sein Interesse wecken könnten, und beginnt, sich in die Wissenschaften zu vertiefen. Glücklich macht ihn das jedoch nicht. Als Nächstes probiert er, zu seinem Gottesglauben zurückzufinden, der ihm in seiner Jugend stets

Kraft und Trost gespendet hatte. Vielleicht lässt sich dies als Versuch deuten, mehr im Moment aufzugehen und aufzuhören, nach etwas zu streben, um stattdessen zu verweilen. Doch auch diese Aus- oder vielleicht eher Zuflucht will nicht gelingen: Der Glaube berührt und erreicht Tolstoi nicht mehr. Den Schlüssel zum Glück findet er schließlich in der Beobachtung des, in Tolstois Worten, »einfachen, arbeitenden Volkes«[34], das sich seiner Arbeit hingibt, ohne viele Fragen zu stellen oder Ansprüche zu hegen, Arbeiterinnen und Arbeiter, die sich um die Äcker kümmern, die bestellt werden müssen, und um die Münder, die gestopft werden wollen.

Rückblickend erkennt Tolstoi in dieser fraglosen Übernahme von Verantwortung einen tieferen Sinn und eine Fülle im Leben, die ihn über die eigene innere Leere hinwegtrösten und für ihn zur Richtschnur des eigenen Lebens werden. In seinem konkreten Fall mag man das als Sozialkitsch abtun: Die Armut der körperlich arbeitenden Menschen um Tolstoi war bitter, die Kindersterblichkeit hoch, und Zeit, sich dem Studium von Büchern zu widmen, wie Tolstoi es schätzte, blieb ihnen sicher nicht. Vom hohen Ross des Wohlstands die stille Bescheidenheit des »einfachen Volkes« zu preisen, ist bestenfalls naiv. Dennoch ist an Tolstois Ausführungen erhellend, welche Schlüsse er zieht: Er erkennt im sorgenden Umgang mit der Natur und in der Übernahme von Verantwortung für etwas, das das eigene kleine Leben übersteigt, den wahren Schlüssel zum Glück.

Ist es zur Überwindung einer Sinnkrise also hilfreich, sich etwas zuzuwenden, was das eigene Leben überschreitet und über dieses hinausweist? Worin der Sinn im Leben gründet, darüber gibt es lange philosophische Diskussionen.[35] Für unsere Frage erhellend ist der Beitrag der Philosophin Susan Wolf. Sie kommt zu dem Schluss, ein menschliches Leben werde dann als sinnvoll angesehen, wenn es zum einen als subjektiv erfüllend empfunden wird und es zum anderen zu etwas objektiv Wertvollem beiträgt, das außerhalb von einem selbst liegt.[36] Das erste Kriterium ist einfach nachzuvollziehen und entspricht einer breit geteilten Intuition: Ein sinnvolles Leben enthält etwas, wofür wir brennen, das wir lieben, worin wir aufgehen, das uns erfüllt. Wir sollten unsere kurze Zeit auf Erden sicher nicht allein mit Dingen zubringen, die man von uns erwartet oder die gerade am bequemsten sind, sondern etwas finden, wofür wir uns leidenschaftlich gern engagieren und was wir von ganzem Herzen lieben.[37] Fühlt sich jemand komplett entfremdet von der eigenen Umgebung oder langweilt sich permanent, wird er oder sie das eigene Leben kaum als sinnvoll empfinden.[38]

Wolfs zweites Kriterium für ein sinnerfülltes Leben ist schwieriger zu vermitteln und auch philosophisch umstrittener: Sie ist der Ansicht, dass ein Leben nur dann als sinnvoll angesehen werden kann, wenn es zu einem Wert beiträgt, der über das eigene Leben hinausweist – ein Leben also, in dem wir Dinge nicht ausschließlich aus Eigeninteresse verfolgen. Dabei muss es nicht zwingend um die Beförderung moralischer Werte gehen – dass wir etwa Flüchtlingskinder in Deutsch unterrichten oder für eine Petition einer Tierschutzorganisation Unterschriften sammeln. Ebenso gut kann es um ästhetische, künstlerische, wissenschaftliche oder gesellschaftliche Werte gehen: Wir könnten zum Beispiel mit anderen für mehr Lebensqualität in der Nachbarschaft sorgen, einen Park neu bepflanzen helfen, im Vereinsvorstand des Chors mitwirken oder anregen, dass wir in unserem Team bei der Arbeit freundlicher miteinander umgehen. Würde jemand hingegen tagein, tagaus ausschließlich Sudokus lösen oder die eigene Katze frisieren, wäre das Wolf zufolge kein sinnvolles Leben, und zwar selbst dann nicht, wenn die Person von sich sagen würde, dass diese Tätigkeiten sie erfüllten.[39] Ein Leben ist für Wolf nur dann sinnvoll, wenn beide Kriterien erfüllt sind: dass wir selbst begeistert und glücklich sind bei dem (oder bei einem Teil dessen), was wir tun, dass wir diese Tätigkeit also lieben; und dass wir in unserem Leben an wertvollen Projekten partizipieren, deren Wert sich nicht in unserem Eigeninteresse erschöpft.

Einige mögen an dieser Stelle irritiert sein: Wer soll entscheiden, welches Projekt wertvoll ist und welches nicht? Spiegelt eine solche Position nicht die Überheblichkeit einer bürgerlichen, weißen, elitären Perspektive wider?[40] Ich denke, dieser Einwand ist ernst zu nehmen, letztlich aber, wenn man Wolf beim Wort nimmt, unbegründet. Denn erstens vertritt sie – und das scheint mir plausibel – einen weiten Begriff dessen, was es heißt, zu einer wertvollen Sache außerhalb von uns »beizutragen«. Der Moralpsychologe Jonathan Haidt schildert in Auseinandersetzung mit Wolf etwa, wie eine Studentin in einer Vorlesung davon erzählt, wie wichtig für sie das Reiten sei, wie sie aufgehe in der Liebe zu diesen Tieren und zur Natur, dass die meisten in ihrem Freundeskreis auch reiten, sie also auch zu einer Gemeinschaft von Reitenden gehöre, sie sich aber auch ein profundes Wissen über diese Tiere und den Reitsport angeeignet habe.[41] Wolf ist der Ansicht, aus einem bloßen Zeitvertreib werde genau auf diese Weise ein Beitrag zu einem Wert, der über uns hinausreiche und dem wir uns mit gutem Grund verpflichtet fühlen. Nicht nur, dass die Studentin das Reiten und die Pferde liebt – sie beginnt sich aufgrund ihrer Begeisterung auch für diese Tiere und ihr Wohl zu engagieren und tut sich mit Gleichgesinnten zusammen.[42]

Zweitens darf man Wolfs Vorschlag nicht so verstehen, dass

damit die Sinnhaftigkeit von Existenzen bewertet und die Plausibilität bestimmter Lebensformen zurückgewiesen werden soll. Das Anliegen ist vielmehr, einige Gedankenanstöße zu formulieren, um eine Frage zu beantworten, die viele gerade in der Mitte ihres Lebens umtreibt: Was soll ich jetzt, da ich möglicherweise in den freisten Jahren meines Lebens angekommen bin, da ich nichts mehr im engeren Sinne erreichen oder werden muss, aus meiner Freiheit, aus meinem Leben machen? Sicherlich wird es immer Dinge geben, die wir bloß um der Unterhaltung willen tun, einfach weil sie Spaß machen, und dagegen ist auch gar nichts einzuwenden.[43] Aber womit wollen wir unsere Tage und Jahre darüber hinaus füllen? Wolf betont, niemand habe die Autorität, anderen zu sagen, was zu verfolgen wert sei und was nicht. Eine philosophische Kritik von Lebensformen muss nicht zwingend in einen übergriffigen Akt der Einmischung münden. Sich die Frage zu stellen, was objektiv gesehen sinnvoll ist, steht vielmehr jedem offen, und wir kommen am besten mit ihrer Beantwortung voran, wenn wir unsere Erfahrungen mit ihr und unsere Ideen darüber austauschen[44] – und somit die »Ratlosigkeit [...] zu unserer gemeinsamen Sache« machen, wie ich es in Kapitel 1 mit Verweis auf Hannah Arendt vorgeschlagen habe.[45]

Generativität

Die Frage nach dem Sinn im Leben lässt sich nicht nur philosophisch, sondern auch sozialwissenschaftlich stellen. Interessanterweise wird Wolfs Vorschlag eines sinnerfüllten Lebens durch ein Konzept aus der Entwicklungspsychologie gestützt, das für die Erforschung des mittleren Alters von zentraler Bedeutung geworden ist: die Idee der Generativität. Den Begriff geprägt hat der Psychoanalytiker Erik H. Erikson in Zusammenarbeit mit seiner Frau Joan Erikson, einer Erziehungswissenschaftlerin und Kunsttherapeutin, in ihrem *Stufenmodell der psychosozialen Entwicklung* von 1959.[46] In Auseinandersetzung mit C. G. Jungs Schriften befassten sich die beiden mit der Frage nach der Lebenszufriedenheit über die ganze Altersspanne hinweg. Dabei machten sie acht Phasen aus, denen jeweils altersspezifische psychosoziale Herausforderungen eigen sind, die es zu überwinden gilt, um auf die nächste Entwicklungsstufe zu gelangen.

Erikson war ursprünglich Freudianer und störte sich an dessen Konzeption der menschlichen Psyche, die jede Krise mit einem psychosexuellen Trauma erklärt. Er stellt dem freudianischen Krisenbegriff ein Konzept der Identitätskrise gegenüber, das sich vielmehr sozial verstehen lässt: Die Aufgabe des Menschen besteht demnach darin, den Kampf um eine stabile Identität auszufechten, und zwar nicht nur mit sich allein, sondern auch im Gerangel um einen Platz in der Gesellschaft. Die Lebensmitte siedelt das Modell dabei auf der fünften Stufe an, zwischen dem vierzigsten und fünfundsechzigsten Altersjahr. Hier geht es nicht mehr primär darum, in Abgrenzung vom Elternhaus herauszufinden, wer man ist und sein möchte, sondern das Ziel lautet jetzt, Stagnation in dem zu verhindern, was man bereits geworden ist. Das gelinge, wenn Personen eine Haltung der »Generativität« verinnerlichten und ihren Blick vom eigenen kleinen Leben hin zu einem größeren Ganzen weiteten, um Werte für andere zu schaffen, weiterzugeben und abzusichern, die nach einem selbst kämen. Die spezifische Aufgabe der Lebensmitte besteht für Erikson also darin, sich nicht mehr bloß die eigene Entwicklung vor Augen zu halten, sondern auch diejenige der eigenen Kinder, der nachkommenden Generationen, der gesamten Welt um einen herum. Generativität wird für Erikson damit zum Kriterium für ein gelingendes mittleres Lebensalter – ganz ähnlich wie bei Susan Wolf der Beitrag zu einem objektiven Wert ein Kriterium ist für Sinn im Leben.[47]

Ein ähnlicher Gedanke findet sich beim Philosophen Antti Kauppinen, der dazu anregt, sich in »reflexiven Projekten« zu engagieren: Diese unterscheiden sich von rein atelischen Tätigkeiten wie spazieren, meditieren oder ein Nickerchen machen insofern, als man reflexive Projekte nicht um ihrer selbst willen tut, sondern um eines Gutes willen, das außerhalb von uns liegt. Kauppinen nennt als Beispiele für solche reflexiven Projekte politisches Engagement oder Elternschaft.[48] Andere Beispiele wären das Wahrnehmen einer Führungsaufgabe, die Arbeit in einem Verein oder die Übernahme einer Patenschaft. Wenn wir in diesen Rollen oder Funktionen tätig sind, sind wir dies nicht ausschließlich um unserer selbst willen. Ginge es uns beim Führen eines Teams oder beim Aufziehen von Kindern nur um uns selbst, würden wir die entsprechenden Rollen sogar pervertieren: Statt unsere Sorge und Aufmerksamkeit für die Menschen, für die wir Verantwortung übernommen haben, ins Zentrum zu stellen, würden wir unsere Machtposition ausbauen oder unser Image polieren. Reflexive Projekte lassen sich auch nicht erledigen oder abhaken. Sie sind vielmehr so beschaffen, dass wir in ihnen tätig sind, solange wir unsere spezifische Rolle ausfüllen. Eine Besonderheit reflexiver Projekte besteht also darin, dass man, wenn man sich ein Ziel setzt, die Verantwortung für etwas mutmaßlich Wertvolles übernimmt, das nicht ein für alle Mal erreicht werden kann und das nicht ausschließlich uns selbst zugutekommt.

Wir können demnach, um das Gesagte Revue passieren zu lassen, in drei verschiedenen Modi tätig sein: im Modus des Telischen, in dem es mir darum geht, ein Ziel zu erreichen und abzuhaken; im Modus des Atelischen, in dem ich mich in eine Tätigkeit vertiefe und in ihr aufgehe; und im Modus der Verbindung nach außen – auf objektive Werte ausgerichtet, die um ihrer selbst willen befördert werden. Viele Beschäftigungen lassen sich in allen drei Modi angehen. Zum Beispiel das Singen: Wir können lernen, gut zu singen, regelmäßig üben, die Atmung perfektionieren und uns über die eigenen Fortschritte freuen. Freude am Singen und Durchhaltevermögen auf dem Weg zur Perfektion werden wir aber vermutlich nur langfristig an den Tag legen können, wenn wir auch Freude am Singen an sich haben und die Tätigkeit selbst erfüllend finden. Schließlich können wir uns entscheiden, in einem Chor zu singen und uns daran zu freuen, Teil eines Chorprojekts zu sein, mit dem wir das Publikum begeistern.

Die drei Bezugsweisen zu dem, was wir tun, sind uns in allen Lebensphasen zugänglich. Aber ich vermute, in der Lebensmitte wird der dritte Modus wichtiger, während der erste etwas an Bedeutung verliert. Denken wir an das Fußballspiel: In den frühen Erwachsenenjahren wollen viele oftmals noch die Besten sein, in besseren Mannschaften spielen, ihr Spiel perfektionieren. Je älter wir werden, umso wichtiger wird es wohl für die meisten, das Spielen um seiner selbst willen zu schätzen und beim anschließenden Bier die entstandenen Freundschaften zu pflegen. Und noch etwas später geht es vielleicht sogar nur noch am Rande darum, selbst zu spielen, und weit mehr um die Idee des Fußballs als Ganzes: Man engagiert sich etwa in einem Fußballverein, trainiert die Juniorinnen oder kommentiert Spiele aus einer Begeisterung für diesen

Sport an sich. Haben die Eriksons recht, ist es in der Lebensmitte von zentraler Bedeutung, uns nicht mehr so stark aufs eigene Vorankommen zu konzentrieren, sondern uns Dingen zuzuwenden, die auch anderen zugutekommen.

Verantwortung und Sorge

In Kapitel 4 habe ich gefragt, weshalb die mittleren Jahre als die »besten Jahre« bezeichnet werden und wie wir aus der Fülle schöpfen können, die sie bergen. Nun wird deutlich, dass die Fülle der Lebensmitte nicht nur bedeutet, über Lebenserfahrung zu verfügen und gefestigter im Leben zu stehen, sondern dass mit dieser Phase auch spezifische Aufgaben einhergehen, die uns aufgetragen sind, wollen wir in dieser Phase gut und sinnvoll leben. Als junge Menschen sind wir in erster Linie verantwortlich für uns, für unsere Entwicklung und Abnabelung, dafür, dass wir erwachsen werden und unsere eigene Stimme finden. In den mittleren Jahren tragen wir mehr und mehr Verantwortung für das Geschehen und für die Menschen um uns herum. Wir sind die nachrückende Generation, wenn unsere Eltern alt werden und sterben, und an uns liegt es nun, den Jüngeren mit gutem Beispiel voranzugehen und sie dabei zu unterstützen, ihr Leben lohnenswert und erfüllend einzurichten. Sein Leben in den mittleren Jahren gut zu führen, heißt also nicht nur, die aus der Fülle entstehenden Möglichkeiten für sich selbst einzuheimsen, sondern ebenso, sie zu nutzen, um etwas weiterzugeben und dafür zu sorgen, dass Menschen und andere Lebewesen um uns und nach uns ebenfalls die Möglichkeit haben, ein glückliches Leben zu führen.

Ausgehend von Eriksons Entwicklungsmodell und Wolfs

Konzept eines sinnerfüllten Lebens lässt sich hinzufügen: Die entsprechende Verantwortung kommt uns nicht nur aus Gründen der Moral zu, etwa weil wir Kinder in die Welt gesetzt haben, für die wir nun Verantwortung tragen, oder weil wir zukünftigen Generationen aus Gründen der Fairness keinen havarierten Planeten hinterlassen dürfen. Das Sich-Sorgen um etwas, das außerhalb von einem selbst liegt, verleiht dem eigenen Leben Sinn und ist demnach auch in einem prudentiellen Sinn (also mit Blick auf ein geglücktes Leben) gut für uns. In Ronja von Rönnes Roman *Ende in Sicht* ist es ausgerechnet die Begegnung mit Juli, einem depressiven, lebensmüden Teenager, die den alternden Schlagerstar Hella davon abhält, ihrem eigenen Leben ein Ende zu setzen. Weil sie plötzlich eine »Schutzbefohlene«[49] hat, für die sie Verantwortung übernehmen muss: Da nur sie zugegen ist, sieht sie sich gezwungen, nicht länger nur um sich und das eigene Elend zu kreisen. Genau das rettet ihr das Leben.

Die generative oder sorgende Haltung ist nicht zuletzt ein Mittel, der Vergeblichkeit des eigenen Lebens zu begegnen. Der Psychiater Irvin Yalom bezeichnet dies als »Welleneffekt«: Indem wir ab der Mitte des Lebens und erst recht im Alter etwas zurückgeben oder weitergeben durch das Engagement für andere, wird der Schmerz über die eigene Sterblichkeit vielleicht milder. Wir erkennen, dass etwas von uns überdauern wird, auch wenn wir nicht mehr Teil davon sein werden.[50] Damit verliert der eigene Tod etwas von seiner Tragik: Er ist nicht länger das Ende all dessen, woran uns liegt, sondern manches davon wird uns überleben, und nicht alles endet mit unserem Tod.[51]

Dieser Gedanke findet sich auch bei John Stuart Mill. Natürlich können Schicksalsschläge, Krankheiten oder Armut uns daran hindern, ein glückliches Leben zu führen. Sind wir aber »mit einem leidlich günstigen äußeren Schicksal« gesegnet und dennoch unzufrieden, so liege das meist daran, dass wir zu sehr um uns selbst kreisten: »Wem jede Gefühlsbindung – sei es an die Gemeinschaft, sei es an einzelne Menschen – abgeht, dem sind die Reize des Lebens erheblich beschnitten [...].« Eine solche Ich-Bezogenheit mache nicht zuletzt auch die Angst vor dem Tod akuter. »Dagegen empfinden die, die etwas zurücklassen, was sie lieben, und zumal die, die in sich ein Gefühl der Anteilnahme an den Belangen der Menschheit entwickelt haben, noch im Schatten des Todes ein ebenso lebhaftes Interesse am Leben wie in der Blüte ihrer Jugend und Gesundheit.«[52]

Einigen mag dieses Plädoyer für die Übernahme von Verantwortung und Sorge gerade in den mittleren Jahren sauer aufstoßen. Frauen etwa, die sich ein Leben lang um Kinder und Haushalt gekümmert haben und in der zweiten Hälfte der mittleren Jahre vielleicht endlich etwas Raum hätten, um sich den eigenen Interessen und Bedürfnissen zuzuwenden – wenn sie nicht bereits schon wieder in der Sorge für gebrechliche Eltern oder Enkelkinder engagiert sind –, entgegnen vielleicht: »Steht es mir nicht zu, mich jetzt endlich einmal mir selbst zuzuwenden?«

Doch, das tut es. Ich mache in diesem Buch dezidiert keinen Vorschlag, wie man zu leben hat, indem ich vorgebe, für alle sagen zu können, worin eine gelingende Lebensform in den mittleren Jahren besteht. Mein Anliegen ist zurückhaltender: Mich interessiert, wie die Fülle der mittleren Jahre zu verstehen ist und welche Herausforderungen sich in dieser Zeit typischerweise ergeben, ohne zu behaupten, dass alle notwendig unter den beschriebenen Schwierigkeiten leiden oder aus der Fülle ihrer Erfahrungen schöpfen werden und mit den vorgeschlagenen Herangehensweisen produktiv umgehen können. Philosophie bietet nicht im strengen Sinn »Lösungen« an. Sie kann nur Angebote machen, sich selbst einsichtiger zu werden und das Leben und die Weisen, in ihm zu stehen, prüfend zu durchdenken. In diesem Kapitel habe ich mich dem Gefühl der Leere angenähert, das einige, wenn auch nicht alle, in den mittleren Jahren erfassen kann, wenn der Stapel an Aufgaben nie an ein Ende zu kommen scheint oder aber alles erreicht scheint und nicht so recht klar ist, wie es weitergehen soll. Wer sich ein Leben lang um andere gekümmert hat und den Eindruck nicht loswird, selbst nie wirklich zum Zug gekommen zu sein, wird vielleicht eher das Gefühl haben, festgezurrt zu sein in einem Leben, das nicht ihr eigenes ist und keine Luft zum Atmen lässt. Ihnen wende ich mich im nächsten Kapitel zu.

Allerdings lässt sich mit dem Besteck, das ich in diesem Kapitel genutzt habe, das Sich-Sorgen – und konkreter auch die Care-Arbeit – mit neuem Blick prüfen. Manche gehen in ihrer Elternrolle oder in der Pflege eines Angehörigen auf, und sie verspüren kein Bedürfnis, diese Arbeit abzugeben oder zu teilen. Für andere jedoch fühlt sich ihre Sorgearbeit nicht wirklich erfüllend an. Nicht immer birgt dieses Tätigsein nämlich jene Momente des Bezogenseins auf andere, wie ich sie als produktiv und erfüllend vorgestellt habe. Gerade Susan Wolf weist darauf hin, dass ein sinnvolles Leben beider Dimensionen bedarf: des subjektiven Gefühls, für etwas zu brennen, genauso wie des Beitrags zu einem Vorhaben, das objektiv wertvoll ist. Natürlich wird es immer Dinge geben, die uns weder erfüllen noch besonders wertvoll sind. Jedes Leben beinhaltet auch eintönige, alltägliche, langweilige Momente. Aber im großen

Ganzen sollte ein geglücktes, sinnerfülltes Leben beide Dimensionen aufweisen. Wenn das innere Feuer für eine Sache erloschen ist oder gar nie brannte, wird sich irgendwann ein Gefühl der Entfremdung breitmachen. Gerade in den mittleren Jahren gilt es dann, der Frage auf den Grund zu gehen, woran einem wirklich liegt und wie man wieder Feuer fangen kann.

6

War es das schon?

»Ich war vierundvierzig Jahre alt, als ich die Mitte des großen Sees erreichte. Mein Leben war fad geworden – das Kind flügge, der Mann krank, die Schreiberei, mit der ich es bisher verbracht hatte, mehr als fragwürdig. Ich trug etwas Bitteres vor mir her und machte damit die Unsichtbarkeit, die Frauen jenseits der vierzig befällt, vollkommen. Ich wollte nicht gesehen werden. Aber ich wollte auch nicht sehen, ein Überdruss an Köpfen, Gesichtern und gut gemeinten Ratschlägen. Ich tauchte ab.«
KATJA OSKAMP[1]

»Lebendig sein ist wichtig.
Alles andere ist Zeitverschwendung.«
A. L. KENNEDY[2]

Es gibt wenige Filme, die so eindringlich vom menschlichen Gefühl der Verlorenheit erzählen wie *Lost in Translation* von 2003, bei dem Sofia Coppola Regie führte. Bill Murray spielt darin den mittelalten amerikanischen Actionhelden Bob, der nach Tokio gereist ist, um einen Werbespot für japanischen Whiskey zu drehen. Seine Zeit zwischen den Dreharbeiten verbringt er in einem anonymen Luxushotel – an der Bar, im hauseigenen Pool oder auf seinem Zimmer. Dann und wann telefoniert er mit seiner Frau in den USA, wobei sich die beiden nicht wirklich etwas zu sagen haben und fast erleichtert scheinen, von ihren quengelnden Kindern unterbrochen zu werden. Alles, was seine Frau von ihm erwartet, ist, dass er sich zu den Teppichmustern für sein heimisches Arbeitszimmer verhält, die sie ihm per FedEx-Paket nach Japan zustellt mit der Notiz, ihr mitzuteilen, welche Farbe er wünsche – obwohl sie selbst klarerweise zu Burgunderrot tendiere. Bob ist die Farbe des Teppichs allerdings in geradezu deprimierender Weise gleichgültig.

Schlaflos quält er sich durch die Tage, was ihn mit der von Scarlett Johansson gespielten jungen Charlotte verbindet, die er im Hotel kennenlernt. Charlotte, ebenfalls aus den USA, begleitet ihren Mann, einen ehrgeizigen Boulevard-Fotografen, für eine mehrtägige Auftragsarbeit nach Tokio. Da dieser keine Zeit für sie hat, bleibt sie meist allein und gelangweilt im Hotel zurück und weiß nicht recht, was sie mit sich und der Zeit anfangen soll. Zwischen Bob und Charlotte entspinnt sich bald eine Art Freundschaft: Gestrandet in der japanischen Metropole, deren Sprache und Kultur beide nicht verstehen, ziehen sie nachts gemeinsam durch die Lokale und beteiligen sich an bizarren Karaoke-Veranstaltungen. Die Verlorenheit, mit der sie durch die fremde Umgebung streifen, wird im Film als Chiffre einer tiefliegenden existentiellen Verirrung inszeniert: Beide finden sich auf je eigene Weise in ihrem Leben nicht mehr zurecht. Charlotte, erst knapp über zwanzig, fragt sich, was sie mit ihrem soeben abgeschlossenen Philosophiestudium und ihrer nur halbwegs glücklichen jungen Ehe anfangen soll. Vor ihr liegt ein ganzes Leben, das ihr in seiner Offenheit wie ein schlotterndes Kleidungsstück zu groß scheint. Bob hingegen, wohl etwas über fünfzig, sitzt eigentlich mit Frau, Haus und Kindern und einer beachtlichen Karriere als Filmstar fest im Sattel. Dennoch scheint er nichts in Händen zu halten, wofür er brennt. Seine Antriebslosigkeit tritt umso stärker hervor, als er am Filmset stets von Neuem ermahnt wird, den Werbespruch mit »more intensity« in die Kamera zu sprechen. Bobs Leben ist ihm nicht zu weit wie Charlotte das ihre, sondern vielmehr zu eng, als wären seine Spielräume abgesteppt worden und ließen nur noch Raum für kleinliche Fragen wie jene nach der geeigneten Teppichfarbe im heimischen Büro.

Lässt man sich auf Bobs dumpfe Stimmung ein, wird deutlich: Hier kommt noch einmal eine andere Nuance von Tristesse zum Ausdruck als jene, die in Kapitel 5 beschrieben wurde. Bob stellt sich nicht vordringlich die Frage, wie damit umzugehen ist, dass er von Ziel zu Ziel hetzt und dennoch unbefriedigt bleibt oder irgendwie bereits alles erreicht scheint, aber keine neue Aufgabe in Sicht ist. Ebenso wenig hadert er mit den laufenden Uhren oder bereut offenkundig früher getroffene Entscheidungen. Vielmehr scheint er in einer emotionalen Ödnis gelandet zu sein, in einem Gefühl des tiefgreifenden Überdrusses. Der Lack des eigenen Lebens zeigt augenscheinlich tiefe Risse, der Glanz hat sich verflüchtigt. Sein Dasein scheint genauso »fad geworden«, wie Katja Oskamp das ihre beschreibt. Was hat es mit dieser Fadheit auf sich? Wie ist sie zu verstehen, woher rührt sie? Und inwiefern handelt es sich bei diesem braungrauen Gefühl einer existentiellen Einöde um ein Thema der mittleren Jahre?

Langeweile

Eine vielleicht naheliegende Erklärung für das Gefühl, das eigene Leben sei fad und trist geworden, ist die Vermutung, ein erwachsenes Leben sei früher oder später von Routinen und Repetition geprägt, und folglich mache sich fast notgedrungen Langeweile breit. Es mag noch so prestigeträchtig und überdies gut bezahlt sein, was Bobs Manager ihm an Arbeit vermittelt – nach all den Jahren ist es doch mehr vom Gleichen. Diese Einsicht überrumpelt manche mitten im Alltag: Am Morgen am Küchentisch sitzend und über den Rand der eigenen Kaffeetasse blickend zu den anderen im Raum, zu den vertrauten Möbeln, dem Geschirr, den welken Küchenkräutern in ihren Töpfen, zu der gepackten Tasche, mit der man gleich zur Arbeit gehen wird. Wird das nun jahrelang alles so weitergehen oder kommt da noch was Neues?

Ab einem gewissen Alter ist das Leben ja tatsächlich öfter von Repetition und Routinen geprägt: die immergleichen Arbeitstage, der Samstagseinkauf, der »Tatort« am Sonntag, wiederkehrende Geburtstage, Sommerurlaube und Weihnachten mit den Verwandten, alles immer wieder von vorn. Mit wachsender Lebenserfahrung werden wir nicht nur (hoffentlich) lebensgewandter und souveräner, die Dinge wiederholen sich einfach auch, während umgekehrt die ersten Male rarer werden: Der erste Kuss, die erste große Liebe, die erste Reise mit Freunden, der erste Sex, der erste eigene Lohn, ausziehen von zuhause, zum ersten Mal Mutter oder Vater werden – all diese Premieren liegen in der Lebensmitte vermutlich bereits hinter uns. Ganz zu schweigen vom beruflichen Alltag, wie ihn die meisten kennen: Die Krankengeschichten der Patienten ähneln sich mit der Zeit genauso wie die Kundenportfolios, die es anzulegen gilt; die Elterngespräche lassen sich binnen Minuten in ihrem Verlauf vorwegnehmen; und die Frisuren, die die Kundinnen geschnitten haben möchten, finden sie selbst zwar äußerst originell, sind aber alle schon einmal da gewesen. Ist es nicht trostlos, dass sich immer alles wiederholt?

Nun ja – es wiederholt sich ja nicht alles. Die Premieren verschwinden nicht gänzlich aus dem Leben, liegt erst einmal seine Hälfte hinter uns. Vielmehr gibt es in jedem Stadium erste Male. Mit zunehmendem Alter sind sie allerdings selten heiter: Zum ersten Mal einen Freund verlieren, einen Elternteil ins Krankenhaus bringen oder Scheidungspapiere unterzeichnen, das dürften keine Ereignisse sein, auf die wir innerlich freudig anstoßen. Zwar machen nicht zuletzt schwere Erfahrungen und harte Entscheidungen das Dasein tiefer, wie in Kapitel 3 deutlich geworden ist, und es wäre unklug, zu meinen, ein Leben ganz ohne Melancholie und Trauer wäre ein besseres Leben. Dennoch sind das keine ersten Male, die wir herbeisehnen und die uns in jene »Vertikalspannung« versetzen, mit der der Philosoph Peter Sloterdijk die pochende Begeisterung umschreibt, mit der Personen über sich hinauswachsen, in neugieriger Erwartung dessen, was noch kommen mag.[3]

Doch lässt sich das Leben nicht zu jedem Zeitpunkt auch im Positiven abwechslungsreich gestalten – zumindest was Freizeitbeschäftigungen, Urlaubsziele oder Weiterbildungen anbelangt? Wer stets auf neue Abenteuer aus ist, wird immer etwas Neues zu entdecken finden: zur Eisbaderin werden, sich vegan ernähren, sich im Meditieren versuchen, in ein Tiny House umziehen oder sich ein schnelles Motorrad zulegen – alles Dinge, die Menschen um mich herum in ihren mittleren Jahren getan haben. Denn ab einem gewissen Alter müssen sich die meisten selbst um die Neuanfänge bemühen, sie aktiv planen oder mutig wagen, während sie in jungen Jahren noch von außen an einen herangetragen werden, weil wir unser eigenes Leben finanzieren müssen und dafür eine Ausbildung oder zumindest eine Arbeitsstelle brauchen, weil Menschen, die wir lieben, vielleicht mit uns zusammenziehen oder eine Familie gründen wollen oder die eigenen Eltern nicht länger bereit sind, einen im Hotel Mama durchzufüttern. Ist man erst einmal vierzig, fünfzig oder sechzig, gilt es, aus eigenem Antrieb heraus erfinderisch zu bleiben, wenn einen die Vorstellung eines routinierten Lebens plagt.

Das muss es freilich nicht. Werden die Kraft und der Zauber der ersten Male nicht sogar deutlich überschätzt? Vieles wird sogar erst mit der Erfahrung reich und tief oder gewinnt zumindest mit der Zeit an Intensität – und ist deshalb just in der Lebensmitte von großer Schönheit. Älter zu werden bedeutet glücklicherweise für die meisten ja auch, die eigenen Präferenzen besser zu kennen: In welcher Arbeitsumgebung ich mich entfalten kann, wo meine Stärken liegen, wieviel Ruhe ich brauche und ob Gruppenreisen etwas für mich sind – das alles galt es erst einmal herauszufinden. Jetzt, wo ich mich besser kenne, weiß ich auch, was mich erfüllt und was ich schätze. Weshalb sollte ich weiter nach noch Besserem suchen, wenn das Gute bereits gefunden ist?

Viele Dinge, die das menschliche Leben reich und lustvoll machen, sind ohne ein gewisses Maß an Zeit, die wir wieder und wieder investieren, gar nicht zu haben. Eine erste, flüchtige Begegnung mag einen zwar elektrisieren. Freundschaften hingegen werden oftmals tiefer, je länger sie halten. Musizieren wird mit Sicherheit genussreicher, je gekonnter wir ein Instrument beherrschen, Kochen lustvoller, je geübter wir mit Zutaten und Rezepten jonglieren, Kartenspielen aufregender, je mehr Kniffe und Tricks wir kennen. Routine muss also keinesfalls schlecht sein und zwingend zu Langeweile führen, sondern ist manchmal sogar eine notwendige Voraussetzung dafür, eine Tätigkeit in ihrer potentiellen Gewichtigkeit oder eine Verbindung zu anderen Menschen in Gänze erfassen zu können.[4] Die mittleren Jahre können ja nicht zuletzt deshalb zu den besten unseres Lebens werden, weil wir bereits lebenserprobter sind im Umgang mit uns und mit anderen und noch ganz aus dem Vollen schöpfen können.

Allerdings wird sich niemand, der sein Leben als langweilig empfindet, damit trösten, besser Karten spielen zu können als früher oder dass die Arbeit viel einfacher von der Hand geht als noch vor Jahren. Vielleicht hilft gegen das Gefühl der Fadheit also schon eher die Frage, ob es, so reizvoll erste Male auch sein mögen, auf Dauer nicht anstrengend wäre, ständig in unbekanntes Terrain vorzudringen. Der Kitzel des Neuen, die Aufregung des Abenteuers kollidieren oftmals mit der Sehnsucht nach Ruhe und Stabilität, die viele ebenso empfinden. Die Affäre mag zwar frischen Wind in das Liebesleben bringen – sie gefährdet womöglich aber die langjährige Beziehung, die einem Halt und Geborgenheit und das Gefühl eines sicheren Zuhauses schenkt. Ist es das Abenteuer wirklich wert, das alles aufs Spiel zu setzen?

Selbst wenn in den mittleren Jahren also ein Gefühl der Langeweile aufkommen sollte, lässt sich vielleicht Trost finden im Gedanken, dass sie in einer milden Form die Begleiterin von gefestigten und sicheren Verhältnissen ist, die ihrerseits dafür mit einem Mehr an Gelassenheit und Stabilität einhergehen. Die Philosophin Eva von Redecker hat jüngst in diesem Zusammenhang den schönen Begriff der »Bleibefreiheit« geprägt: einer Freiheit, die wir gerade deshalb gewinnen, weil wir bleiben können, wer und wo wir sind, und uns nicht dauernd nach einem alternativen Zuhause, einer extravaganten Lebensform oder einer neuen Stelle umsehen müssen.[5]

Wirklich zufriedenstellend scheint mir aber auch diese Einsicht nicht. Zumindest wird sie die bohrende Frage, ob das schon alles gewesen sein soll und ob nichts Weiteres bleibt, als mit dem Ewiggleichen vorliebzunehmen, nicht zum Verstummen bringen. Wenn Menschen von Abstumpfung und Überdruss erzählen, vom Gefühl des Leerlaufs und der drögen Leere, dann langweilen sie sich nicht wie ein Kind an einem Regentag, das bereits alle Spiele ausprobiert hat und nichts mehr mit sich anzufangen weiß. Routinen mögen ihren Anteil am Gefühl der Eintönigkeit haben. Aber sie erklären nicht abschließend, warum Menschen sich in einer Einöde gefangen fühlen, in der sich jeglicher Glanz verflüchtigt hat. Für sie stellt sich die weit existentiellere Frage: Wie lässt sich die eigene Lebendigkeit vor dem inneren Zerfasern und langsamen Absterben retten, wenn die Schatten des Lebens überhandnehmen?

»Lebendigkeit« ist ein schillernder Begriff. Als biologischer Gegenbegriff von »tot« meint »lebendig« das, was lebt und atmet oder zumindest mit seiner Umgebung in einem biochemischen Austausch steht. Lebendig kann aber auch ein Gespräch sein, genauso wie eine Melodie, eine Person kann lebendig erzählen oder sich nach einem Fieberschub wieder quicklebendig fühlen. »Lebendigkeit« meint in diesen Redeweisen mehr als die simple biologische Idee von »am Leben sein«, nämlich darüber hinaus eine positiv konnotierte Vorstellung von Vitalität, von innerem Schwung. Denn zweifelsohne können wir leben und uns doch innerlich tot oder seelisch stumpf und abgestorben fühlen. Wer sich lebendig fühlt, bejaht hingegen das Leben und fühlt es angenehm in sich pulsieren in Form einer freudvollen Energie. Denken wir zurück an Friedrich Hölderlins Gedicht »Hälfte des Lebens« von 1804, in dem die Mauern »sprachlos und kalt« stehen und die Fahnen im Wind »klirren«: In diesen Bildern ist nichts mehr zu spüren vom goldenen Licht, das die Strophe davor durchtränkt, in der Schwäne auf dem Gewässer dahingleiten und wilde Rosen blühen. Die Lebendigkeit ist gänzlich einkassiert.

Was in Hölderlins zweiter Gedichtstrophe fehlt, ist aber nicht allein ein positives Lebensgefühl, ein lustvolles Ausgreifen ins Sonnenlicht. Die klirrende Kälte steht ebenso für einen Mangel an Dynamik, einen zweiten Aspekt von Lebendigkeit. Was lebendig ist, stagniert nicht; vielmehr wächst und entfaltet es sich, bis es schließlich vergeht. Die im Gedicht fehlende Lebendigkeit verkehrt sich in ihr Gegenteil: in Stagnation, symbolisiert durch Mauern, die jegliche Entwicklung unterbinden. Der Wintereinbruch, der das Wachsen und Gedeihen, das lebendige Werden jäh bricht, steht für die Krise, für das Zurückbinden aller Zukunftsvisionen. Ernüchtert fürchtet das lyrische Ich im Gedicht, in der Einöde festgezurrt zu sein und in lebensfeindlicher Kälte zu erfrieren.

Manchmal ergibt sich ein solches Gefühl der Stagnation, ja des Verkümmerns, aus hemmenden Umständen. Die Routinen und Halt gebenden Strukturen, die eben noch als potentiell freiheitserweiternd beschrieben wurden, können einen nämlich auch daran hindern, sich weiterzuentwickeln. Man ist zwar ein eingespieltes Team, das blind interagiert und reibungslos funktioniert, aber wer das Spiel in Frage stellt oder an einer Schraube drehen möchte, wird sogleich ausgebremst. Das Gefühl der Stagnation kann einen freilich in jeder Lebensphase befallen. In der Lebensmitte präsentiert sich dieser Eindruck aber umso zugespitzter, da man lang verfolgte Projekte vielleicht erreicht und im Rückblick Bilanz zieht und womöglich ernüchtert feststellen muss: Das war es offenbar schon. Hat man sich diese Bürogemeinschaft, diesen Neuanfang im Ausland, diese Liebesbeziehung, ja, dieses ganze Leben nicht irgendwie spektakulärer, ereignisreicher und glanzvoller ausgemalt?

Es ist nicht einfach zu ergründen, warum zuweilen aus Gewöhnung ein sicherer Raum wird, in dem man im Windschatten der Lebenserfahrung gedeihen kann, also eine Form von »Bleibefreiheit« entsteht, während die Routine manchmal genau umgekehrt zum Kerker wird, in dem man sich eingemauert und abgeschnitten von aller Lebendigkeit wähnt. Bisweilen sind es die Betroffenen selbst, die sich verändert haben, sodass sie nicht mehr in den Lebensrahmen passen, den sie einst hoffnungsfroh gezimmert haben. Manchmal sind es aber auch die gesicherten Verhältnisse, an denen andere um jeden

Preis festhalten wollen, womit sie einen auf eine enge soziale Rolle festlegen oder auf einen mickrigen Abklatsch all dessen, was man in sich schlummern spürt.

Dies gilt zum Beispiel für Paare, die verzweifelt versuchen, neben Job und Kindern bei knappem Familienbudget und in beengten Wohnsituationen auch noch ihre Liebesbeziehung lebendig zu halten. In seinem Roman *Glückliches Ende* erzählt Isaac Rosa die Geschichte von Ángela und Antonio: Die beiden verlieben sich, sind anfänglich überglücklich in ihrem Leben zu zweit, zwei Kinder kommen hinzu. Mit der Zeit werden sie aber mehr und mehr in den Mühlen des Alltags aufgerieben, bringen irgendwann nicht mehr die Kraft und die Geduld auf, sich auf ihr Gegenüber einzulassen, Misstrauen und Eifersucht machen sich breit. In ihren Vierzigern trennen sie sich. Danach stellen sich Ángela und Antonio verzweifelt die Frage, wie es so weit kommen konnte, und erzählen abwechselnd von der schleichenden Erosion der Liebe, von verlorenen Träumen, von Ernüchterung und Desillusionierung. Antonio macht nicht zuletzt die gestiegene Lebenserwartung verantwortlich für ihre Misere als Paar: »Wenn man noch so viel Leben vor sich hat, bleibt man nicht ewig mit derselben Person zusammen«, so Antonio. »Man wechselt tausendmal den Job, die Wohnung, den Telefonanbieter, die Frisur, und wenn es schon sonst nichts Dauerhaftes mehr gibt im Leben, warum dann ausgerechnet die Liebe.« Ángela entgegnet ihm trotzig: »Genau deshalb, weil nichts mehr dauerhaft ist in unserem Leben, brauchen wir etwas Beständiges, das uns Halt gibt, etwas, das dem Auseinanderdriften widersteht.«[6] Aber für Antonio gibt es kein Zurück, er kann zu diesem Zeitpunkt die zerfetzte Liebe nicht mehr zu einem Ganzen fügen.

So wie Ángela und Antonio dürfte es vielen Paaren in der Lebensmitte ergehen. Meist wird die Geschichte der erodierenden Liebe als eine Geschichte persönlichen Scheiterns erzählt. Das gilt ebenso für berufliche Desillusionierung, wenn manche voller Tatendrang eine neue Stelle antreten und irgendwann alles hinwerfen und sich um einige Ideale ärmer nach einem anderen Job umsehen. Eine Lehrerin mag etwa mit dem Vorsatz ins Berufsleben gestartet sein, sich für jedes einzelne Kind Zeit zu nehmen und seine Entwicklung individuell zu begleiten, muss dann jedoch feststellen, dass für die angestrebte Sorgfalt nicht nur keine Zeit bleibt, sondern überdies die ausufernde Bürokratie jeden Versuch, individuelle Förderung zuzulassen, im Keim erstickt. Oder denken wir uns einen Pfleger, der spürt, wie wichtig es wäre, sich hie und da ans Bett der Patientinnen und Patienten zu setzen, der aber von Zimmer zu Zimmer hetzt, weil es überall an Personal fehlt.

Die gesellschaftspolitischen Hintergrundbedingungen, vor denen Arbeit und Liebe im einundzwanzigsten Jahrhundert organisiert sind, werden in klugen Büchern seziert,[7] aber von den Betroffenen selten als Deutungshorizont für das eigene Scheitern herangezogen. Dabei ist es alles andere als einfach, in Strukturen beweglich und lebendig zu bleiben, die weit weniger Raum lassen für Entwicklung und Wachstum, als suggeriert wird, und in denen sich viele zwischen Ansprüchen Dritter und gesellschaftlichen Idealen zerrieben fühlen. Sicher blieb »früher« (so vage diese Zeitangabe ist) auch nicht mehr Zeit für die Pflege einer Beziehung oder die Entfaltung der eigenen Persönlichkeit – wobei persönliche Beziehungen ohnehin nur selten der romantischen Liebe, sondern oft vor allem der sozialen Sicherheit und der Familiengründung dienten und individuelle Entfaltung für viele ein Fremdwort war. Umgekehrt erwarten wir heute vielleicht zu viel von der Liebe, der Arbeitsstelle, dem Leben insgesamt? Vielleicht ist die eigene kurze Existenz tatsächlich weniger pompös, raumgreifend und glänzend, als wir es uns in jungen Jahren ausgemalt haben? Und das Glück bescheidener, kleinräumiger und leiser, als wir es erhofften?

Toni Erdmann ruft sich im gleichnamigen Film von Maren Ade eine Szene in Erinnerung, wie er einmal seine kleine Tochter zur Bushaltestelle brachte und sich, während er Hand in Hand mit ihr auf den Bus wartete, fragte: »War es das schon?« Im Rückblick kommt er zu dem Schluss: »Ja, das war es schon.« Von außen betrachtet scheint unser Leben manchmal tatsächlich banal. Im Rückgriff auf Kapitel 5 lässt sich nun aber sagen: Das »war es nicht schon«, sondern das vermag es zu sein und zu werden, wenn wir dem Moment hinreichend Aufmerksamkeit schenken und die Hand des Kindes in der eigenen spüren und uns selbst wahrnehmen in dieser Geste der Sorge. Vielleicht wohnte dann selbst einem so alltäglichen Moment ein wenig Glanz inne?

Doch selbst wer in diesem Sinne achtsam durch die Welt geht, vermag sich nicht immer zu schützen vor dem Grau in Grau des eigenen Daseins, das einem unerträglich werden kann. Sich einzugestehen, dass man sich vom Leben mehr erhofft hat als die Existenz, auf die man sich nun festgelegt sieht, ist umso schwerer, je umfassender der Zweifel ist und je schwieriger eine Veränderung scheint. Als Zuschauerin von *Lost in Translation* wünsche ich mir natürlich, Charlotte und Bob würden sich aus ihren glücklosen Beziehungen befreien und Bob würde aufhören, Werbespots zu drehen, die ihm selbst komplett sinnentleert scheinen. Aber während Charlotte noch jung ist und ein ganzes Leben auf sie wartet, sie also ihre Koffer packen und relativ einfach noch einmal neu anfangen könnte (so einfach solch ein Schritt je sein kann), ist Bob in ein Leben eingespannt, in dem eine Trennung von seiner Frau eine ganze Kaskade an weiteren schwierigen Fragen mit sich brächte: Wie teilt man ein gemeinsames Haus mit allem Hausrat auf, wie die Betreuung der Kinder, die Altersvorsorge, den Freundeskreis, der über die Jahre hinweg zu einem gemeinsamen geworden ist? Wer bekommt bei einer Trennung den Hund, wer verbringt in Zukunft Weihnachten mit den Kindern, wie teilt man Erinnerungsstücke, die beiden gehören? Dazu kommen finanzielle Herausforderungen. Jemand wie Bob könnte sich eine Trennung wohl leisten. Je prekärer das eigene Auskommen, umso schwieriger ist es jedoch, sich Ernüchterung in der Arbeit oder in der Liebe überhaupt einzugestehen und Konsequenzen zu ziehen, die einen Ausweg daraus bieten. Was, wenn sich gar keine andere Arbeitsstelle findet oder niemand, der eine Umschulung finanziert? Was, wenn man sich getrennte Haushalte nicht leisten kann?

Manche fragen sich vielleicht, ob sie, wenn sie sich aus einer glücklosen Beziehung befreien, womöglich für immer allein bleiben werden und ob sie diese Lebensform glücklich machen wird. Ist es nicht besser, in einer erkalteten Beziehung zu verharren und dafür ein sicheres Zuhause zu haben, einen stabilen Freundeskreis, eine intakte Familie? Oder ist es umgekehrt gerade furchtbar traurig, die Stagnation zu wählen, wenn wir als Menschen doch zu Entwicklung, Dynamik und Lebendigkeit neigen und geboren sind?

Selten ist sogleich klar, wie auf Ernüchterung klug zu reagieren ist: sich die Sache schönreden, die eigenen Erwartungen herunterschrauben und sich mit dem kleinen Glück bescheiden, aufbegehren, sich umdrehen und weggehen,[8] zu Neuland aufbrechen? Die Philosophie vermag hier keinen entscheidenden Hinweis zu geben. Aber sie kann helfen, das Gefühl der Stagnation klarer zu fassen und seine Quellen zu verstehen: Speist es sich daraus, alles erreicht zu haben und ziellos auf dem Hochplateau des Lebens zu stehen, ohne zu wissen, wohin? Oder macht sich Enttäuschung breit, dass sich womöglich das ganze Streben und Hoffen nicht gelohnt haben könnte, weil das enge Leben, in dem man gelandet ist, »mehr als fragwürdig« geworden ist, wie Katja Oskamp schreibt, und nicht mit den Verheißungen zur Deckung zu bringen ist, die man sich ausgemalt hatte? Und gäbe es ein Leben oder, etwas kleiner formuliert, eine Tätigkeit, eine Beziehung, eine Wohnform, in der man wieder wachsen und sich entfalten und aus der Stagnation befreien könnte? In der man leidenschaftlich bei der Sache wäre – eine der Bedingungen für Sinn im Leben, wie im 5. Kapitel gesehen?

Der fehlende Glanz

Nicht alle werden sich von diesen Fragen angesprochen fühlen. Manchmal sind es weder Langeweile noch Ernüchterung noch das Gefühl der Stagnation, die einen mit der bitteren Frage konfrontieren, ob das wirklich schon alles gewesen sein soll. Ich habe mich in meinem Leben beispielsweise selten gelangweilt, und wenig von dem, was ich anpackte oder wo ich mich niederließ, ernüchterte mich in einer Weise, dass ich mich ganz abwenden oder zurückziehen wollte. Doch kenne auch ich das Gefühl glanzloser Zeiten inmitten von an sich glücklichen Verhältnissen, die Erfahrung gänzlich trüber Tage, wie sie Conrad Ferdinand Meyer im Gedicht »Eingelegte Ruder« von 1869 beschreibt: »Nichts das mich verdroß! Nichts das mich freute! / Niederrinnt ein schmerzenloses Heute!« Solche Tage zeigen keine Ausschläge auf den Amplituden der Lebendigkeit. Vielmehr schlittern wir durch die Stunden, als wären wir Zuschauende unserer selbst. Es gibt nicht wirklich einen Anlass für die Misere – was es nicht unbedingt besser macht, vielleicht sogar im Gegenteil.

Dieser deprimierende Zustand lässt sich nicht immer damit erklären, dass man sich in dem Leben, das man lebt, nicht mehr hinlänglich beweglich fühlt oder dass man fürchtet, es könnte sich von nun an ständig alles wiederholen. Vielleicht ist die Vorstellung der Wiederholung manchmal nicht einmal Furcht einflößend, weil das eigene Leben sogar alles in allem zufriedenstellend scheint. Dennoch fehlt der Glanz, der Zauber, der einen dynamisiert und lebendig durch die Tage gleiten lässt. Die Unzufriedenheit, die einen quält, mag dann umso mehr irritieren, als sie einem unverständlich scheint: Ist nicht alles in bester Ordnung? Und müssten wir nicht froh und glücklich sein – gerade jetzt, in der Mitte des Lebens, wo wir es ruhiger angehen könnten, weil viele drängende Fragen beantwortet sind?

Wenn wir verstehen wollen, was gemeint sein könnte mit dem »Glanz im Leben«, lohnt sich die Frage, welche Momente auf Dauer als besonders beglückend und tief in Erinnerung bleiben, sodass wir monatelang, ja jahrelang davon zehren. Der Psychologe Dacher Keltner erforscht seit vielen Jahren solche Momente und ist der Ansicht, dass sie es sind, die einem menschlichen Leben seinen Zauber verleihen. Dabei geht es nahezu immer um Situationen, in denen wir nicht nur erledigen und abhaken, was wir uns vorgenommen haben, sondern in denen uns etwas überraschend gelingt, das wir nicht absehen konnten, oder uns etwas erfüllt oder gar überwältigt, das sich nicht erzwingen lässt. Wir sind in diesen Momenten ergriffen von einem Gefühl existentiellen Berührtseins und Staunens. Im Englischen ist in diesem Zusammenhang von *awe* die Rede, auf Deutsch meist übersetzt mit »Ehrfurcht«. Dieses Wort klingt allerdings etwas altbacken und negativer als das lautmalerische *awe,* in dem Entzücken, Erstaunen und Überwältigung mitschwingen, ein »Gefühl, sich in der Gegenwart von etwas Großem zu befinden, das unser gegenwärtiges Verständnis der Welt übersteigt«.[9] In dieser Überwältigung vergessen wir uns selbst; wir gehen auf im Moment. Wir überlegen nicht, wie wir auf andere wirken und ob sich das Erlebte lohnt, sondern öffnen uns vorbehaltlos unserem gegenwärtigen Empfinden.

In breit angelegten wissenschaftlichen Studien hat Keltner Staunen und Ehrfurcht rund um den Globus untersucht und acht Dimensionen oder Momente dieses existentiellen Glanzes oder dieser »Wunder des Lebens« eruiert, die Menschen ganz unabhängig von ihrem kulturellen Hintergrund mit Erstaunen oder Ehrfurcht erfüllen:[10] *Erstens* zählt dazu moralische Schönheit oder Güte, also das Staunen über den Mut oder die Stärke einer Person, die sich selbstlos für andere einsetzt, etwa jemandem überraschend hilft oder sogar das eigene Leben aufs Spiel setzt, Zivilcourage zeigt, wenn alle anderen wegsehen – aber auch das plötzliche Gewahrwerden von Zärtlichkeit und Liebe, wenn sich Menschen an Bahnhöfen in die Arme fallen, ein Vater sein Kind tröstet oder ein altes Paar, sich gegenseitig stützend, ganz langsam die Straße überquert. Eine *zweite* Kategorie bilden mitreißende Kollektiverfahrungen, etwa bei Sportanlässen oder Konzerten, wenn Menschen sich zu einer Welle formieren, gemeinsam tanzen oder nach dem letzten Ton einer Symphonie still verharren, bevor tosender Applaus losbricht. Ein schönes Beispiel für diese zweite Form von Ehrfurcht ist der Mitschnitt eines Live-Konzertes des Sängers Lewis Capaldi, der aufgrund seines Tourette-Syndroms bei einem Auftritt plötzlich nicht weitersingen konnte, worauf das Publikum im Chor übernahm und das Lied für ihn zu Ende brachte – eine tief berührende Szene, die um die Welt ging. *Drittens* gehören außergewöhnliche Naturerfahrungen, wie gewaltige Blitze oder ein Vulkanausbruch, der Blick in einen klaren Sternenhimmel oder über ein Nebelmeer hinweg, zu den »Wundern des Lebens«, die viele Menschen in Staunen versetzen und manchmal sogar mit religiösen Erfahrungen verglichen werden.[11] Musik, die einen in ihren Bann zieht, bezeichnet Keltner als *vierte*, bildende Kunst, die einem den Atem verschlägt, als *fünfte* Kategorie. *Sechstens* gehören zu den »Wundern des Lebens« spirituelle oder religiöse Erfahrungen während eines Rituals, einer Meditation, eines Gottesdienstes, in denen das Gefühl aufkommt, von etwas Größerem erfasst und berührt zu sein. Als »Wunder« empfinden viele *siebtens* die Geburt eines eigenen Kindes und ebenso, wenn sie dem friedlichen Sterben eines geliebten Menschen beiwohnen und ihm in diesen letzten geheimnisvollen Stunden nahe sein können. Die *achte* Kategorie beinhaltet schließlich das, was Keltner »Epiphanien« nennt: Momente der tiefgreifenden Erkenntnis, etwa wenn in der Wissenschaft eine Formel bewiesen, ein Schwarzes Loch entdeckt oder eine neue Idee geboren wird, die uns begeistert und uns den Eindruck vermittelt, etwas ganz neu zu sehen oder zu verstehen. Solche »Epiphanien« können – etwas alltäglicher gedacht – uns allen zustoßen, wenn wir etwa in einem Gespräch versinken und plötzlich einen Zusammenhang verstehen oder sich uns eine neue Sichtweise eröffnet, die wir so nie bedacht hatten und die unseren Horizont entscheidend weitet.

Solche »Wunder des Lebens« machen die menschliche Existenz vielschichtig und reich. Nicht für alle diese Erfahrungen sind wir gleichermaßen empfänglich. Aber fehlen entsprechende Momente in einem Dasein gänzlich, fühlen sich Menschen Keltner zufolge weniger glücklich, und ihr Leben scheint ihnen weniger sinnerfüllt. Selbst wenn ein Leben gut ist, die Grundbedürfnisse gestillt sind, man in Freiheit lebt und sich entwickeln kann, wird einem der Glanz auf Dauer abhandenkommen, wenn man sich nicht immer wieder überwältigen lassen kann von Momenten der Ehrfurcht und ins Staunen gerät über Dinge, die größer scheinen als wir selbst und unser Streben.

Staunen

Staunen ist, philosophisch betrachtet, eine der interessantesten Emotionen, die wir kennen. Nach allem, was wir wissen, ist es – anders als viele andere Emotionen – ausschließlich den Menschen und womöglich den großen Menschenaffen vorbehalten.[12] Der Moralphilosoph Adam Smith beschrieb im achtzehnten Jahrhundert das Staunen als eine Reaktion darauf, dass »etwas ganz Neues und Einzigartiges präsentiert wird« und das Gedächtnis »aus all seinen Speichern kein Bild hervorbringen kann, das dieser seltsamen Erscheinung auch nur annähernd ähnelt«.[13] Smith verband diese Qualität der Erfahrung mit ausgeprägten Körperreaktionen: mit einem »Starren« und manchmal einem »Rollen der Augen«, wir halten den Atem an und empfinden ein »Anschwellen des Herzens«. Heute würden wir auch von einem »Gänsehautmoment« sprechen.

Diese körperlichen Symptome korrespondieren den drei Dimensionen des Staunens, wie sie der Philosoph Jesse Prinz für wesentlich hält:[14] Die *erste* Dimension ist sinnlicher Natur: Wundersame, erhabene Dinge lassen uns erstarren, unsere Augen weit öffnen, die Ohren spitzen. Die *zweite* Dimension betrifft unser kognitives Vermögen: Was uns in Staunen versetzt, verwirrt uns, weil wir uns nicht auf bereits gemachte Erfahrungen stützen können, um zu verstehen, was gerade vor sich geht. Deshalb reagieren wir mit Herzklopfen, halten die Luft an, ähnlich, wie wenn wir erschreckt werden, keuchen und stoßen ein »Wow!« oder »Oh!« aus. Schließlich bergen Momente des Staunens eine *dritte* Dimension, die man auch als »spirituell« bezeichnen könnte: Menschen, die auf diese Weise ergriffen sind, neigen den Kopf, als würden sie sich verbeugen wollen, oder blicken zum Himmel empor, als zeigte sich von dort ein Zeichen. Wer von Ehrfurcht erfüllt ist, spürt die Grenzen zwischen sich und der Außenwelt schwinden, und fühlt sich vielleicht sogar verbunden mit den anderen Geschöpfen, mit dem Erdkreis, mit dem Himmel.

In seiner *Philosophischen Untersuchung über den Ursprung unserer Ideen vom Erhabenen und Schönen* unterschied der Philosoph Edmund Burke 1757 das wohlige Gefühl, das uns beim Betrachten von etwas Schönem erfüllt, von der Ehrfurcht, die uns überkommt, wenn wir etwas beobachten oder erkennen, das mächtig, obskur, erhaben ist.[15] Während uns das Schöne bekannt ist und wir seine Qualität entsprechend einordnen können, öffnet sich hinter dem, »was schlechthin groß ist«,[16] wie es später bei Immanuel Kant heißt, ein Abgrund. Diesen Abgrund wahrzunehmen, heißt, in einem existentiellen Sinn zu staunen oder eben Ehrfurcht zu empfinden, wie es Dacher Keltner beschreibt. Es handelt sich also um das Gefühl, angesichts von etwas klein zu sein, ohne davon erdrückt zu werden oder in große Angst zu verfallen. Vielmehr hebt einen dasselbe, was einen sich klein fühlen lässt, phänomenologisch auf eine höhere Ebene, weil man sich teilhaftig fühlt von einem umfassenden Geschehen, dessen Zeuge man wird.[17] Solch ein Gefühl kann sich etwa einstellen, wenn wir unter einem großen Baum stehen, bei mystischen Erfahrungen, beim Meditieren oder wenn wir ganz allein für uns tanzen und uns der Musik hingeben. Auch wenn sie eine solche Erfahrung allein machen, fühlen sich offenbar viele in den entsprechenden Momenten durchdrungen von Verbundenheit mit der lebendigen Welt, fühlen sich *in* der Welt, als Teil dieser Welt, nicht von ihr getrennt oder abgeschnitten.

Wir müssen an dieser Stelle nicht auf die philosophische Diskussion darüber eintreten, was genau Ehrfurcht auszeichnet[18] und welche Spielarten von Staunen sich unterscheiden lassen.[19] Es geht mir vielmehr darum, Ehrfurcht als eine bestimmte Kategorie des Staunens und als Facette eines Glanzes zu fassen, der dem menschlichen Dasein ein Leuchten oder vielleicht sogar eine Verheißung zu verleihen vermag.

Warum aber sollte solch ehrfürchtiges Staunen in den mittleren Jahren für einige prekär werden und sein Fehlen manchmal umgekehrt verantwortlich dafür sein, dass das Dasein sich glanzlos und stumpf anfühlt?

Kindliches und erwachsenes Staunen

Auf den ersten Blick scheint naheliegend, dass viele von uns die Fähigkeit, zu staunen und sich zu wundern, verlieren, wenn sie erwachsen werden. Kinder sind meisterhaft darin, über kleinste Dinge in Entzücken zu geraten. Der Heißluftballon am Himmel, der Feuerschlucker auf dem Jahrmarkt, das blaue Eis in der Waffel eines Passanten – es gilt, die Umgebung bei allen unglaublichen Entdeckungen sogleich lautstark auf das entdeckte Wunder aufmerksam zu machen: »Schau! Da!« Ein Grund für das kindliche Staunen liegt dabei auf der Hand: Vieles ist für Kinder noch gänzlich neu, unbegreiflich und aufregend: Wie kommen Ballone an den Himmel? Warum verbrennt sich der Feuerschlucker nicht? Wie schmeckt blaues Eis? (Meist nach Apfel und selten gut, sagt die Erwachsene.)

Außerdem erscheinen die Welt und das, was sich in ihr zuträgt, umso größer und überwältigender, als man als Kind, rein physisch gesehen, noch sehr viel kleiner ist: Ein Feuerwerksvulkan, den wir bei einem Fest entzünden, mag uns bis zur Hüfte reichen, überragt ein Kind aber möglicherweise um einen Kopf. Wenn in Kapitel 4 von den Gütern die Rede war, die bestimmte Lebensalter in besonderer Weise auszeichnen, dann sind die Fähigkeit, zu staunen, und die Begeisterung über das, was einem in der Welt begegnet, sicher Qualitäten, die die Kindheit besonders kostbar machen. Kein Tag, ja manchmal nicht einmal eine Stunde, vergeht, in der ein Kind nicht etwas entdeckt, worüber es in Entzücken geraten kann – zumindest wenn es in einer intakten, geborgenen Umgebung aufwächst, die es die Welt auf diese Weise erfahren lässt.[20] Von der Schnecke auf dem Weg zum Spielplatz über die tosenden Wellen am Strand bis zum glitzernden Weihnachtsbaum auf dem Marktplatz: Die ganze Welt ist ein Wunder, an dem man sich kaum sattsehen kann. (Allerdings wird das kindliche Staunen auch romantisch verklärt. Denn zu den Erfahrungen, die Kinder machen, gehört ja nicht nur die süße Verzückung, sondern auch die angstbesetzte Orientierungslosigkeit. Kinder staunen, weil sie vieles nicht verstehen können – und genau dieses Unverständnis macht sie auch abhängig von den machtvollen Deutungshorizonten der Erwachsenen.)

Die kindliche Art und Weise, sich ergreifen und berühren zu lassen, verlieren die meisten im Laufe der Jahre. Vieles ist uns irgendwann nicht mehr neu, sondern wir haben es zigmal gesehen und können uns das vermeintliche Wunder inzwischen erklären. Den Zaubertrick des Onkels haben wir mittlerweile durchschaut, wir wissen, dass die Schnecke die Fühler einzieht, wenn wir ein Blatt in ihre Nähe bringen, und wir staunen nicht mehr, dass man den Finger durch die Kerzenflamme führen kann, ohne sich zu verbrennen. Erwachsene, die weiterhin über jede kleine Sache in Begeisterung geraten und wie kleine Kinder staunen, scheinen uns manchmal beneidenswert, weil sie sich ein Gut aus der Kindheit bewahren konnten, das wir selbst vielleicht vermissen – wirken manchmal aber auch naiv in ihren enthusiastischen Ausbrüchen.

Zwar sollen mit dem Staunen und Sich-Wundern die Wahrheitssuche und alles Wissen beginnen, wie es schon bei Platon und Sokrates heißt. Mit dem Staunen fange auch das Philosophieren an. René Descartes, der bekannte Philosoph des siebzehnten Jahrhunderts, beschreibt das Staunen aus diesem Grund, wie es die Literaturwissenschaftlerin Nicola Gess zusammenfasst, als »erste aller Leidenschaften, weil sie diejenige Leidenschaft sei, mit der der Mensch zuallererst auf etwas Neues reagiere«[21]: Der Mensch bleibe verwundert am Unerklärlichen hängen und beginne es genauer zu studieren und zu erforschen. Wer keine Neigung zur Verwunderung in sich trage, bleibe dagegen unwissend. Doch beim Staunen einfach stehen bleiben dürften wir als Erwachsene nicht: Vielmehr habe sich das Staunen dann allmählich in Verstehen und Erkenntnis aufzulösen, ansonsten würden wir durch die Verwunderung »arretiert«, wie Gess beschreibt, und wären in der Folge nicht mehr in der Lage, Relevantes von Irrelevantem zu unterscheiden.[22]

Diese von Descartes angemahnte Überwindung des Staunens betrifft allerdings nur einen bestimmten Anlass oder ein Objekt der Verwunderung, nämlich eine Erklärungs- oder Wissenslücke, die sich im Grundsatz schließen lässt, weshalb in diesem Zusammenhang auch von »epistemischem Staunen«[23] die Rede ist. Die Verblüffung währt hier nur so lange, wie wir uns etwas nicht erklären können – oder wir etwas für unerklärbar halten. Denn wenn ich ehrlich bin, verstehe ich nicht wirklich, wie ein Telefon oder das menschliche Auge funktionieren, aber ich halte beides auch nicht für ein Wunder, weil ich weiß, dass sich ihre Funktionsweisen prinzipiell verstehen ließen, beugte man sich über entsprechende Bücher.

Es gibt andere Formen des Staunens, die ausgelöst werden durch Phänomene, die die Grenzen des Erwarteten, des Gewöhnlichen, des Vertrauten in einer Weise überschreiten, bei der wir fasziniert und tief beeindruckt zurückbleiben, ohne überhaupt nur nach einer Erklärung zu verlangen. Solches Staunen (ich nenne es »evaluatives Staunen«[24]) gründet weniger im *Unverständnis*, dass es etwas bestimmtes Erhabenes gibt oder sich etwas in erstaunlicher und unerwarteter Weise verhält, als vielmehr im *Verständnis* des spezifischen Wertes einer Sache. So bestaunen wir etwa die unermessliche Größe des

Alls umso mehr, als wir realisiert haben, über welche Dimensionen es verfügt und wie unfassbar reich das Leben auf unserem Planeten ist. Wir staunen über die Würde, mit der eine Mutter ihr Kind zu Grabe trägt, weil wir erahnen, wie unfassbar leidvoll dieser Gang sein muss. Oder wir erschauern ob der Zivilcourage einer Person, in einem handfesten Streit dem Aggressor entgegenzutreten, weil wir wissen, wie viel Mut so etwas braucht. Und die Musik von Johann Sebastian Bach lässt uns erst recht in Ehrfurcht aufhorchen, wenn wir einmal verstanden haben, mit welcher Akkuratesse er seine Fugen komponiert hat, wie er musikalische Motive wieder aufnimmt und neu verwendet und auf diese Weise werkimmanente Zusammenhänge schafft, die uns ohne Erklärung verborgen blieben. Zu diesem letzten Gedanken, dass Staunen mitunter das Resultat von vertieftem Wissen sein kann, passt Keltners achtes Wunder des Lebens, die »Wunder des Lebens«, die »Epiphanie«: Manchmal ist Ehrfurcht das Resultat einer jähen Einsicht in einen Zusammenhang, der einem bis dahin verborgen blieb, und man ist von dieser Enthüllung, von diesem plötzlich einsichtig werdenden Wert tief berührt.

Nur dieses evaluative Staunen verfügt übrigens auch über alle drei Dimensionen, die Jesse Prinz als für das Staunen wesentlich ausmacht: Neben der kognitiven Dimension, dass wir etwas nicht abschließend verstehen, und der körperlichen Dimension, der Gänsehaut, die wir spüren, kommt hier auch die spirituelle Dimension zum Tragen, bei der wir den Eindruck haben, etwas Unergründlichem, Großem, Erhabenem zu begegnen, das sich rein rational nicht fassen lässt. Denken wir an Susan Wolfs Konzeption eines sinnvollen Lebens zurück – ein Leben, in dem subjektive Erfüllung auf objektive Attraktivität trifft –, deckt sich dies mit dem, was hier über das evaluative

Staunen und über Ehrfurcht gesagt wird: Ein Leben gewinnt an Tiefe und Sinn, wenn es über Momente verfügt, die es auf etwas Größeres hin öffnen. Umso mehr wird es zu einer sinnvollen Existenz beitragen, wenn wir nicht nur alle paar Wochen ein Konzert besuchen, das uns berührt, oder eine Wanderung in abgelegene Täler unternehmen, um uns der Schönheit der Natur hinzugeben, sondern wenn wir tätig werden im Dienst einer Sache, die objektiv wertvoll ist, und unsererseits zu einem der »Wunder des Lebens« beitragen.

Offenheit

Unser Problem, wenn uns der Glanz abhandenkommt, ist also nicht die Tatsache, dass wir nicht mehr Kinder sind und nicht mehr auf dieselbe Weise wie sie zu staunen vermögen. Uns stünden in der Mitte des Lebens andere und sicher nicht mindere Formen zu staunen offen. Die Schwierigkeit liegt woanders: Momente der Ehrfurcht, des Staunens, lassen sich nicht erzwingen, sondern ergeben sich nur (und auch das nicht immer), wenn wir in einer bestimmten Stimmung der Offenheit sind. Das kennen die meisten nur zu gut: Wer durch ein Museum geht, sich jedoch auf der Hinfahrt mit dem Freund gestritten hat und grummelnd und lustlos durch die Kunsthallen streift, beschäftigt mit dem innerlichen Formulieren von Vorwürfen und Richtigstellungen, die man unbedingt noch an den Freund, den Idioten, richten möchte, den werden die Schönheit und Erhabenheit der Gemälde nicht erreichen. Zu staunen bedarf also einer Stimmung der Offenheit oder Empfänglichkeit für die sprechende Welt, die einen umgibt – ansonsten bleibt sie für einen stumm.

Diese Offenheit hat eine temporale wie eine modale Komponente. Mit der temporalen Komponente meine ich, dass wir uns überhaupt die Zeit nehmen müssen, uns auf eine Erfahrung einzulassen und ihre Wirkung zu spüren. Sitzt eine Person im Kino und fragt sich andauernd, ob der Film rechtzeitig zu Ende sein wird, sodass sie noch den Zug erwischt, den sie nehmen will, um frühzeitig im Bett zu sein, weil tags darauf wichtige Sitzungen anstehen, wird sie sich kaum vom Film mitreißen lassen können. Gerade in den mittleren Jahren ist der Raum für wirkliche Freizeit aber oft knapp bemessen. Im Vordergrund des übervollen Alltags steht für viele das Abhaken von Aufgaben, häufig die Vereinbarkeit von Familie und Beruf, manchmal die Sorge um älter werdende Eltern. Manche machen deshalb genau in dieser Zeit Abstriche bei den Freizeitbeschäftigungen: In einem Chor singen, wie ich es als Zwanzigjährige leidenschaftlich gern tat – kann ich das nicht später wieder? Die Wochenenden für ausgedehnte Wanderungen nutzen, das schafft fast niemand in meinem Freundeskreis, denn dann wird aufgearbeitet, was unter der Woche liegen blieb.

Die Psychologin Alexandra Freund spricht in diesem Zusammenhang vom »bucket list effect«[25]: Viele zwischen fünfunddreißig und sechzig sind familiär und beruflich so eingespannt, dass schlicht keine Zeit für Momente bleibt, in denen wir alles um uns herum vergessen können. Hobbys werden nicht selten auf die Jahre nach der Pensionierung vertagt, wenn plötzlich wieder die alte Eisenbahn aus dem Keller geholt, ein E-Piano angeschafft oder ein Garten angelegt wird. Im mittleren Alter gehen viele dagegen lieber früh zu Bett, lassen sich nicht mehr so gern gehen, sondern denken an den Kater danach.

Neben der temporalen bedarf es der modalen Offenheit für Staunen und Ehrfurcht: Man kann eine Bergwanderung machen und sich von der überwältigenden Aussicht in den Bann ziehen lassen – oder sich in erster Linie fragen, wie viele Kalorien man verbraucht hat oder wo das beste Selfie zu schießen wäre. Man kann einem Vortrag lauschen und begeistert sein, weil sich einem neue Welten erschließen – oder dazwischen unter dem Tisch verstohlen die Mails checken und sich ärgern, dass die Kollegin schon wieder eine wichtige Angelegenheit vermasselt hat. Ob wir staunen und uns ein Moment des Glanzes erreicht – oder uns die Sache kaltlässt und das Geschehen stumpf, dämlich oder banal erscheint, hat also nicht zuletzt damit zu tun, wie wir selbst gestimmt sind, in welchem Modus wir uns befinden, wenn wir einer Sache gegenübertreten oder einem Geschehen beiwohnen.

Im Zen-Buddhismus wird als eine der wichtigsten Tugenden der »Anfängergeist« vorgestellt. Dabei geht es um eine Geisteshaltung, die von Offenheit und Unvoreingenommenheit geprägt ist. Das heißt nicht, naiv alles so anzugehen, als sähe oder erlebte man es zum ersten Mal. Es bedeutet vielmehr, sich offenzuhalten für die Möglichkeit einer ganz anderen Erfahrung, als wir sie vielleicht erwarten. Zur Fähigkeit zur Distanznahme und zur Kunst der Ironie, die ich in Kapitel 4 als eine Haltung der mittleren Jahre beschrieben habe, sich selbst zwar ernst, aber das eigene Leben und Streben darin nicht zu schwer zu nehmen, gesellt sich nun eine zweite Form der Distanznahme: ein Zurücktreten von der Welt und den Objekten in ihr, wie wir sie bis jetzt gesehen, gekannt und für selbstverständlich genommen haben. Staunen wird damit zu einer Praxis: Zu einer Haltung, die Raum schafft für die Wahrnehmung der Welt und ihrer Sachverhalte, losgelöst von den Zwecken, denen sie dienen.[26] Denn eine weitere Schwierigkeit, die das reife Staunen verunmöglicht, ist eine ausgeprägte Erwartungshaltung, die uns daran hindert, uns auf die Wunder einzulassen, die sich im Hier und Jetzt ergeben.

Kürzlich war ich bei einem Konzert. Ein Chor sang mehrstimmig alte Choräle in einem Kirchenraum, der nur von Kerzenlicht erhellt war. Die Stimmung hatte etwas Magisches, und die meisten lauschten konzentriert. Hinter mir aber saß eine Frau, die sich in einem fort bei ihrem Banknachbarn beklagte, sie habe sich das alles anders vorgestellt. Sie habe im letzten Jahr schon teilgenommen, aber damals sei der Anlass viel schöner gewesen. Mittendrin erhob sie sich und verließ sichtlich frustriert die Kirche. Ganz offensichtlich erreichte sie die Musik nicht wie die anderen, denen das Staunen und die Ehrfurcht ins Gesicht geschrieben standen. Die Erwartungshaltung der Frau wurde enttäuscht, hielt sie aber auch davon ab, sich ganz der wunderbaren Stimmung hinzugeben.

Und noch etwas hindert Erwachsene zuweilen daran, sich im Modus des Staunens auf die Welt zu beziehen. »Hingabe« ist dazu ein gutes Stichwort. Ehrfurcht und Staunen bedingen, dass wir uns berühren lassen. Das erfordert allerdings auch, die Kontrolle bis zu einem gewissen Grad abgeben zu können. Gerade wenn wir in den mittleren Jahren angekommen sind, haben wir meist sehr gut gelernt, uns zu kontrollieren, im Griff zu haben und zusammenzureißen. Denn schließlich wird genau das von erfolgreichen und durchsetzungsstarken Persönlichkeiten verlangt: dass wir uns keine Blöße geben. Doch wie soll uns etwas erreichen und berühren, wenn wir uns bedeckt halten, einigeln, verpanzern?

Ein schönes Beispiel dafür, wie der Moduswechsel von aktivem Tun zu passiverem Geschehenlassen eine Veränderung in der Person mit sich bringt, findet sich im Roman *Cabo de Gata* von Eugen Ruge.[27] Ein wenig erfolgreicher Schriftsteller kündigt darin in seinen mittleren Jahren seine Wohnung in Berlin, meldet sich von seiner Adresse ab und landet mehr oder weniger zufällig mit nicht viel mehr als einer Hängematte und ein paar Schreibheften in einem Fischerdorf im spanischen Süden. Der Ich-Erzähler ist von einer tiefen Verzweiflung und einer profunden Sinnkrise erfüllt. Nach vielen trübsinnigen Wochen, in denen sich nahezu nichts zugetragen hat, er sich hier und da ein paar sinnlose Notizen gemacht hat und den Fluss der Zeit mehr oder weniger stumpf an sich hat abperlen lassen, macht er Bekanntschaft mit einer Katze. Sie folgt ihm in seine Unterkunft. Er beginnt sie zu füttern, und die täglichen Begegnungen mit ihr werden ihm wichtig, bis sie für eine Weile verschwindet. Zuerst sucht er nach ihr, mit der Zeit wartet und hofft er nur noch – bis ihn plötzlich ein Moment des tiefen Begreifens erfüllt, warum die Katze nicht mehr zu ihm kommt: »Sie kam nicht, *weil* ich auf ihr Kommen hoffte. Ich fand sie nicht, *weil* ich sie suchte. Es geschah nichts, *weil* ich immerzu etwas tat. Weil ich immer noch glaubte, ich könnte irgendetwas ausrichten. Weil ich immer noch überzeugt war, irgendetwas hinge von mir ab. Weil ich immer noch hoffte, Erlösung ließe sich erzwingen.«[28]

Die Erlösung, auf die er hofft – nämlich, dass die Katze zurückkommt –, stellt sich dann doch noch ein, aber erst nachdem er aufgehört hat, weiter auf sie zu warten. Der Erzähler versteht diese Erfahrung als Botschaft, die weit über sein Verhältnis zur Katze hinausreicht und auch sein Verhältnis zu seinem eigenen Schreiben berührt, zu seinem ungeduldigen Warten darauf, dass er endlich einen gescheiten Gedanken zu Papier bringt, sich die Beschreibungen akkurat in seinem Kopf formieren, sodass er sie niederschreiben kann. »Der große Entwurf, die große Form […], der Tonfall […] kann nicht erdacht werden, ist keine Verstandesleistung«[29], schließt er. Vielmehr werden sie ihm zufallen – oder eben nicht. Ruges Erzählung kann als Metapher für ein Weltverhältnis beschrieben werden, in dem wir unserer Umgebung nicht allein als Tätige, sondern auch als Empfangende gegenübertreten – aufmerksam für das, was uns zustoßen kann, wenn wir erst einmal aufhören, uns nach etwas umzusehen, wonach wir als Nächstes greifen könnten.[30]

Manche mögen an dieser Stelle einwenden, dass das Lob des Staunens, der Ehrfurcht, der Ekstase gerade heute nicht einer neuen Verteidigung bedürfe – zu keiner Lebenszeit. Denn in den Wohlstandsgesellschaften des Spätkapitalismus gebe es mitnichten zu wenig Ergriffenheit, sondern vielmehr ein überbordendes Übermaß. Das Staunen sei mittlerweile zu *dem* Affekt unserer Zeit geworden, wie es der deutsche Soziologe Andreas Reckwitz beschreibt: In den sozialen Medien wird öffentlich geheult und der eigene Kummer ebenso zur Schau gestellt wie die intimsten Momente einer Geburt oder Hochzeit oder die mit Filter auf Hochglanz getrimmten Ferienbilder. »OMG!« und »WOW!« scheinen damit zur zentralen Währung geworden zu sein, »und die Subjekte lechzen danach, affiziert zu werden und andere affizieren zu können, um selbst als attraktiv und authentisch zu gelten«[31].

Dabei geht es bei diesem öffentlich demonstrierten Staunen deutlich mehr um eine Jagd nach Aufmerksamkeit und darum, sich in der geteilten Begeisterung zu einer Gruppe zugehörig zu fühlen, die dasselbe »komplett Gänsehaut«[32] findet wie wir, als um ein Staunen, wie es mich hier beschäftigt – ein inneres Staunen, das nicht bestätigt, was andere für glanzvoll und applauswürdig halten, sondern was in uns selbst ein Echo findet. Man kann durchaus gemeinsam mit anderen in dieser stillen Weise staunen – denken wir an Keltners zweite Kategorie der Wunder des Lebens, die oft im Kollektiv erfahrbar wird. Aber selbst diese Erfahrung muss nicht mit Worten, Likes und Ausrufezeichen bestätigt werden, sondern sie gewinnt ihre Anerkennung allein schon im stillen Teilen dieser Emotion.

Fehlt der Raum für Momente des Staunens, wird das Leben anfällig dafür, glanzlos und stumpf zu werden. Im Roman *Einladung zum Tanz* der schottischen Schriftstellerin A. L. Kennedy warnt der alternde Vater seine junge Tochter eindringlich vor dieser Gefahr: »Du wirst erwachsen werden, verstehst du, und Dinge tun und rumlaufen und denken, das, was du tust, ist wichtig, aber das ist es nicht. Lebendig sein ist wichtig. Alles andere ist Zeitverschwendung.« Der Vater beschreibt, wie er manchmal an den Himmel blicke und den Mond sehe, der alles schon gesehen und erlebt habe, und dass er ihn daran erinnere, worum es geht: »In der begrenzten Zeit, die mir noch bleibt, will ich nur noch lebendig sein. Alles andere zählt nicht.«[33]

7

Inmitten des Lebens

»Sich nie zu verirren heißt, nicht zu leben.«
REBECCA SOLNIT[1]

»Ist nicht unser eigenes Inneres ein weißer Fleck auf der Landkarte?«
HENRY DAVID THOREAU[2]

Im Winter ist es am Lai Nair ganz still. Nur hier und da ist der gellende Ruf eines Vogels zu hören. Den See unter seiner dicken Schnee- und Eisdecke erahnt nur, wer die Landschaft kennt. Die weite weiße Fläche liegt gänzlich unberührt, Loipe und Winterwanderweg säumen ihre Ränder. Die Sonne zieht sich um diese Jahreszeit schon früh hinter die Gipfel zurück, sodass es auch tagsüber bitterkalt bleibt. Die Bäume verlieren schneebedeckt fast all ihre Farbe und stehen ruhig wie graue Riesen. Um die Fläche des Moors ragen schroff die Felsen empor, die in ihrem Wechsel aus dunkelgrauen Abhängen, helleren Vorsprüngen und dem Schnee wie in schwarz-weißes Marmorpapier gekleidet wirken. Irgendwann in Zukunft werde ich das Hochplateau meines Lebens verlassen haben. Die Spuren meiner mittleren Jahre werden vom Wind der Zeit verwischt und von neuem Humus bedeckt sein. Meine Rastplätze werden andere beheimaten, und meine Irrläufe im umliegenden Dickicht werden überwachsen sein von neu aufschießendem Farn und Heidelbeersträuchern. Die Vorstellung, dass mich irgendwann andere mit ähnlichen Fragen, Hoffnungen und Zweifeln ablösen werden, finde ich tröstlich. Das menschliche Dasein lässt sich nicht lösen, nur leben.

Während des Schreibens sind mir immer wieder Sätze aus dem Prolog eingefallen, den der Philosoph Bertrand Russell 1969 seiner Autobiografie voranstellte und der mich seit vielen Jahren begleitet. Russell schrieb darin kurz vor seinem Tod mit fast hundert Jahren: »Drei Leidenschaften, einfach, aber überwältigend stark, haben mein Leben bestimmt: die Sehnsucht nach Liebe, die Suche nach Wissen und das unerträgliche Mitleid mit dem Leiden der Menschheit. Diese Leidenschaften haben mich wie große Winde hin und her geblasen, in einem unberechenbaren Kurs, über einen weiten Ozean der Angst, der bis an den Rand der Verzweiflung reicht.« Das Leben zerzaust uns wohl alle von Zeit zu Zeit, und ausgespannt zwischen den in uns brennenden Sehnsüchten schreiten wir mal eingeschüchtert, mal unerschrocken, mal verzweifelt voran. Russell berichtet aber auch von wohltuenden Gegengewichten zu seiner Verzweiflung – vom erhebenden und bergenden Gefühl der Liebe oder von der Sehnsucht, die Geheimnisse des Lebens lüften zu wollen. Der Prolog endet mit den schlichten Worten: »Das ist mein Leben. Ich empfinde es als lebenswert und würde es gerne noch einmal leben, wenn sich mir die Möglichkeit böte.«[3]

Die Zeilen scheinen mir bis heute bemerkenswert. Als ich jung war, ergriff mich vor allem die Gleichzeitigkeit der Sehnsüchte, die Russell beschreibt: dass er die romantische Liebe genauso begehrte, wie er wissenschaftliche Rätsel lösen und anderen Menschen helfen wollte. Russell war ein brillanter Philosoph und Mathematiker und gehört sicherlich zu den einflussreichsten Intellektuellen des zwanzigsten Jahrhunderts. Schon zu Lebzeiten war er ein bekannter Wissenschaftler, 1950 erhielt er außerdem den Nobelpreis für Literatur. Zugleich kommentierte er als glühender Pazifist die Kriegshandlungen seiner Zeit pointiert kritisch und setzte sich öffentlich gegen Atomwaffen ein, wofür er bei einigen in Misskredit geriet. In meinen jungen Jahren war ich nicht zuletzt fasziniert von der intellektuellen Verantwortung, von der Russell immer wieder schrieb und die er selbst wahrnahm.

Heute, in meiner Lebensmitte, sind es andere Dinge, die mich an seinem Prolog berühren. Da ist etwa Russells Fazit, dass er sein Leben gern noch einmal leben würde, wenn er die Chance dazu erhielte – und zwar offenbar bedingungslos. Das ist umso beachtenswerter, als sein Weg nicht immer gerade und widerspruchsfrei verlief. Er, der es stets von Neuem wagte, mit eigener Stimme zu sprechen und für seine Ideale einzustehen, selbst wenn es nicht opportun oder sogar gefährlich war, musste auch die Folgen dafür tragen. Das City College in New York sah sich unter öffentlichem Druck gezwungen, die Ernennung von Russell zum Professor zurückzuziehen, weil er sich gegen die Sexualmoral christlicher Kreise wandte und sich für die Gleichberechtigung gleichgeschlechtlich Liebender einsetzte. Dennoch nennt Russell keine Ausnahmeklausel, worauf er bei einer Wiederholung seines Lebens gern verzichten würde. Es ist das Leben in seiner ganzen Fülle, das Sein mit all seinen Unwägbarkeiten und Abgründen, das er gern gelebt hat und für wert befindet, gelebt zu werden.

Russell weiß natürlich, dass ihm eine zweite Runde nicht vergönnt sein wird und seine Tage zum Zeitpunkt seiner Bilanz gezählt sind. Während er von seinem reichen Leben langsam Abschied nehmen musste, stehe ich mitten im Leben und wünsche mir, später einmal so versöhnt zurückblicken zu können wie er und die Fülle wertzuschätzen, die sich mir in meinem Leben geboten hat. Inmitten des Lebens gelingt mir das nicht immer. Manchmal fühlt sich die Fülle eher wie eine drückende Last an, die mich in ihrer Gleichzeitigkeit überfordert und mir wenig Raum lässt, Atem zu holen, die glanzvollen Momente zu sehen und auf mich wirken zu lassen. Wie oft habe ich mir vorgenommen, ruhiger durch die Tage zu gehen? Außerdem kenne ich jetzt, wo vieles für immer entschieden ist, Zeiten des Grübelns, wie mein Leben wohl verlaufen wäre, wenn ich in jungen Jahren anders entschieden hätte, mich weniger bemüht hätte, den Ansprüchen anderer zu genügen, mehr auf meine Kräfte vertraut hätte.

Aber ohne die Wendungen, die mein Leben genommen hat, und ohne die Entscheidungen, die ich schließlich getroffen habe, wäre ich heute nicht die, die ich bin. Was ich nun über damals und über meinen fehlenden Mut oder abgebrochene Pfade denke, ist nicht das, was mir vor Jahren zugänglich und einsichtig war. Entscheidungen, die wir treffen, sind schließlich nicht wie Kleidungsstücke, die wir überstreifen und ablegen, wenn sie nicht mehr passen oder gefallen. Lebensentscheidungen verändern uns tief, eröffnen neue Möglichkeiten und verschließen andere für immer. Das Brüten über alternativen Existenzweisen und Lebenswegen ist dennoch nicht unsinnig. Im Schatten des Bedauerns, dass ich gewisse Optionen ziehen lassen musste, sind über die Jahre auch Sehnsüchte gewachsen, die nicht zum Schweigen zu bringen sind und die sich, wenn sie stark genug sind, irgendwann Bahn brechen und nach Raum verlangen. Jetzt, in meinen mittleren Jahren, liegt noch genügend Raum vor mir, dass ich mich darauf freue, in neue Landschaften vorzudringen, die mir heute noch ganz unbekannt sind.

Schwere Zeiten

Im Rückblick auf die hinter mir liegenden Jahre kann ich heute erkennen, dass Enttäuschungen, Schmerz und Verzweiflung mitunter auch ihr Gutes haben. Bertrand Russell hat viermal geheiratet – die drei Ehen davor haben nicht gehalten. Ich kann mir nicht vorstellen, dass er die Trennungen auf die leichte Schulter nahm, auch wenn er schließlich, wie er im erwähnten

Prolog schreibt, eine Liebe fand, die ihm wie eine »Miniaturausgabe des Himmels« erschien. Russell wird – wie jeder andere – Dinge bedauert und mit sich und seinen Ängsten gerungen haben. Der Preis, den er für seinen eigenständigen Weg zahlen musste, war hoch. Es gab Zeiten, in denen er kaum wusste, wie er sich und seine Familie finanziell über die Runden bringen sollte. Doch wie sagt es Goethe in seinen berühmten Versen von 1777: »Alles geben die Götter, die unendlichen, / Ihren Lieblingen ganz, / Alle Freuden, die unendlichen, / Alle Schmerzen, die unendlichen, ganz.« Und stimmt es nicht? Das volle Leben ist weder glatt gebürstet noch gleicht es einem ordentlich aufgeräumten Schrank, sondern öfters finden wir uns wieder in einem »Durcheinandertal«[4].

Inmitten des Lebens ist einem der tiefere Sinn des eigenen Schmerzes nicht immer einsichtig. Oft erschließt er sich – wenn überhaupt – erst im Rückblick, und es gilt, erst noch älter zu werden und mehr Distanz zu gewinnen, um die zurückgelegten Wege zu überblicken und zu erkennen, wie sie sich zu einem Muster fügen. Vielleicht ist die Versöhnlichkeit am Ende des Lebens, die aus Russells Prolog spricht, nicht zuletzt auch dem Umstand geschuldet, dass ihm zu diesem Zeitpunkt als alter Mann gar nicht viel anderes blieb, als entweder mit der Vergangenheit zu hadern oder sich mit seinem Leben in seiner ganzen Vielfalt zu arrangieren. Doch wie ist mitten im Leben mit innigen Träumen, bitteren Enttäuschungen und großen Hoffnungen umzugehen: Bleiben oder gehen? Weitermachen oder nochmals den Aufbruch wagen?

Diese Fragen zu beantworten, ist schwierig, und sie machen die mittleren Jahre anfällig für Momente der Krisen. Im vorliegenden Buch habe ich unterschiedliche Facetten dieser Krisenhaftigkeit auszuloten versucht: von der erschreckenden

Einsicht, wie wenig Lebenszeit noch bleibt, hat man erst einmal die vierzig überschritten, über das tiefe Bedauern, das sich im Rückblick einstellen kann, nicht mutiger und entschlossener den eigenen Weg gegangen zu sein, über das Gefühl, zwar alles erreicht zu haben, aber vielleicht gerade deshalb ziellos und verloren auf einer öden Hochebene herumzuirren, bis hin zum Gefühl, nichts am eigenen Leben aussetzen zu können und sich dennoch gelangweilt und ernüchtert zu fühlen.

Die mittleren Jahre scheinen ein Stück weit paradox. Von außen betrachtet sind es schlicht die besten Jahre: Wir haben, wenn wir Glück hatten, einiges erreicht, sind mit der Zeit hoffentlich gereift und vertrauter im Umgang mit dem Leben und uns selbst geworden, werden im besten Fall gebraucht und geschätzt und sind meistens noch bei guter Gesundheit. Wir wissen mittlerweile, dass im Nachhinein vieles weit weniger dramatisch ist als im Moment, und müssen uns und das Leben nicht mehr ganz so tragisch nehmen. Und dennoch fühlen sich diese mittleren Jahre nicht immer und sicher nicht für alle wie das ersehnte Hochplateau an, von dem aus wir souverän die Szenerie überblicken, die wir unser eigenes Leben nennen, und alles etwas ruhiger angehen könnten. Viele plagen in diesen Jahren existentielle Sorgen und Ängste.

Dabei zeigt sich, dass sich das Paradox auflösen lässt, insofern als das eine durchaus mit dem anderen zu tun hat: Gerade die mittleren Jahre bergen die Chance, dass wir lebenserprobter und -kundiger als zuvor sind, uns selbst besser kennen, wissen, woran uns liegt. Früher oder später gleichen wohl die meisten gerade deshalb das Leben, in dem sie gelandet sind, mit den Bildern ab, die sie sich einst von ihrer Zukunft gemacht haben und mit jenen, die sie heute als Ideale hochhalten. Sie beginnen, »eine Studie über diese verwirrende Geografie zu machen«[5], in der sie sich gegenwärtig befinden. Das mag schmerzhaft sein, weil es einen dazu zwingen kann, sich vom einen oder anderen loszureißen und zu verabschieden, was nicht mehr erreichbar sein wird oder nicht länger zu einem passt. Es kann aber auch dabei helfen, umso entschlossener in die zweite Lebenshälfte zu schreiten, wenn deutlicher zutage tritt, woran einem wirklich liegt und was nachhaltig erfüllend ist im eigenen Leben.

Sich nicht auskennen

Manchen präsentiert sich ihre Mittellage aber weit verschwommener, und es macht sich eine tiefe Ratlosigkeit breit. Die Pläne, die sie einst machten, haben sich erschöpft, die Ziele sind erreicht oder passen nicht länger zu der Person, die sie im Lauf der Zeit geworden sind. Die eigene Biografie schiebt uns in den mittleren Jahren nicht mehr länger voran, wir stehen orientierungslos in einer weiten Ebene. Die »verwirrende Geografie«, von der James Baldwin schreibt, konfrontiert uns mit einer gänzlich unbekannten Landschaft, einer »Terra incognita«, wie Kartografen früher solche Regionen nannten. Was nun? Wir kennen uns nicht länger aus.

Ludwig Wittgenstein benennt die Einsicht, sich nicht auszukennen, als Grundform jedes philosophischen Problems.[6] Nähert man sich in der Philosophie einem Problem, bedeutet das, jegliche Vorannahmen fallenzulassen, alles in Zweifel zu ziehen und zu fragen, ob es sich nicht auch ganz anders verhalten könnte. Das ist die sokratische Grundidee der Philosophie: drehe und wende den Gegenstand, das Argument, die These, und frage, ob das Gegenteil ebenso zutreffen könnte. Sich nicht mehr auszukennen im eigenen Leben, hieße analog, sich in den eigenen Grundfesten erschüttern zu lassen, die Werte, Bindungen, Ziele gegen das Licht zu halten und durchleuchten zu lassen, sie auf Hohlräume abzuklopfen und jeden einzelnen Stein umzudrehen. Im Fall eines philosophischen Problems dient die radikale Skepsis der genaueren und gefestigteren Erkenntnis, die sich gegen Kritik immer besser zu verteidigen weiß. So auch im Leben: Sich verwirren zu lassen und sich zu verlieren und an den existentiellen Fragen zugrunde zu gehen, heißt nichts anderes, als auf den eigenen Grund und Boden zu sinken, um bestenfalls umso gefestigter und sicherer aus der Krise hervorzugehen. In Dante Alighieris *Göttlicher Komödie* ist das Sich-Verirren im Wald schließlich auch die Voraussetzung für die Läuterung und schließlich die Erlösung des Ich-Erzählers.

Henry David Thoreau, der amerikanische Schriftsteller, Philosoph und Naturforscher des neunzehnten Jahrhunderts, zog sich mit achtundzwanzig Jahren in eine Hütte im Wald zurück. Er wollte sich zu diesem Zeitpunkt der Verwirrung seiner mittleren Jahre stellen – seiner Frage, wie zu leben sei und woran ihm wirklich liege. Während seines Experiments, das er in seinem Buch *Walden. Ein Leben mit der Natur* eingehend beschrieb, lebte er zwei Jahre lang in einer einfachen Blockhütte am Walden Pond unweit von Concord, einer Kleinstadt in Massachussets, Neuengland. Dieses Erlebnis eines selbstbestimmten und selbstversorgenden Lebens ganz im Einklang mit der Natur war von großer Bedeutung für ihn. In seinem Bericht schreibt er: »Ich bin in den Wald gezogen, weil mir daran lag, bewusst zu leben, es nur mit den wesentlichen Tatsachen des Daseins zu tun zu haben. Ich wollte sehen, ob ich nicht lernen könne, was es zu lernen gibt, um nicht, wenn es ans Sterben ginge, die Entdeckung machen zu müssen, nicht gelebt zu haben. […] Ich wollte intensiv leben, dem Leben alles Mark aussaugen.«[7] Thoreau war bereit, sich der Verwirrung auszusetzen, und das hieß für ihn, Abstand zu nehmen von allen Gewissheiten, die das bürgerliche zivilisierte Leben bedeutete. Zu leben war für ihn gleichbedeutend damit, bereit zu sein, sich zu verlieren und neu zu finden, denn: »Nicht eher, als bis wir verloren sind – mit anderen Worten: bis wir die Welt verloren haben –, fangen wir an, uns selbst zu finden.«[8]

In ihrem Buch *Die Kunst, sich zu verlieren* geht die Essayistin Rebecca Solnit diesem Suchen und Finden auf den Grund und beschreibt das Sich-Verlieren als klügste Art, im Leben fündig zu werden.[9] Solnit weist darauf hin, dass das englische Wort »lost« (auf Deutsch bedeutet es bemerkenswerterweise sowohl »verirrt« als auch »verloren«) vom altnordischen »los« abstamme, was so viel bedeute wie »Auflösung eines Heeres«: Kämpfende kehren heim von der Front, lösen sich aus ihren Formationen und finden ihren Weg nachhause, was zugleich heißt, dass Frieden einkehren kann.[10] Wer bereit sei, sich im Leben zu verirren, und sich existentiell zu verlieren wage, müsse sich lösen von allen Kampfhandlungen, die inneren Waffen strecken und sich den eigenen drängenden Fragen ergeben, so Solnit. Vielleicht passt das Leben, das man bisher führte, nicht länger zu einem? Vielleicht gilt es, neu anzusetzen oder in andere Richtungen aufzubrechen? Oder sich aus dem Ringen mit eigenen Vorhaben und Zielen ein Stück weit zu lösen, um sich einzusetzen für eine Sache, die das enge Eigeninteresse übersteigt?

Dabei sind Solnit zufolge jene, die sich beim Wandern in den Bergen, in der Wüste, im Wald verirrt haben, besser für das Überleben gerüstet, wenn sie nicht in Panik ausbrechen, sondern akzeptieren, dass sie sich verirrt haben. Wer rastlos weitergeht, um möglichst schnell einen Ausweg aus dem Labyrinth zu finden, riskiert Erschöpfung. Kinder überlebten oftmals länger in der Wildnis als Erwachsene, weil sie schnell verstünden, dass sie sich verirrt haben und darauf angewiesen seien, auf Hilfe zu warten, schreibt Solnit. In der Zwischenzeit würden sie den Blick auf ihre Umgebung richten, Wasserspuren erkennen, Höhlen und vielleicht Essbares finden. Auszuharren, die Situation anzunehmen und sich umzusehen, scheint die weit klügere Option in einer Notlage zu sein, als krampfhaft zu versuchen, ihr zu entkommen.[11]

Übertragen auf die Krise in der Lebensmitte, würde das bedeuten, dass es gilt, »die Kunst, in der Irre zuhause zu sein«,[12] zu erlernen und zu praktizieren: Zu akzeptieren, dass man sich nicht länger auskennt, wäre dann der allererste Schritt, um irgendwann in neue, weniger feindliche Landschaften vordringen zu können. »Ist nicht unser eigenes Inneres ein weißer Fleck auf der Landkarte?«, fragt Henry David Thoreau. Die eigentliche Herausforderung bestehe nicht darin, die Welt zu erforschen und etwa mit »einem Schiff der Regierung mit fünfhundert Mann Besatzung viele tausend Meilen durch Sturm und Kälte zu segeln«, sondern das eigene Innere, die »eigenen höheren Breitengrade«, »das eigene Meer, den Atlantik und Pazifik des eigenen Ichs zu erforschen«. Es gehe darum, ein »Kolumbus neuer Welten und Kontinente in deinem Innern« zu sein.[13]

Das scheint mir die Herausforderung der mittleren Jahre zu sein. In jungen Jahren werden die Aufgaben zu einem Großteil noch an uns herangetragen: Es gilt, sich von seiner Umgebung zu emanzipieren und sich an der eigenen Herkunft abzuarbeiten, um mündig und erwachsen zu werden. Im Alter wiederum überblickt man zwar das eigene Leben, kann aber nicht mehr so einfach neu ausschwärmen. Die mittleren Jahre hingegen sind die freieste Zeit unseres Lebens: Auf dem Hochplateau angelangt, können wir hoffentlich aus reichen Erfahrungsschätzen schöpfen und neu gewonnene Spielräume nutzen. Die Überfülle an Aufgaben, die just in dieser Zeit auf einen einprasseln kann, mag einen immer wieder einmal zweifeln lassen, ob diese Jahre wirklich eine Zeit der Freiheit sind. Aber könnten wir nicht gerade jetzt – aus dieser Distanz, mit dieser Lebenserfahrung, mit dieser gewonnenen und eingeübten Souveränität – vertrauensvoll und mutig ins pralle Leben eintauchen?

Topografien des Lebens

Seit geraumer Zeit gehört es zu meinen Tagträumereien, mein Leben wie eine Landkarte vor meinem Inneren aufzufalten und seine Topografie zu studieren. Ich mag es, die Hügel und Täler, die ich bereits durchschritten habe, und die Wege, denen ich gefolgt bin, gedanklich nachzuzeichnen. Die Landschaft der Möglichkeiten, in die mein Leben eingebettet ist, liegt größtenteils unberührt. Nie werde ich alles abschreiten können, was in einem alternativen Leben möglich gewesen wäre.

Kartografen nennen die »Terra incognita«, die unerforschten Gebiete, auch »sleeping beauties« und zeichnen sie auf der Landkarte weiß.[14] Mir gefällt die Vorstellung, dass es mir vergönnt sein könnte, ein paar dieser »schlafenden Schönheiten« in der Nähe meines Lebensweges in Zukunft zu erforschen und in lebendige Farben zu tauchen. Ich weiß, dass ich an Weggabelungen Entscheidungen werde fällen müssen und dass dazu auch gehört, viele andere Möglichkeiten mit Bedauern aus- und wegzulassen. Das ist der Inbegriff meiner Freiheit: mich nicht durch die Tage schieben zu lassen wie das Geröll einer Steinlawine, sondern entschlossen weiterzugehen auf der Wanderung meines Lebens.

Dank

Ich danke meinen Freundinnen und Freunden, die mit mir seit so vielen Jahren in diesem Leben unterwegs sind. Ganz besonders Rahel Hubacher und Corinne Elsener.

Danke an Wolfram Eilenberger, Christoph Baumberger, Holger Baumann, Peter Schaber, Eva Weber-Guskar und Magdalena Hoffmann für wichtige Gedankenanstöße zu diesem Buch und den Zuspruch im richtigen Moment. Und für eure Freundschaft, die mein Leben reicher macht.

Danke, Susanne Boshammer, für so viele Ideen und überhaupt für unsere Verbindung. Wie lustig Philosophie sein kann, das weiß ich nur dank dir. Ich schulde dir eine Tüte Marshmallows und noch viel mehr. Danke, Stefan Riedener, für deine kostbaren Hinweise und unsere nährenden philosophischen Gespräche, die ich vermisse, seit du in der Ferne lebst. Ich hoffe, du begegnest hie und da einem Falken. Danke, Markus Huppenbauer, ohne dich hätte ich nie in dieser Weise über den Glanz im Leben nachgedacht.

Mein Dank gilt auch Béatrice Lienemann und Eva Odzuck für die Einladung an die Freie Universität Erlangen, für eure Gastfreundschaft und die Gelegenheit, mit euch meine Ideen zu diskutieren. Danke, Gerhard Ernst, für erhellende Gespräche, auch über Weihwasserspender und Motorräder, und dein offenes Haus in Erlangen. Danke, Christian Seidel, ich freue mich, dass wir uns in Erlangen wieder begegnet sind. Deine Überlegungen zur Fülle des Lebens waren Gold wert.

Danke an den Kreativitätsfonds von Schweizer Radio und Fernsehen SRF für die großzügige Ermöglichung einer Auszeit. Danke an meine Kolleginnen und Kollegen von den »Sternstunden«, die lange Sommerpausen mittrugen. Danken möchte ich auch den freundlichen Mitarbeiterinnen im Lesesaal der Zürcher Museumsgesellschaft und all den Menschen, die ebenfalls dort arbeiten und von denen ich fast niemanden kennengelernt habe – doch euer konzentriertes Arbeiten hat mich über manches Motivationstief hinweggetragen. Danke, Nicola Steiner, dass ich dank dir unter dem Dach des Literaturhauses schreiben und denken darf und du immer wieder Zeit hast für einen Kaffee. Danke, Anna Engler, für das Verteidigen von freien Schreibzeiten.

Mein Dank gilt nicht zuletzt Florian Kessler für die Genauigkeit beim Lektorieren, für deine aufmunternde Freundlichkeit und für so manche kluge Idee, sowie Martha Bunk und Kerstin Thorwarth für ihren exakten Blick auf das Manuskript. Danke, Michael Gaeb, für den Glauben an dieses Projekt und die Gespräche über das werdende Buch.

Und schließlich danke an meine Kinder und Jean-Daniel – von Herzen, für alles.

Anmerkungen

1
In der Lebensmitte

1 Dante Alighieri (1963): *Die Göttliche Komödie*, Erster Gesang, Verse 1–3, 47. Die Rechte an der deutschen Übersetzung von Ida und Walther von Wartburg liegen beim Manesse Verlag, Zürich, in der Penguin Random House Verlagsgruppe GmbH.

2 Anja Jardine (2020): »In der Mitte des Lebens«, in: *NZZ* (9.11.2020).

3 Lindsey Mead (Hg.) (2019): *On Being 40(ish). Fifteen Writers on the Prime of Their Lives*, New York: Simon & Schuster, xvi (Übers.: BB).

4 Margriet de Moor (1991): *Erst grau dann weiß dann blau,* München: dtv, 182.

5 Zitiert nach Daniel Jacob Levinson (1979): *The Seasons of a Man's Life*, New York: Knopf, 250 (Übers.: BB).

6 Siehe z. B. Alexandra M. Freund und Johannes O. Ritter (2009): »Midlife Crisis. A Debate«, in: *Gerontology* 55, 582–591, hier: 583, oder Pasqualina Perrig-Chiello (2024): *Own your Age*, Weinheim: Beltz, 17.

7 Die absoluten Zahlen hängen offensichtlich auch von der statistischen Lebenserwartung ab: Je länger wir leben, umso mehr verschiebt sich zumindest ein Teil der lebensprägenden Ereignisse nach hinten, wie etwa ein erster Bildungsabschluss, eine Familiengründung oder der Verlust der eigenen Eltern, was nicht zuletzt die zeitliche Verortung der Lebensphasen tangiert.

8 Für weitere Beispiele und eine psychologische Einordnung siehe Pasqualina Perrig-Chiello (2024): *Own your Age*, Weinheim: Beltz, 71 ff.

9 John Williams (2018): *Stoner*, München: dtv, 229. Den wunderbaren Roman habe ich dank der Lektüre von Kieran Setiyas Buch neu entdeckt. Er zieht sich auch durch sein Buch über die Lebensmitte. Siehe ders. (2019): *Midlife Crisis. Eine philosophische Gebrauchsanweisung*, Berlin: Insel.

10 Simone de Beauvoir (1982): *Der Lauf der Dinge*, Reinbek bei Hamburg: Rowohlt, 621.

11 Lew Tolstoj (2019): *Meine Beichte*, Berlin: Insel, 42.

12 Elliott Jaques (1965): »Death and the Midlife Crisis«, in: *The International Journal of Psychoanalysis* 46, 502–514.

13 Vgl. dazu Alexandra M. Freund und Johannes O. Ritter (2009): »Midlife Crisis. A Debate«, in: *Gerontology* 55, 582–591.

14 Bekannt geworden sind in diesem Zusammenhang vor allem die Studien von David G. Blanchflower und Andrew Oswald, die Personen unterschiedlichen Alters in verschiedenen Weltregionen zu ihrem physischen und psychischen Wohlbefinden befragt haben. Siehe David G. Blanchflower und Andrew J. Oswald (2008): »Is well-being U-shaped over the life cycle?«, in: *Social Science & Medicine* 66 (8), 1733–1749. Für eine kritische Einordnung vgl. bspw. https://statmodeling.stat.columbia.edu/2010/12/26/age_and_happine/ (letzter Zugriff: 25.2.2024).

15 Jessica Grose (2023): »This Isn't What Middle Age Was Supposed to Look Like«, in: *The New York Times* (14.3.2023).

16 Vgl. dazu auch Kieran Setiya (2019): *Midlife Crisis. Eine philosophische Gebrauchsanweisung*, Berlin: Insel, 19–22.

17 Susanne Schmidt (2018): »Midlife-Crisis. Die feministischen Ursprünge eines chauvinistischen Klischees«, in: Michael Hagner und Christoph Hoffmann (Hg.): *Nach Feierabend. Materialgeschichten*, Zürich: Diaphanes, 179–197.

18 Pasqualina Perrig-Chiello (2024): *Own your Age*, Weinheim: Beltz, 9.

19 Den Lebenslauf als Treppe zu zeichnen, die einen natürlichen Bogenverlauf suggeriert, oder in feste Phasen zu unterteilen, die harmonisch aufeinanderfolgen, hat eine lange Tradition, die bis in die Antike zurückreicht. Der athenische Staatsmann Solon, der im sechsten Jahrhundert vor Christus lebte, beschrieb zehn Lebensabschnitte zu je sieben Jahren, die ein Mensch natürlicherweise durchschreiten sollte. Einige Jahrzehnte später unterteilte Pythagoras das Leben analog zu den Jahreszeiten in vier Phasen, während Hippokrates sieben Lebensphasen beschrieb, wie im Übrigen auch Jahrhunderte später William Shakespeare, der in *Wie es euch gefällt* vom Leben als einer Bühne spricht, auf der wir in sieben Akten verschiedene Rollen zu spielen hätten. In den Veden, der ältesten Textsammlung

Indiens, ist von vier Lebensphasen die Rede, denen je unterschiedliche Pflichten entsprechen. In Gesellschaften, die die Sicherung des individuellen Wohls noch viel stärker als heute familiären Verbünden überantworteten, dienten die normierten Lebensläufe nicht zuletzt dazu, die Verantwortlichkeiten zwischen den Generationen festzuschreiben. Vgl. dazu etwa Eva Birkenstock (2008): *Angst vor dem Altern? Zwischen Schicksal und Verantwortung*, Freiburg/München: Karl Alber, 24–31.

20 Bernice L. Neugarten (1996): »The Young-Old and the Age-Irrelevant Society«, in: Dail A. Neugarten (Hg.): *The Meanings of Age. Selected Papers*, Chicago: University of Chicago Press, 34–46.

21 Vgl. dazu bspw. Alexandra M. Freund, Jana Nikitin, Johannes O. Ritter (2009): »Psychological Consequences of Longevity. The Increasing Importance of Self-Regulation in Old Age«, in: *Human Development* 52 (1), 1–37, v. a. 5 ff.

22 Susan Sontag (2024): »Zweierlei Maß. Altern ist nicht gleich Altern«, in: dies.: *Über Frauen*, München: Hanser, 7–48.

23 Vgl. dazu auch Claudia Bozzaro (2014): »Das Leben als Ernstfall. Der individuelle Lebensvollzug im Horizont der verrinnenden Zeit«, in: *Zeitschrift für Praktische Philosophie* 1 (1), 223–252.

24 Vgl. dazu Mark Schweda (2014): »›Ein Jegliches hat seine Zeit‹. Altern und die Ethik des Lebensverlaufs«, in: *Zeitschrift für Praktische Philosophie* 1 (1), 253–300, v. a. 292.

25 Holmer Steinfath (2020): »Zeit und gutes Leben«, in: *Zeitschrift für philosophische Forschung* 74 (4), 493–513, hier: 494.

26 Holmer Steinfath (2020): »Zeit und gutes Leben«, in: *Zeitschrift für philosophische Forschung* 74 (4), 493–513, hier: 495. Vgl. dazu auch den Schwerpunkt »Altern, Ethik und menschliche Zeitlichkeit« in: *Zeitschrift für Praktische Philosophie* 1 (1) von 2014, herausgegeben von Mark Schweda und Claudia Bozzaro, 167–358.

27 Vgl. dazu auch David Velleman (2015): »Well-Being and Time«, in: ders.: *Beyond Price. Essays on Birth and Death*, Cambridge: Open Book Publishers, 141–173.

28 John Williams (2018): *Stoner*, München: dtv, 229.

29 Zwei rare Ausnahmen bilden hier Christopher Hamilton (2009): *Middle Age*, London/New York: Routledge, und insbesondere Kieran Setiya (2019): *Midlife Crisis. Eine philosophische Gebrauchsanweisung*,

Berlin: Insel. Setiyas Buch war mir in vielem Inspiration und Anregung. Kapitel 5 befasst sich eingehend mit seinen Gedanken zum Thema.

30 Z. B. Nadine Mooren (2023): *Leben im Alter. Eine philosophische Untersuchung zur Frage nach dem guten Leben*, Frankfurt a. M.: Klostermann; Frances Kamm (2020): *Almost Over. Aging, Dying, Dead*, Oxford: Oxford University Press; Ottfried Höffe (2019): *Die hohe Kunst des Alterns. Kleine Philosophie des guten Lebens*, München: C. H. Beck; Wilhelm Schmid (2014): *Gelassenheit. Was wir gewinnen, wenn wir älter werden*, Berlin: Insel; Ludwig Hasler (2019): *Für ein Alter, das noch was vorhat. Mitwirken an der Zukunft*, Zürich: Rüffer & Rub; Heinz Rüegger (2023): *Lebenskunst des Alterns. Gerontologische und theologische Aspekte*, Zürich: TVZ.

31 Vgl. dazu etwa einführend Johannes Drerup und Gottfried Schweiger (2024): *Was ist eine gute Kindheit?*, Stuttgart: Reclam, oder Alexander Bagattini und Colin Macleod (Hg.) (2016): *The Nature of Children's Well-Being. Theory and Practice*, Berlin: Springer.

32 Nancy S. Jecker argumentiert in ihrem Buch *Ending Midlife Bias. New Values for Old Age*, dass nahezu die gesamte Philosophiegeschichte die Lebensmitte adressiere, weil die behandelten Fragen immer so gestellt und diskutiert würden, wie sie sich ausschließlich für Menschen mittleren Alters stellten. Jeckers These blendet aber aus, dass sich in der Lebensmitte bestimmte philosophische Fragen noch einmal neu und anders stellen als etwa im frühen Erwachsenenalter oder im frühen Alter. Siehe Nancy S. Jecker (2020): *Ending Midlife Bias. New Values for Old Age*, Oxford: Oxford University Press.

33 Anja Jardine (2020): »In der Mitte des Lebens«, in: *NZZ* (9.11.2020).

34 Ludwig Wittgenstein (1960): *Philosophische Untersuchungen*, § 123, Frankfurt a. M.: Suhrkamp, 302.

35 C. G. Jung (2012): *Briefe I: 1906–1945*, herausgegeben von Aniela Jaffé in Zusammenarbeit mit Gerhard Adler, Edition C. G. Jung, Ostfildern: Patmos, 175 f. (Brief vom 15.12.1933).

36 Hannah Arendt (1998): *Vom Leben des Geistes. Das Denken – Das Wollen*, München: Piper, 175.

2
Ende in Sicht

1 Ronald Dworkin (1993): *Life's Dominion. An Argument about Abortion and Euthanasia*, London: Harper Collins, 199 (Übers.: BB).

2 Marina Benjamin (2020): *Zwischenzeiten. Vom Verstehen der Wechseljahre*, Berlin: Arche: 129.

3 Albert Camus (1956): *Der Mythos von Sisyphos. Ein Versuch über das Absurde*, Hamburg: Rowohlt, 17.

4 Elliott Jaques (1965): »Death and the Midlife Crisis«, in: *The International Journal of Psychoanalysis* 46, 502–514, hier: 506, zitiert nach Kieran Setiya (2019): *Midlife Crisis. Eine philosophische Gebrauchsanweisung*, Berlin: Insel, 125.

5 Irvin Yalom (2010): *In die Sonne schauen. Wie man die Angst vor dem Tod überwindet*, München: btb.

6 Leo Tolstoi (1992): *Der Tod des Iwan Iljitsch*, Stuttgart: Reclam, 55.

7 Leo Tolstoi (1992): *Der Tod des Iwan Iljitsch*, Stuttgart: Reclam, 19.

8 Für eine Übersicht über die Argumente siehe bspw. Héctor Wittwer (2020): *Philosophie des Todes*, Stuttgart: Reclam, sowie Thomas Ramge (2023): *Wollt ihr ewig leben? Vom Fluch der Unsterblichkeit und Segen der Biotechnologie*, Stuttgart: Reclam.

9 Bernard Williams (1978): »Die Sache Makropulos. Reflexionen über die Langeweile der Unsterblichkeit«, in: Héctor Wittwer (Hg.) (2014): *Der Tod. Philosophische Texte von der Antike bis zur Gegenwart*, Stuttgart: Reclam, 261–293.

10 Eine Erläuterung dieses Gedankenganges findet sich etwa bei Dieter Birnbacher (2017): *Tod*, Berlin/Boston: De Gruyter, 53.

11 Julian Barnes (2011): *Nichts, was man fürchten müsste*, München: btb, 61.

12 Zu den entsprechenden Versuchen und deren philosophischen Grundlagen siehe bspw. Adrian Daub (2021): *Was das Valley denken nennt. Über die Ideologie der Techbranche*, Frankfurt a. M.: Suhrkamp.

13 Odo Marquard (1994): »Zeit und Endlichkeit«, in: ders.: *Skepsis und Zustimmung. Philosophische Studien*, Stuttgart: Reclam, 45–58, hier: 49.

14 Vgl. zur absurd kurzen Lebensspanne, die wir zur Verfügung haben, Thomas Nagel (1971): »The Absurd«, *The Journal of Philosophy* 68 (20), 716–727, insbesondere 717.

15 Tiere können durchaus auch ein Verständnis vom Tod haben, insofern als sich einzelne Spezies zumindest noch eine Weile um ihre verstorbenen Artgenossen bemühen oder sich zum Sterben von der Herde abwenden. Vgl. dazu bspw. Thomas Macho (2022): *Warum wir Tiere essen*, Wien: Molden. Eine eigentliche Reflexion über den Tod und die eigene kurze Lebensfrist kennen Tiere jedoch nicht.

16 Michel de Montaigne (1969): »Philosophieren heißt Sterben lernen«, in: ders.: *Essais*, 1. Buch, 19. Kapitel, 52–62, Stuttgart: Reclam. Zu dieser Gewöhnung animieren heute auch entsprechende Apps, etwa jene mit dem ungemütlichen Titel »We croak« (zu Deutsch: »Wir krepieren«), die einem fünfmal täglich zu irgendeinem Zeitpunkt eine Botschaft schickt, die an die eigene Sterblichkeit erinnert.

17 Ein Suizid ändert dies ein Stück weit, indem wir unseren Todeszeitpunkt selber bestimmen.

18 Diese komplette Ignoranz bezüglich des Todes thematisiert bereits Sokrates in seiner *Apologie*. Sokrates meint, dass es nicht vernünftig sei, den Tod zu fürchten, weil wir nicht wüssten, was er sei. Wir gingen davon aus, dass es sich dabei um das größte Übel handle, aber vielleicht sei der Tod ja auch etwas Gutes. Wir wissen es einfach nicht.

19 Vgl. zum Schwindel, der einen erfasst, wenn man das Ende des eigenen Bewusstseins zu denken versucht, auch Samuel Scheffler (2013): *Death and the Afterlife*, New York: Oxford University Press, 85 f., sowie Thomas Nagel (1986): *The View from Nowhere*, New York: Oxford University Press, 223–231.

20 Julian Barnes (2011): *Nichts, was man fürchten müsste*, München: btb, 136.

21 Epikur (1980): »Brief an Menoikeus«, in: ders.: *Briefe, Sprüche, Werkfragmente*. Übersetzt und herausgegeben von Hans-Wolfgang Krautz, Stuttgart: Reclam, 41–51, hier: 45.

22 So auch Ludwig Wittgenstein: »Der Tod ist kein Ereignis des Lebens. Den Tod erlebt man nicht.« In: ders. (1984): *Tractatus logico-philosophicus*, 6.4311, Werkausgabe Band I, Frankfurt a. M.: Suhrkamp, 84.

23 Vgl. zum Deprivationsargument insbesondere Thomas Nagel (1970): »Death«, in: *Nous* 4 (1), 73-80. Der Schriftsteller Wolfgang Herrndorf, der mit achtundvierzig an einem Hirntumor erkrankt und gestorben ist und mit *Arbeit und Struktur* ein ergreifendes Dokument des Lebens angesichts des nahenden Todes vorgelegt hat, fasst dies in der

brutalen, ihn plötzlich überkommenden Einsicht zusammen, »dass ich mich nie wieder verlieben werde, nie wieder wird sich jemand in mich verlieben«. Wolfgang Herrndorf (2015): *Arbeit und Struktur*, Reinbek: Rowohlt Taschenbuch Verlag, 106.

24 Christoph Schlingensief (2010): *So schön wie hier kanns im Himmel gar nicht sein! Tagebuch einer Krebserkrankung*, München: btb, 188.

25 Lukrez (1991): *Von der Natur der Dinge*, München: dtv, 170–180.

26 Vladimir Nabokov (1964): *Sprich, Erinnerung, sprich. Wiedersehen mit einer Autobiographie*, Reinbek b. Hamburg: Rowohlt, 17.

27 Ronald Dworkin (1993): *Life's Dominion. An Argument about Abortion and Euthanasia*, London: Harper Collins, 199 (Übers.: BB).

28 Martin Heidegger (1963): *Sein und Zeit*, § 52, Tübingen: Niemeyer, 259, siehe dort ebenfalls Fußnote 1.

29 Martin Heidegger (1963): *Sein und Zeit*, § 53, Tübingen: Niemeyer, 262.

30 Martin Heidegger (1963): *Sein und Zeit*, § 53, Tübingen: Niemeyer, 266. Eine hilfreiche Erläuterung dieser Passagen findet sich in Héctor Wittwer (2014): »Einführung«, in: ders. (Hg.): *Der Tod. Philosophische Texte von der Antike bis zur Gegenwart*, Stuttgart: Reclam, 7–30, hier: 24–28.

31 So Héctor Wittwer (2014): »Einführung«, in: ders. (Hg.): *Der Tod. Philosophische Texte von der Antike bis zur Gegenwart*, Stuttgart: Reclam, 7–30, hier: 27.

32 Diese Bemerkung ist nicht trivial, und nicht alle teilen sie. Immanuel Kant war etwa der Ansicht, es gebe durchaus eine moralische Pflicht, etwas aus sich und seinem Leben zu machen.

33 Martin Heidegger (1963): *Sein und Zeit*, § 53, Tübingen: Niemeyer, 266.

34 Vgl. dazu Claudia Bozzaro (2014): »Das Leben als Ernstfall. Der individuelle Lebensvollzug im Horizont der verrinnenden Zeit«, in: *Zeitschrift für Praktische Philosophie* 1 (1), 223–252, hier: 246 f. Siehe auch: dies. (2014): *Das Leiden an der verrinnenden Zeit*, Stuttgart-Bad Cannstatt: Frommann-Holzboog.

35 Vgl. für eine Kritik Dieter Birnbacher (2017): *Tod*, Berlin/Boston: De Gruyter, Kapitel 6.1.

36 Vgl. dazu Holmer Steinfath (2020): »Zeit und gutes Leben«, in: *Zeitschrift für philosophische Forschung* 74 (4), 493–513, hier: 496.

37 Was das genauer bedeuten könnte, entwickelt François Jullien in: ders. (2017): *Ein zweites Leben*, Wien: Passagen Verlag. Ich komme auf diesen Gedanken in Kapitel 4 zurück.
38 Odo Marquard (1994): »Zeit und Endlichkeit«, in: *Skepsis und Zustimmung. Philosophische Studien*, Reclam: Stuttgart, 45–58, hier: 49.
39 Odo Marquard (1994): »Zeit und Endlichkeit«, in: *Skepsis und Zustimmung. Philosophische Studien*, Reclam: Stuttgart, 45–58, hier: 49.
40 Giovanni Maio (2014): »Schwangerschaft auf Abruf? Warum Social Egg Freezing nicht der richtige Weg ist«, in: *Imago Hominis* 21 (1), 12–16, hier: 14.
41 Thomas Rentsch (2014): »Werden zu sich selbst: Das Altern und die Zeitlichkeit des guten Lebens«, in: *Zeitschrift für Praktische Philosophie* 1 (1), 301–326, hier: 322.
42 L. Annaeus Seneca (1978): »Von der Kürze des Lebens«, in: ders.: *Vom glückseligen Leben*, Stuttgart: Alfred Kröner, 90–118.
43 L. Annaeus Seneca (1978): »Von der Kürze des Lebens«, in: *Vom glückseligen Leben*, Stuttgart: Alfred Kröner, 90–118, hier: 101.
44 Vgl. Thomas Ramge (2023): *Wollt ihr ewig leben? Vom Fluch der Unsterblichkeit und Segen der Biotechnologie*, Stuttgart: Reclam, 50–52.
45 Eva von Redecker (2023): *Bleibefreiheit*, Frankfurt a. M.: Fischer, 81.
46 Sören Kierkegaard (1964): »Drei Reden bei gedachten Gelegenheiten«, in: ders.: *Gesammelte Werke, 13. und 14. Abteilung*, Düsseldorf/Köln: Diederichs, 178.
47 Dieter Birnbacher (2017): *Tod*, Berlin/Boston: De Gruyter, 133.
48 Ludwig Wittgenstein (1984): *Tractatus logico-philosophicus*, 6.4311, Werkausgabe Band I, Frankfurt a. M.: Suhrkamp, 84.

3
Reue, Bedauern und Ambivalenz

1 Hilary Mantel (2016): *Von Geist und Geistern*. Aus dem Englischen von Werner Löcher-Lawrence © 2016 DuMont Buchverlag, Köln, 29.
2 »Non, je ne regrette rien«. Text von Michel Jacques Pierre Vaucaire. Music von Charles Gaston Dumont. © Semi Societe. Courtesy of Chappell Musikverlag GmbH. Das Chanson wurde erstmals von Édith Piaf aufgenommen und veröffentlicht.

3 Ingeborg Bachmann (1978): »Das dreißigste Jahr«, in: dies.: *Werke*, zweiter Band: *Erzählungen*, München/Zürich: Piper, 94–137, hier: 94.

4 Ingeborg Bachmann (1978): »Das dreißigste Jahr«, in: dies.: *Werke*, zweiter Band: *Erzählungen*, München/Zürich: Piper, 94–137, hier: 96.

5 Ingeborg Bachmann (1978): »Das dreißigste Jahr«, in: dies.: *Werke*, zweiter Band: *Erzählungen*, München/Zürich: Piper, 94–137, 94 f.

6 Vgl. dazu die erhellende Studie von David Epstein (2019): *Range. Why Generalists Triumph in a Specialized World*, New York: Random House.

7 In Bertolt Brechts Gedicht »Wahrnehmung« von 1949 lautet die entsprechende Zeile: »Die Mühen der Gebirge liegen hinter uns / Vor uns liegen die Mühen der Ebenen.«

8 Max Frisch (1954): *Stiller*, Frankfurt a. M.: Suhrkamp.

9 Das bestätigen auch die Sozialwissenschaften. Siehe dazu etwa Pasqualina Perrig-Chiello (2024): *Own your Age*, Weinheim: Beltz, oder Alexandra M. Freund und Johannes O. Ritter (2009): »Midlife Crisis. A Debate«, in: *Gerontology* 55, 582–591.

10 David Velleman (2015): »Well-Being and Time«, in: ders.: *Beyond Price. Essays on Birth and Death*, Cambridge: Open Book Publishers, 141–173, insbes. 156.

11 Hilary Mantel (2016): *Von Geist und Geistern*, Köln: DuMont, 29. Das Bild der Geister, die uns plagen, ist in der Literatur eine beliebte Metapher für retrospektives Bedauern, so bspw. auch bei Henry James in seinem Roman *Die Gesandten* oder bei Sherwood Anderson in *Winesburg, Ohio*. Vgl. für eine Analyse Janet Landman (1993): *Regret. The Persistence of the Possible*, New York: Oxford University Press, 80.

12 Benedictus de Spinoza (2010): *Die Ethik. Schriften, Briefe*, übersetzt von Carl Vogl, Teil IV, 54. Lehrsatz, Stuttgart: Kröner, 238.

13 Friedrich Nietzsche (1999): *Menschliches, Allzumenschliches. Ein Buch für freie Geister*, 2. Band, II.323. Kritische Studienausgabe, herausgegeben von Giorgio Colli und Mazzino Montinari, München: De Gruyter, 695.

14 So auch Rüdiger Bittner (1992): »Is It Reasonable to Regret Things One Did?«, in: *The Journal of Philosophy* 89 (5), 262–273.

15 Susanne Boshammer (2020): *Die zweite Chance. Warum wir (nicht alles) verzeihen sollten*, Hamburg: Rowohlt, 106.

16 Vgl. Rüdiger Bittner (1992): »Is It Reasonable to Regret Things One Did?«, in: *The Journal of Philosophy* 89 (5), 272 (Übers.: BB). Bittner teilt Spinozas Grundthese, dass Reue unvernünftig sei, entwickelt Spinozas Argument allerdings weiter.

17 Benedictus de Spinoza (2010): *Die Ethik. Schriften, Briefe*, übersetzt von Carl Vogl, Teil IV, 54. Lehrsatz, Stuttgart: Kröner, 238.

18 Vgl. für eine eingehende philosophische Analyse R. Jay Wallace (2013): *The View from Here. On Affirmation, Attachment, and the Limits of Regret*, Oxford: Oxford University Press, 16. Für eine psychologische Einordnung Janet Landman (1993): *Regret. The Persistence of the Possible*, New York: Oxford University Press.

19 Philosophisch ist dieser Punkt strittig. Bernard Williams vertritt etwa die viel diskutierte These, es sei immer angemessen, Reue zu empfinden, wenn unsere Handlungen zu einem schlechten Ergebnis führten. Haben wir etwa ohne eigenes Verschulden ein Kind überfahren, haben wir dennoch Grund zu bereuen, so Williams, weil wir in den Unfall involviert sind. Wer nicht bereue, distanziere sich von dem, was er oder sie getan habe, anstatt sich damit zu identifizieren. Für Williams kommt diese Distanznahme einer Form von Selbstamputation gleich: Der Mensch ohne Reue gebe seine Taten auf. Siehe Bernard Williams (1981): »Moral Luck«, in: ders.: *Moral Luck. Philosophical Papers 1973–1980*, Cambridge: Cambridge University Press, 20–39.

20 Siehe zu diesem Begriff und zur Unterscheidung zwischen »agent-regret« und »mere regret« Bernard Williams (1981): »Moral Luck«, in: ders.: *Moral Luck. Philosophical Papers 1973–1980*, Cambridge: Cambridge University Press, 20–39, hier: 27 ff.

21 Dieser Umstand ist auch sehr schön eingefangen im bekannten Gedicht »The Road Not Taken« des amerikanischen Dichters Robert Frost von 1915.

22 Diese Unterscheidung arbeitet Bernard Williams heraus in: »Widerspruchsfreiheit in der Ethik«, in: ders. (1978): *Probleme des Selbst*, Leipzig: Reclam.

23 Vgl. dazu auch Kieran Setiya (2019): *Midlife Crisis. Eine philosophische Gebrauchsanweisung*, Berlin: Insel, 72–77.

24 James Baldwin, zitiert nach Janet Landman (1993): *Regret. The Persistence of the Possible*, New York: Oxford University Press, 93 (Übers.: BB).

25 Exemplarisch bspw. Alain Ehrenberg (2008): *Das erschöpfte Selbst. Depression und Gesellschaft in der Gegenwart,* Frankfurt a. M.: Suhrkamp, oder Barry Schwartz (2006): *Anleitung zur Unzufriedenheit. Warum weniger glücklicher macht*, Berlin: Ullstein.

26 Sylvia Plath (2005): *Die Glasglocke*, Frankfurt a. M.: Suhrkamp, 85.

27 Sylvia Plath (2005): *Die Glasglocke*, Frankfurt a. M.: Suhrkamp, 103.

28 Rüdiger Safranski (2021): *Einzeln sein. Eine philosophische Herausforderung*, München: Hanser, 111.

29 Geshe Shawopa, zitiert nach Oliver Burkeman (2022): *4000 Wochen. Das Leben ist zu kurz für Zeitmanagement*, München: Piper, 138.

30 Vgl. dazu Robert E. Goodin (2012): *On Settling*, Princeton: Princeton University Press, 30. Ganz ähnlich Rüdiger Safranski (2021): *Einzeln sein. Eine philosophische Herausforderung*, München: Hanser, 111. Vgl. dazu auch Susanne Beyer (2021): *Die Glücklichen. Warum Frauen die Mitte des Lebens so großartig finden*, München: Blessing, 16, wo Beyer schreibt, nur durch Entscheidungen bekomme das Leben »solide Umrisse«.

31 Anders gesagt: Eine Person sollte sich, wenn sie sich selbst Vorwürfe macht, nicht auf Gründe beziehen, die ihr zum Zeitpunkt der Entscheidung nicht zugänglich waren. Vgl. für diese Position Paddy McQueen (2017): »When Should We Regret?«, in: *International Journal of Philosophical Studies* 25 (5), 608–623.

32 Natürlich sind Extremfälle denkbar, in denen Personen nach bestem Wissen und Gewissen handeln – und im Nachhinein feststellen, dass sie zu einer furchtbaren Sache beigetragen haben. Bernard Williams ist der Ansicht, dass wir auch in solchen Fällen Grund haben zu bereuen, weil wir kausal ins Unglück involviert sind. Vgl. dazu auch Bernard Williams (1981): »Moral Luck«, in: ders.: *Moral Luck. Philosophical Papers* 1973–1980, Cambridge: Cambridge University Press, 20–39, hier: 27 ff.

33 Vgl. Laurie A. Paul (2021): *Was können wir wissen, bevor wir uns entscheiden? Von Kinderwünschen und Vernunftgründen*, Stuttgart: Reclam.

34 Vgl. Orna Donath (2016): *#regretting motherhood. Wenn Mütter bereuen*, München: Knaus.

35 Die Studie sorgte vielerorts für hitzige Debatten. Vgl. dazu Christina Mundlos (2015): *Wenn Mutter sein nicht glücklich macht: Das Phäno-*

men Regretting Motherhood, München: mvg Verlag, sowie Barbara Bleisch und Andrea Büchler (2020): *Kinder wollen. Über Autonomie und Verantwortung*, München: Hanser, 67 f.

36 Vgl. Laurie A. Paul (2021): *Was können wir wissen, bevor wir uns entscheiden? Von Kinderwünschen und Vernunftgründen*, Stuttgart: Reclam.

37 So auch Paddy McQueen (2017): »When Should We Regret?«, in: *International Journal of Philosophical Studies* 25 (5), 608–623.

38 Ingeborg Bachmann (1978): »Das dreißigste Jahr«, in: dies.: Werke, zweiter Band: *Erzählungen*, München/Zürich: Piper, 94–137, hier: 95.

39 Laurie A. Paul (2021): *Was können wir wissen, bevor wir uns entscheiden? Von Kinderwünschen und Vernunftgründen*, Stuttgart: Reclam.

40 Aly Juma (2018): »The Regret Minimization Framework. How Jeff Bezos Made Decisions«, https://alyjuma.medium.com/the-regret-minimization-framework-how-jeff-bezos-made-decisions-4d5a-86deaf24 (letzter Zugriff: 14.2.2024).

41 Für eine Kritik siehe auch John Danaher (2019): »The Wisdom of Regret and the Fallacy of Regret Minimisation«, https://philosophicaldisquisitions.blogspot.com/2019/01/the-wisdom-of-regret-and-fallacy-of.html (letzter Zugriff: 14.2.2024).

42 Vgl. bspw. Bronnie Ware (2015): *5 Dinge, die Sterbende am meisten bereuen. Einsichten, die Ihr Leben verändern werden*, München: Goldmann. 2016 erschien von derselben Autorin: *Leben ohne Reue. 52 Impulse, die uns daran erinnern, was wirklich wichtig ist*, München: Goldmann.

43 Harald Welzer (2021): *Nachruf auf mich selbst. Die Kultur des Aufhörens*, Frankfurt a. M.: S. Fischer.

44 Leo Tolstoi (1965): *Der Tod des Iwan Iljitsch*, Stuttgart: Reclam, 77.

45 Leo Tolstoi (1965): *Der Tod des Iwan Iljitsch,* Stuttgart: Reclam, 83.

46 So beschreibt John Stuart Mill die Herausforderung und Spannung der Freiheit, in: ders. (1974): *Über die Freiheit*, Stuttgart: Reclam, Kapitel 3.

47 Vgl. Henrik Ibsen (1998): *Nora (Ein Puppenheim)*, Leipzig: Reclam. Vgl. dazu auch die Diskussion in Monika Betzler und Barbara Bleisch (Hg.) (2015): *Familiäre Pflichten,* »Einleitung«, Frankfurt a. M.: Suhrkamp, 9–53, sowie Stanley Cavells kluge Bemerkungen zu Noras innerem Konflikt in: ders. (2010): *Cities of Words. Ein moralisches*

Register in Philosophie, Film und Literatur, übersetzt und eingeleitet von Maria-Sibylla Lotter, Zürich: Chronos, 279–296.

48 Siehe dazu R. Jay Wallace (2013): *The View from Here. On Affirmation, Attachment, and the Limits of Regret*, Oxford: Oxford University Press, 16.

49 Vgl. dazu auch die Überlegungen von Jonathan Lear (2022): *Imagining the End. Mourning and Ethical Life*, Cambridge MA: The Belknap Press of Harvard University Press, 74 f.

50 Vgl. dazu Justin F. White (2017): »Revelatory Regret and the Standpoint of the Agent«, in: *Midwest Studies in Philosophy* XLI, 225–240, v.a. 237 f. oder Carla Bagnoli (2000): »Value in the Guise of Regret«, in: *Philosophical Explorations* 3 (2), 169–187.

51 Vgl. dazu Janet Landman (1993): *Regret. The Persistence of the Possible*, New York: Oxford University Press, 16.

52 Siehe Jean-Martin Büttner (2018): »Die Liebenden und die Toten«, in: *Tages-Anzeiger* (1.9.2018).

53 R. Jay Wallace (2013): *The View from Here. On Affirmation, Attachment, and the Limits of Regret*, Oxford: Oxford University Press, 185.

54 Amélie Oksenberg Rorty warnt davor, dass Reue maßlos werden könne, wenn wir uns ihr ganz hingeben; Amélie Oksenberg Rorty (1980): »Agent Regret«, in: dies. (Hg.): *Explaining Emotions*, Berkeley: University of California Press, 489–506, hier: 501.

55 Daniel Schreiber (2021): *Allein*, Berlin: Hanser Berlin, 92.

4
In den besten Jahren

1 Hannah Arendt im Gespräch »Zur Person« mit Günter Gaus am 28.10.1964 bei 1:02, https://www.youtube.com/watch?v=J9SyTEUi6Kw&t=21s (letzter Zugriff: 27.2.2024). Die verschriftlichte Version des Gesprächs ist hier einsehbar: https://www.rbb-online.de/zurperson/interview_archiv/arendt_hannah.html (letzter Zugriff: 27.2.2024).

2 Zuza Speckert (2023): »Gespräch mit Philippe Chappuis alias Zep«, in: *NZZ am Sonntag Magazin* (20.8.2023), 5.

3 Theodor W. Adorno Archiv (Hg.) (2003): *Adorno. Eine Bildmonographie*, Frankfurt a. M.: Suhrkamp, 205.

4 »So verabschiedet sich Roger Federer von der Tenniswelt«, in: *Tages-Anzeiger* (2022), https://www.tagesanzeiger.ch/roger-federer-ruecktritt-wortlaut-so-verabschiedet-sich-federer-ich-habe-jede-minute-mit-euch-geliebt-484467368099 (letzter Zugriff: 24.2.2024).

5 Ian McEwan (2020): *Erkenntnis und Schönheit. Über Wissenschaft, Literatur und Religion*, Zürich: Diogenes, 106.

6 Simone de Beauvoir (1982): *Der Lauf der Dinge*, Reinbek bei Hamburg: Rowohlt, 621.

7 Simone de Beauvoir (1982): *Der Lauf der Dinge*, Reinbek bei Hamburg: Rowohlt, 621.

8 Thomas Mann (1960): *Der Tod in Venedig und andere Erzählungen*, Frankfurt a. M.: S. Fischer, 61.

9 Thomas Mann (1960): *Der Tod in Venedig und andere Erzählungen*, Frankfurt a. M.: S. Fischer, 61.

10 Vgl. dazu auch den Fall des Niederländers Emile Ratelband, der 2018 die offizielle Änderung seines Geburtsdatums forderte, nachdem Ärzte dem damals 69-Jährigen attestierten, die körperliche Konstitution eines 45-Jährigen zu haben. Ratelband wies darauf hin, dass sich sowohl Namen wie Geschlecht in amtlichen Dokumenten anpassen ließen. Warum also nicht auch das Alter? Vgl. dazu Nadine Mooren (2023): *Leben im Alter. Eine philosophische Untersuchung zur Frage nach dem guten Leben*, Frankfurt a. M.: Klostermann, 11 und 31 f. sowie ihre Diskussion der notorischen Vagheit unseres Alters bei 23 ff.

11 In vielerlei Hinsicht scheint es sogar ein Vorteil zu sein, sich jünger zu fühlen als man chronologisch ist. Studien zeigen, dass ein niedriges subjektives Alter meist mit einer besseren Gesundheit einhergeht, während jene, die sich älter fühlen als sie sind, physisch früher altern und eine niedrigere Lebenserwartung haben. Das leuchtet unmittelbar ein: Wer sich jünger fühlt, treibt eher Sport, blickt optimistisch in die Zukunft, will noch Neues lernen. Für einen Überblick siehe David Robson (2018): »The age you feel means more than your actual birthdate«, in: *BBC online*, https://www.bbc.com/future/article/20180712-the-age-you-feel-means-more-than-your-actual-birthdate (letzter Zugriff: 31.1.2024).

12 Auch Silvia Bovenschen hält fest, dass sie das Älterwerden »in zwei krass unterschiedenen Versionen erzählen« kann: als »gesundheit-

liche Katastrophenabfolge« genauso wie als »helle Erzählung«. Siehe dies. (2008): *Älter werden. Notizen*, Frankfurt a. M.: Fischer, 104.

13 Siehe Aristoteles (2021): *Rhetorik*, übersetzt und herausgegeben von Gernot Krapinger, Buch II, Abschnitt 14, Stuttgart: Reclam, 118.

14 Platon: *Politeia*, Buch VII, 540 b–c. Wobei es sich bei diesen Menschen in der besagten Blütezeit bei Aristoteles und Platon zugegebenermaßen nur um frei geborene Männer handelt. Frauen und Sklaven haben, was ihr Entwicklungspotential anbelangt, weit schlechtere Karten. Aber insofern als die Begründung dafür ohnehin jeglicher Stichhaltigkeit entbehrt, lohnt sich an dieser Stelle die weitere Auseinandersetzung nicht. Vgl. zu den Altersbildern in der Antike auch Eva Birkenstock (2008): *Angst vor dem Altern?, Zwischen Schicksal und Verantwortung*, Freiburg/München: Alber, 19–54.

15 Es ist nicht ganz einfach, »eudaimonia« zu übersetzen. Aristoteles hatte damit sicher mehr im Blick als einen Zustand subjektiven Glücks, wie wenn wir etwa nach einem heißen Sommertag in einen kühlen See gleiten oder nach einer Wanderung hungrig in ein Sandwich beißen. Die Philosophin Elizabeth Anscombe hat »eudaimonia« in einem 1958 erschienenen Artikel vielleicht am treffendsten als »human flourishing life« übersetzt, als ein Gedeihen des menschlichen Lebens. In dieser Übersetzung wird auch die aristotelische Analogie deutlich zwischen dem Erblühen von Pflanzen und der Blüte des menschlichen Lebens. In einem »Eudaimon«-Leben wachsen wir zur besten Version unserer selbst heran und können ganz in unserer Fülle stehen. Siehe G. E. M. Anscombe (1958): »Modern Moral Philosophy«, in: *Philosophy* 33 (124), 1–19.

16 Man spricht in der Philosophie in diesem Kontext von »perfektionistischen« Gütern, im Unterschied zu den hedonistischen Gütern. Vgl. für eine Verteidigung des Perfektionismus etwa Thomas Hurka (1993): *Perfectionism*, Oxford: Oxford University Press. Für eine Diskussion verschiedener Theorien des guten Lebens siehe bspw. James Griffin (1986): *Well-Being*, Oxford: Clarendon Press.

17 Auch der Begriff der »phronesis« lässt sich nicht einfach übersetzen. Eine Wiedergabe als »Klugheit« betont eher den schlussfolgernden, abwägenden Anteil dieser Tugend, »sittliche Einsicht« hebt die moralische Dimension des Konzepts hervor, »praktische Weisheit« legt den Fokus auf die handlungsleitende Komponente. Für einen Über-

blick siehe Magdalena Hoffmann (2010): *Der Standard des Guten bei Aristoteles. Regularität im Unbestimmten*, Freiburg i.Br.: Karl Alber Verlag, 112 ff.

18 Aristoteles: *Nikomachische Ethik*, 1138 b 22 f. Es gibt zahlreiche Schwierigkeiten, die Konzeption von Aristoteles kohärent zu verstehen. Ich gehe auf diese hier aber nicht ein. Vgl. dazu bspw. Ursula Wolf (1995): »Über den Sinn der Aristotelischen Mesoteslehre (II)«, in: Aristoteles: *Die Nikomachische Ethik*, herausgegeben von Otfried Höffe, Berlin: Akademie Verlag, 81–108.

19 Aristoteles (2021): *Rhetorik*, übersetzt und herausgegeben von Gernot Krapinger, Buch II, Abschnitt 14, Stuttgart: Reclam, 117 f.

20 Aristoteles (2021): *Rhetorik*, übersetzt und herausgegeben von Gernot Krapinger, Buch II, Abschnitt 13, Stuttgart: Reclam, 115–117.

21 Die Blindheit für die Spezifika unserer Lebensphase betrifft übrigens nicht nur teleologische Ansätze wie jenen von Aristoteles. Nancy S. Jecker macht für einen Großteil des philosophischen Nachdenkens über das gute Leben, über gegenseitigen Respekt und den Schutz der Menschenwürde einen »midlife bias« aus: Die gängigen Theorien würden sich fast ausschließlich am autonomen, rationalen, unabhängigen Individuum orientieren, während wir einen Großteil unseres Lebens als verletzliche, abhängige und nicht im eigentlichen Sinn autonome Wesen zubringen – was sie mit Blick auf das gute Leben im Alter ändern will. Siehe Nancy S. Jecker (2020): *Ending Midlife Bias. New Values for Old Age*, New York: Oxford University Press.

22 Vgl. dazu etwa einführend Johannes Drerup und Gottfried Schweiger (2024): *Was ist eine gute Kindheit?*, Stuttgart: Reclam, oder Alexander Bagattini und Colin Macleod (Hg.) (2016): *The Nature of Children's Well-Being. Theory and Practice*, Berlin: Springer. Einer der wenigen, die sich schon viel früher eingehend mit der Kindheit, ihrer Geschichte, aber auch ihren Gütern befasst haben, ist Philippe Ariés mit seiner *Geschichte der Kindheit* von 1960.

23 Einen positiven Blick auf das Alter zeichnen etwa Ludwig Hasler (2019): *Für ein Alter, das noch was vorhat. Mitwirken an der Zukunft*, Zürich: Rüffer & Rub; Otfried Höffe (2019): *Die hohe Kunst des Alterns. Kleine Philosophie des guten Lebens*, München: C. H. Beck; Odo Marquard (2021): *Endlichkeitsphilosophisches. Über das Altern*, Stuttgart: Reclam.

24 Vgl. zu Ciceros *Cato maior* auch Eva Birkenstock (2008): *Angst vor dem Altern? Zwischen Schicksal und Verantwortung,* München: Karl Alber, 37–49.

25 Diese Idee findet sich bspw. bei Michael Slote (1982): *Goods and Virtues,* Oxford: Clarendon Press, v. a. Kapitel 2. Mit Bezug auf phasentypische Güter vor allem des Alters siehe Nancy S. Jecker (2020): *Ending Midlife Bias. New Values for Old Age,* New York: Oxford University Press.

26 Vgl. dazu Mark Schweda (2014): »›Ein Jegliches hat seine Zeit‹. Altern und die Ethik des Lebensverlaufs«, in: *Zeitschrift für Praktische Philosophie* 1 (1), 253–300, hier: 276.

27 Nehmen wir diese Idee ernst, scheinen Tugenden nicht auf absolute Güter zu rekurrieren, sondern immer nur relativ zu den Gütern einer spezifischen Lebensphase zu sein. Das darf allerdings nicht mit einem Tugendrelativismus verwechselt werden, mit dem einherginge, dass Tugenden oder Güter lediglich Geschmackssache oder eine subjektive Angelegenheit wären. Was hier behauptet wird, ist lediglich, dass bestimmte Tugenden nur Tugenden sind im Verhältnis zu bestimmten Lebensphasen, weil wir in unterschiedlichen Phasen Unterschiedliches brauchen, um uns entfalten zu können. Vgl. dazu Michael Slote (1982): *Goods and Virtues,* Oxford: Clarendon Press, 40 ff.

28 Eine Ausnahme bilden hier die Pragmatisten, insbesondere John Dewey, vgl. dazu etwa Michael Hampe (2017): *John Dewey: Erfahrung und Natur*, Berlin/Boston: De Gruyter.

29 Dieser Begriff stammt von Jacob Grimm: »Rede über das Alter«, in: Thomas Rentsch und Morris Vollmann (Hg.) (2020): *Gutes Leben im Alter. Die philosophischen Grundlagen*, Stuttgart: Reclam, 96–113, hier: 108.

30 Pasqualina Perrig-Chiello (2024): *Own your Age*, Weinheim: Beltz, 196.

31 Hilde Domin stellte diesen Satz ihrem Gedichtzyklus »Nur eine Rose als Stütze« (1957–1959) voran. Siehe Hilde Domin (1987): *Gesammelte Gedichte*, Frankfurt a. M.: Fischer, 111.

32 Vgl. dazu auch Michel de Montaigne (1969): »Über die Erfahrung«, in: ders.: *Essais*, 3. Buch, 13. Kapitel, Stuttgart: Reclam, 359–375, hier: 362.

33 Vgl. dazu den kurzen Text von Walter Benjamin mit dem schlichten

Titel »Erfahrung«. Benjamin ist einundzwanzig, als er den Text 1913 verfasst. Die Erfahrung, die Erwachsene in Anschlag brächten, sei nur ein Beweis dafür, dass auch sie einmal jung gewesen seien, dass auch sie ihren Eltern nicht geglaubt hätten und sich vom Leben hätten belehren lassen müssen, schreibt er – und lässt am wohlmeinenden Ratschlag der Erwachsenen kein gutes Haar. Der Text lässt sich einsehen unter https://www.textlog.de/benjamin/essays/fruehe-arbeiten/erfahrung (letzter Zugriff: 20.2.2024).

34 Vgl. dazu auch die Ausführungen von Henry David Thoreau, der das Leben als »Experiment« bezeichnet, in dem jede und jeder ihre und seine eigenen Erfahrungen zu machen hat. Henry David Thoreau (2013): *Walden. Ein Leben mit der Natur*, München: dtv, 14.

35 Vgl. dazu auch Harry Frankfurt (2007): »Uns selbst ernst nehmen«, in: ders.: *Sich selbst ernst nehmen*, Frankfurt a. M.: Suhrkamp, Erste Vorlesung.

36 Resilienz – jene Gabe, die einen eher gestärkt aus stürmischen Phasen entlässt – scheint eine Kombination zu sein aus frühkindlichen Erfahrungen, genetischen Faktoren, persönlichen Ressourcen und der sozioökonomischen Umgebung, in die jemand gestellt ist. Vgl. dazu die wegweisenden Arbeiten von Boris Cyrulnik (2011): *Resilience. How Your Inner Strength Can Set You Free from the Past*, London: Penguin, und ders. (2007): *Mit Leib und Seele. Wie wir Krisen bewältigen*, Hamburg: Hoffmann und Campe.

37 Das beschreibt auch Michel de Montaigne (1969): »Über die Erfahrung«, in: ders.: *Essais*, 3. Buch, 13. Kapitel, Stuttgart: Reclam, 359–375, hier: 368.

38 Vgl. dazu auch im Rückgriff auf die Arbeiten von Paul Ricœur Michael Coors (2014): »Die Zeit des menschlichen Lebens zur Sprache bringen. Altern und die narrative Refiguration der menschlichen Zeit durch Kalender, Generationenfolge und Spur«, in: *Zeitschrift für Praktische Philosophie* 1 (1), 327–358.

39 Andreas Reckwitz (2012): *Die Erfindung der Kreativität. Zum Prozess der gesellschaftlichen Ästhetisierung*, Berlin: Suhrkamp.

40 Alain Ehrenberg (2004): *Das erschöpfte Selbst. Depression und Gesellschaft in der Gegenwart*, Frankfurt a. M.: Campus.

41 Leo Tolstoi (1965): *Der Tod des Iwan Iljitsch*, Stuttgart: Reclam, 77.

42 Vgl. dazu Urs Hofer (2016): *Auf der Suche nach der eigenen Stimme.*

Stanley Cavells Philosophie als Erziehung von Erwachsenen, Zürich: Chronos, 135–137.

43 Vgl. zu diesem Verhältnis ausführlich und erhellend Dieter Thomä (2015): *Erzähle dich selbst. Lebensgeschichte als philosophisches Problem*, Frankfurt a. M.: Suhrkamp.

44 Dieter Thomä (2015): *Erzähle dich selbst. Lebensgeschichte als philosophisches Problem*, Frankfurt a. M.: Suhrkamp, 169.

45 Vgl. dazu auch die Beiträge von Harry Frankfurt, etwa (2007): *Sich selbst ernst nehmen*, Frankfurt a. M.: Suhrkamp, sowie (2014): *Gründe der Liebe*, Frankfurt a. M.: Suhrkamp.

46 François Jullien (2020): *Ein zweites Leben*, Wien: Passagen, 93 f.

47 François Jullien (2020): *Ein zweites Leben*, Wien: Passagen, 30.

48 David Velleman (2008): »Identification and Identity«, in: Sarah Buss und Lee Overton (Hg.): *The Contours of Agency. Essays on Themes from Harry Frankfurt*, Cambridge: MIT Press, 91–123, hier: 91–94.

49 Vgl. zu Begriff und Konzept der Ambivalenz Beate Rössler (2017): *Autonomie. Ein Versuch über das gelungene Leben*, Frankfurt a. M.: Suhrkamp, Kapitel 2.

50 Ian McEwan (2010): *Solar*, Zürich: Diogenes, 321 f. Diesen Hinweis verdanke ich Beate Rössler (2017): *Autonomie. Ein Versuch über das gelungene Leben*, Frankfurt a. M.: Suhrkamp, 59.

51 Beate Rössler (2017): *Autonomie. Ein Versuch über das gelungene Leben*, Frankfurt a. M.: Suhrkamp, 60.

52 Vladimir Jankélévitch (2012): *Die Ironie*, Frankfurt a. M.: Suhrkamp, 11.

53 Vgl. zum Zusammenhang von Raum und Trost David van Reybrouck (2019): »Ode an den Trost«, in: ders.: *Oden*, Berlin: Insel, 117.

54 Vladimir Jankélévitch (2012): *Die Ironie*, Frankfurt a. M.: Suhrkamp, 31.

55 Vgl. Richard Rorty (1989): *Kontingenz, Ironie und Solidarität*, Frankfurt a. M.: Suhrkamp, Kapitel 4.

56 David Foster Wallace (2016): *Das hier ist Wasser / This is Water*, Köln: Kiepenheuer & Witsch, 9.

57 David Foster Wallace (2016): *Das hier ist Wasser / This is Water*, Köln: Kiepenheuer & Witsch, 10.

58 Allerdings sind uns die Perspektiven anderer selbst dann, wenn wir

uns bemühen, nicht vollständig zugänglich, weil unsere Erfahrungshorizonte divergieren, etwa aufgrund von Klasse, Geschlecht oder Race. Umso wichtiger ist es, allen Gehör zu schenken und dem, was sie erzählen, erst einmal offen gegenüberzutreten. Das ist nicht nur ein Gebot der Fairness, sondern ebenso eine Frage der epistemischen Ressourcen, die uns entgehen, wenn wir andere Perspektiven ausschließen. Vgl. für eine ausführliche Diskussion wegweisend Miranda Fricker (2023): *Epistemische Ungerechtigkeit. Macht und die Ethik des Wissens*, München: C.H.Beck.

59 Vladimir Jankélévitch (2012): *Die Ironie*, Frankfurt a.M.: Suhrkamp, 11.

60 Theodor W. Adorno (1966): *Negative Dialektik*, Frankfurt a.M.: Suhrkamp, 24.

5
Alles erreicht

1 John Stuart Mill (2011): *Autobiographie*. Übersetzt und herausgegeben von Jean-Claude Wolf, Hamburg: Felix Meiner, 108.

2 Zitat aus dem Schlussmonolog von Winfried Conradi im Film *Toni Erdmann* von Maren Ade (2016). Mit freundlicher Genehmigung der Komplizen Film GmbH.

3 John Stuart Mill (2011): *Autobiographie*, Hamburg: Felix Meiner, 108.

4 Ich setze mich in diesem Kapitel wesentlich mit Kieran Setiyas fünftem Kapitel seines Buches *Midlife Crisis. Eine philosophische Gebrauchsanweisung* (Berlin: Insel 2019) auseinander. Seine Unterscheidung zwischen dem »telischen« und dem »atelischen« Leben war mir in dieser Weise neu. In seiner Studie behandelt Setiya weitere Aspekte der Lebensmitte, die ich in meinem Buch ebenfalls vertiefe und die auch in anderen philosophischen Arbeiten diskutiert wurden, insbesondere über den Tod oder über Reue und Bedauern.

5 Kieran Setiya (2019): *Midlife Crisis. Eine philosophische Gebrauchsanweisung*, Berlin: Insel Verlag, 10.

6 Lew Tolstoj (2010): *Meine Beichte*, Berlin: Insel, 27ff.

7 Lew Tolstoj (2010): *Meine Beichte*, Berlin: Insel, 24.

8 Vgl. zu dieser Unterscheidung etwa Markus Rüther (2023): *Sinn im Leben. Eine ethische Theorie*, Frankfurt a. M.: Suhrkamp, insbes. 14–18. Die Unterscheidung findet sich auch in Susan Wolf (2010): *Meaning in Life and Why it Matters*, Princeton: Princeton University Press.

9 Kieran Setiya (2019): *Midlife Crisis. Eine philosophische Gebrauchsanweisung*, Berlin: Insel Verlag, 32.

10 Kieran Setiya (2019): *Midlife Crisis. Eine philosophische Gebrauchsanweisung*, Berlin: Insel Verlag, 33.

11 Siehe Kieran Setiya (2019): *Midlife Crisis. Eine philosophische Gebrauchsanweisung*, Berlin: Insel Verlag, 155 ff.

12 Arthur Schopenhauer (1977): *Die Welt als Wille und Vorstellung*, Erster Band, Viertes Buch, § 57, Zürich: Diogenes, 390.

13 Wilhelm Busch bringt das in seinem Gedicht »Niemals« von 1909 so auf den Punkt: »Wonach du sehnlich ausgeschaut, / Es wurde dir beschieden. / Du triumphierst und jubelst laut: / Jetzt hab ich endlich Frieden!« Doch der Frieden ist von kurzer Dauer, denn bald folgt die bittere Einsicht: »Ach, Freundchen, rede nicht so wild, / Bezähme deine Zunge. / Ein jeder Wunsch, wenn er erfüllt, / Kriegt augenblicklich Junge.« Hat diese Beschreibung nicht mehr für sich, als einem lieb ist?

14 Kieran Setiya (2019): *Midlife Crisis. Eine philosophische Gebrauchsanweisung*, Berlin: Insel, 159.

15 Kieran Setiya (2019): *Midlife Crisis. Eine philosophische Gebrauchsanweisung*, Berlin: Insel, 157.

16 Iddo Landau nennt das beschriebene Phänomen das »Paradox des Ziels«, glaubt jedoch, dass es sich auflösen lasse. Siehe Iddo Landau (2017): *Finding Meaning in an Imperfect World*, New York: Oxford University Press, Kapitel 11.

17 So auch Antti Kauppinen (2021): »Against Seizing the Day«, in: *Oxford Studies in Normative Ethics* 11, 91–111, v. a. 99 ff., sowie Iddo Landau (2017): *Finding Meaning in an Imperfect World*, New York: Oxford University Press, 149 ff.

18 Vgl. dazu Antti Kauppinen (2021): »Against Seizing the Day«, in: *Oxford Studies in Normative Ethics* 11, 91–111.

19 Zitat aus dem Schlussmonolog von Winfried Conradi im Film *Toni Erdmann* von Maren Ade (2016).

20 Vgl. dazu Kieran Setiya (2019): *Midlife Crisis. Eine philosophische Gebrauchsanweisung*, Berlin: Insel, 166 f. sowie die Studie über Zwecklosigkeit von Michael Hampe (2024): *Wozu? Eine Philosophie der Zwecklosigkeit*, München: Hanser.

21 Kieran Setiya (2019): *Midlife Crisis. Eine philosophische Gebrauchsanweisung*, Berlin: Insel, 170.

22 Kieran Setiya (2019): *Midlife Crisis. Eine philosophische Gebrauchsanweisung*, Berlin: Insel, 179.

23 Timo Reuter (2019): *Warten. Eine verlernte Kunst*, Frankfurt a. M.: Westend, 181.

24 Kieran Setiya (2019): *Midlife Crisis. Eine philosophische Gebrauchsanweisung*, Berlin: Insel, 171–180.

25 Pasqualina Perrig-Chiello, zitiert in: Anja Jardine (2020): »In der Mitte des Lebens«, in: *NZZ* (9.11.2020).

26 Vgl. für eine ausführliche Analyse und Kritik der Meritokratie Michael J. Sandel (2020): *Vom Ende des Gemeinwohls. Wie die Leistungsgesellschaft unsere Demokratien zerreißt*, Frankfurt a. M.: Fischer.

27 Vgl. dazu auch Iddo Landau (2017): *Finding Meaning in an Imperfect World*, New York: Oxford University Press, 153–158.

28 Vgl. dazu Eva Weber-Guskar (2022): »Sinn und Zeit. Zu zwei Dimensionen des guten Lebens«, in: *Zeitschrift für philosophische Forschung* 76 (1), 5–26.

29 John Rawls (1979): *Eine Theorie der Gerechtigkeit*, Frankfurt a. M.: Suhrkamp, Kapitel 7, Abschnitt 63.

30 Margaret Urban Walker (1999): »Getting Out Of Line: Alternatives to Life as a Career«, in: dies. (Hg.): *Mother Time: Women, Aging, and Ethics*, Lanham: Rowman and Littlefield, 97–112.

31 Michael Slote (1982): *Goods and Virtues*, Oxford: Clarendon Press, 44. Vgl. für eine Kritik an einer allzu anspruchsvollen Idee des Lebensplans auch Holmer Steinfath (2023): »Plans, Open Future and the Prospects for a Good Life«, in: *Ethical Theory and Moral Practice*, https://link.springer.com/article/10.1007/s10677-023-10387-z (letzter Zugriff: 6.2.2024).

32 Nun ist John Rawls als Theoretiker der sozialen Gerechtigkeit natürlich bewusst, dass Ziele zu erreichen nicht allein vom eigenen Bemühen abhängt, wir also mitnichten unseres Glückes Schmied sind. Vielmehr gesteht Rawls zu, dass wir unser Glück vor sozialen Hinter-

grundbedingungen schmieden, die uns mit ungleichen Chancen ausstatten. Aber die Kritik, die an der dominanten Bedeutung eines Lebensplans fürs eigene Lebensglück geübt worden ist, reicht tiefer als dieses Zugeständnis. Es geht darum, einzusehen, dass bereits unser Planen an sich sozialen Bedingungen unterliegt: was wir für uns als möglich erachten, was wir weiterverfolgen, was wir aufgeben müssen. Unsere Souveränität ist beschränkt, wir schreiben unsere Geschichte nicht allein, sondern sind bestenfalls Co-Autoren unseres Lebens. Vgl. dazu etwa Alasdair MacIntyre (1997): *Der Verlust der Tugend*, Frankfurt a. M.: Suhrkamp, Kapitel 15. Vgl. für eine Diskussion auch Holmer Steinfath (2023): »Plans, Open Future and the Prospects for a Good Life«, in: *Ethical Theory and Moral Practice*, https://link.springer.com/article/10.1007/s10677-023-10387-z (letzter Zugriff: 6.2.2024).

33 Für eine solche mittlere Position siehe bspw. Holmer Steinfath (2023): »Plans, Open Future and the Prospects for a Good Life«, in: *Ethical Theory and Moral Practice*, https://link.springer.com/article/10.1007/s10677-023-10387-z (letzter Zugriff: 6.2.2024); Antti Kauppinen (2021): »Against Seizing the Day«, in: *Oxford Studies in Normative Ethics* 11, 91–111; Charles Larmore (2008): »The Idea of a Life Plan«, in: ders.: *The Autonomy of Morality*, Cambridge: Cambridge University Press, 246–271.

34 Lew Tolstoj (2010): *Meine Beichte*, Berlin: Insel, 81.

35 Während die Frage nach dem Sinn *des* Lebens schon sehr alt ist, hat die Diskussion um den Sinn *im* Leben vor allem in jüngster Zeit an Fahrt aufgenommen. Siehe für diese Frage neben Susan Wolf bspw. auch Thaddeus Metz (2013): *Meaning in Life. An Analytic Study*, New York: Oxford University Press.

36 Susan Wolf (2010): *Meaning in Life and Why it Matters*, Princeton: Princeton University Press, 10 ff.

37 Vgl. dazu auch Iddo Landau (2017): *Finding Meaning in an Imperfect World*, New York: Oxford University Press, 8.

38 Susan Wolf (2010): *Meaning in Life and Why it Matters*, Princeton: Princeton University Press, 13–18.

39 Susan Wolf (2010): *Meaning in Life and Why it Matters*, Princeton: Princeton University Press, 18–25.

40 Susan Wolf geht im zweiten Teil ihres Buches auf diese Kritik ein.

Siehe dies. (2010): *Meaning in Life and Why it Matters*, Princeton: Princeton University Press, 39 ff.

41 Jonathan Haidt: »Comment«, in: Susan Wolf (2010): *Meaning in Life and Why it Matters*, Princeton: Princeton University Press, 92–101, hier: 92–93. Vgl. dazu auch Iddo Landau, der beschreibt, wie Fischen zu einer sinnstiftenden Tätigkeit wird, in: ders. (2017): *Finding Meaning in an Imperfect World*, New York: Oxford University Press, 58–59.

42 Siehe Susan Wolfs Antwort auf Jonathan Haidts Kommentar in: dies. (2010): *Meaning in Life and Why it Matters*, Princeton: Princeton University Press, 124.

43 Susan Wolf (2010): *Meaning in Life and Why it Matters*, Princeton: Princeton University Press, 126.

44 Susan Wolf (2010): *Meaning in Life and Why it Matters*, Princeton: Princeton University Press, 124. Siehe ebenso Iddo Landau (2017): *Finding Meaning in an Imperfect World*, New York: Oxford University Press, 18.

45 Hannah Arendt (1998): *Vom Leben des Geistes. Das Denken – Das Wollen*, München: Piper, 175.

46 Erik H. Erikson (1973): *Identität und Lebenszyklus. Drei Aufsätze*, Frankfurt a. M.: Suhrkamp. Siehe dazu auch Pasqualina Perrig-Chiello (2024): *Own your Age*, Weinheim: Beltz, 29 ff.

47 Auch Simone de Beauvoir betont in ihrem Buch *Das Alter*, dass es in den späteren Lebensphasen darauf ankomme, »hingebungsvoll« tätig zu sein, ja »ein möglichst engagiertes und gerechtfertigtes Menschenleben« das Ziel sein müsse. Dieser Hinweis und eine Diskussion finden sich in Nadine Mooren (2023): *Leben im Alter. Eine philosophische Untersuchung zur Frage nach dem guten Leben*, Frankfurt a. M.: Klostermann, 143–146.

48 Antti Kauppinen (2021): »Against Seizing the Day«, in: *Oxford Studies in Normative Ethics* 11, 91–111, hier: 103 ff.

49 Ronja von Rönne (2022): *Ende in Sicht*, München: dtv, 52 und 56.

50 Irvin Yalom (2010): *In die Sonne schauen. Wie man die Angst vor dem Tod überwindet*, München: btb, 94.

51 Samuel Scheffler ist sogar der Ansicht, dass allein schon der Gedanke, dass es eine Nachwelt gibt, dass also nach uns andere Menschen weiter existieren, von fundamentaler Bedeutung für uns sei. Viele

Projekte wären schlicht sinnlos, wenn es nicht weiterginge. Wozu etwa ein Medikament gegen Krebs suchen? Oder Kunstwerke bewahren, Kirchen restaurieren, Bäume pflanzen, wenn es nicht weiterginge mit dem menschlichen Leben auf Erden? Vgl. dazu Samuel Scheffler (2013): *Death and the Afterlife*, Oxford/New York: Oxford University Press.

52 John Stuart Mill (2006): *Utilitarianism/Der Utilitarismus*, Englisch/Deutsch, Stuttgart: Reclam, 43.

6
War es das schon?

1 Katja Oskamp (2023): *Marzahn, mon amour. Geschichten einer Fußpflegerin*, Berlin: Suhrkamp, 12. © Hanser Berlin in der Carl Hanser Verlag GmbH & Co. KG, München.

2 A. L. Kennedy (2001): *Einladung zum Tanz*, Göttingen: Steidl, 12.

3 Peter Sloterdijk (2012): *Du mußt dein Leben ändern. Über Anthropotechnik*, Berlin: Suhrkamp.

4 Vgl. zum Wert von Routine, Gewöhnung und lang anhaltenden Bindungen auch Robert E. Goodin (2012): *On Settling*, Princeton: Princeton University Press, Kapitel 4.

5 Eva von Redecker (2023): *Bleibefreiheit*, Frankfurt a. M.: Fischer.

6 Isaac Rosa (2021): *Glückliches Ende*, München: Liebeskind, 39.

7 Mit Blick auf die Liebesverhältnisse etwa Eva Illouz (2018): *Warum Liebe endet. Eine Soziologie negativer Beziehungen*, Berlin: Suhrkamp; mit Blick auf Familie, Arbeit und Zeitknappheit Teresa Bücker (2022): *Alle_Zeit. Eine Frage von Macht und Freiheit*, Berlin: Ullstein.

8 So lautet der schöne Titel eines lesenswerten Essays von Peter Strasser (2020): *Umdrehen und Weggehen. Eine Ethik der Abwendung*, Wien: Braumüller Verlag.

9 Dacher Keltner (2023): *Awe. The New Science of Everyday Wonder and How It Can Transform Your Life*, New York: Penguin Press, 7 (Übers.: BB).

10 Dacher Keltner (2023): *Awe. The New Science of Everyday Wonder and How It Can Transform Your Life*, New York: Penguin Press, 10–28.

11 Vgl. dazu zum Beispiel Ronald Dworkin (2014): *Religion ohne Gott*,

Berlin: Suhrkamp, oder Niklaus Brantschen (2022): *Gottlos beten. Eine spirituelle Wegsuche*, Ostfildern: Patmos.

12 Vgl. Jesse Prinz, der auf Aussagen der Primatologin Jane Goodall verweist, die der Ansicht ist, auch Schimpansen könnten staunen. Ders. (2013): »How wonder works«, *Aeon.co* (letzter Zugriff: 26.2.2024).

13 Adam Smith (2023): *Philosophische Schriften*, hg. und mit einem Nachwort von Norbert Paulo, Berlin: Suhrkamp, 11.

14 Vgl. Jesse Prinz (2013): »How wonder works«, *Aeon.co* (letzter Zugriff: 26.2.2024).

15 Edmund Burke (1989): *Philosophische Untersuchung über den Ursprung unserer Ideen vom Erhabenen und Schönen*, Hamburg: Meiner.

16 Immanuel Kant (1968): *Kritik der Urteilskraft*, Zweites Buch: »Analytik des Erhabenen«, §25, B81/ A80, Darmstadt: Wissenschaftliche Buchgesellschaft, 333.

17 Vgl. dazu Eva Weber-Guskar (2016): »The Emotion of Awe in the Experience of Art«, in: Stefan Majetschak und Anja Weiberg (Hg.): *Ästhetik heute. Zeitgenössische Zugänge zur Ästhetik der Natur und der Künste, Beiträge des 39. Internationalen Wittgenstein Symposiums*, Band XXIX, 254–256, sowie Dacher Keltner und Jonathan Haidt (2003): »Approaching awe, a moral, spritual and aesthetic emotion«, in: *Cognition and Emotion* 17 (2), 297–314.

18 So ist etwa umstritten, ob ästhetische Ehrfurcht sich auch qualitativ oder nur quantitativ vom Schönheitsempfinden unterscheidet. Vgl. dazu erhellend etwa Eva Weber-Guskar (2016): »The Emotion of Awe in the Experience of Art«, in: Stefan Majetschak und Anja Weiberg (Hg.): *Ästhetik heute. Zeitgenössische Zugänge zur Ästhetik der Natur und der Künste, Beiträge des 39. Internationalen Wittgenstein Symposiums*, Band XXIX, 254–256.

19 Vgl. für eine begriffliche und ideengeschichtliche Analyse des Staunens bspw. umfassend Nicola Gess (2019): *Staunen. Eine Poetik*, Göttingen: Wallstein.

20 Zuweilen wird beklagt, dass Kinder diesen Raum nicht mehr hätten, weil sie nicht mehr frei spielen könnten, ihnen der Zugang zur Natur verwehrt werde, sie schon früh unter Leistungsdruck gesetzt würden. Vgl. dazu Dacher Keltner (2023): *Awe. The New Science of Everyday*

Wonder and How It Can Transform Your Life, New York: Penguin Press, 230.

21 Nicola Gess (2019): *Staunen. Eine Poetik*, Göttingen: Wallstein, 35.

22 Nicola Gess (2019): *Staunen. Eine Poetik*, Göttingen: Wallstein, 36 f.

23 Vgl. zu diesem Begriff etwa Nicola Gess (2019): *Staunen. Eine Poetik*, Göttingen: Wallstein, 35.

24 Meist wird als Gegenbegriff zum »epistemischen Staunen« das »ästhetische Staunen« in Anschlag gebracht, das mir als Begriff aber zu kurz greift, wenn damit alle Kategorien von Ehrfurcht und Staunen eingeschlossen werden sollen, die Dacher Keltner ausweist.

25 Alexandra Freund (2020): »The bucket list effect: Why leisure goals are often deferred until retirement«, in: *American Psychologist* 75 (4), 499–510.

26 Vgl. dazu Sophia Vasalou (2015): *Wonder. A Grammar*, New York: State University Of New York Press sowie Nicola Gess (2019): *Staunen. Eine Poetik*, Göttingen: Wallstein, 158 f.

27 Ich verdanke diesen Hinweis Niklaus Brantschen (2022): *Gottlos beten. Eine spirituelle Wegsuche*, Ostfildern: Patmos.

28 Eugen Ruge (2013): *Cabo de Gata*, Reinbek bei Hamburg: rororo, 161.

29 Eugen Ruge (2013): *Cabo de Gata*, Reinbek bei Hamburg: rororo, 178.

30 Ein Stück weit wird hier literarisch zum Ausdruck gebracht, was der Soziologe Hartmut Rosa in den letzten Jahren zum soziologischen Konzept der »Resonanz« verdichtet hat. Siehe etwa Hartmut Rosa (2019): *Resonanz. Eine Soziologie der Weltbeziehung*, Berlin: Suhrkamp.

31 Andreas Reckwitz (2019): *Die Gesellschaft der Singularitäten. Zum Strukturwandel der Moderne*, Berlin: Suhrkamp, 17.

32 So lautet der Titel eines Buches von Sophie Passmann, das unter anderem dieses öffentlich inszenierte Staunen gekonnt seziert. Siehe dies. (2021): *Komplett Gänsehaut*, Köln: Kiepenheuer & Witsch.

33 A. L. Kennedy (2001): *Einladung zum Tanz*, Göttingen: Steidl, 11–12.

7
Inmitten des Lebens

1 Rebecca Solnit (2020): *Die Kunst, sich zu verlieren. Ein Wegweiser*, Berlin: Matthes & Seitz, 19.

2 Auszug aus: Henry David Thoreau (1999): *Walden. Ein Leben mit der Natur*, München: dtv, 346. (c) 1999 dtv Verlagsgesellschaft mbH & Co. KG, München.

3 Bertrand Russell (2000): »Prologue. What I have Lived for«, in: ders.: *Autobiography*, London/New York: Routledge, 9 (Übers.: BB).

4 Dieses Bild leihe ich mir von Friedrich Dürrenmatt (1989): *Durcheinandertal*, Zürich: Diogenes.

5 James Baldwin, zitiert nach Daniel Jacob Levinson (1979): *The Seasons of a Man's Life*, New York: Knopf, 250 (Übers.: BB).

6 Ludwig Wittgenstein (1960): *Philosophische Untersuchungen*, § 123, Frankfurt a. M.: Suhrkamp, 345.

7 Henry David Thoreau (1999): *Walden. Ein Leben mit der Natur*, München: dtv, 100 f.

8 Henry David Thoreau (1999): *Walden. Ein Leben mit der Natur*, München: dtv, 187.

9 Vgl. dazu auch Daniel Schreiber: »Manchmal muss man sich verlorengehen, denke ich, muss einräumen, dass man sich verlaufen hat. Manchmal lässt sich nur so die Möglichkeit erlangen, wieder zu sich zu finden. Manchmal kann man die Wirklichkeit erst als die akzeptieren, die sie ist, wenn man sich eingesteht, dass man sie nicht mehr kennt.« In: Daniel Schreiber (2023): *Die Zeit der Verluste*, Berlin: Hanser Berlin, 64.

10 Vgl. Rebecca Solnit (2020): *Die Kunst, sich zu verlieren. Ein Wegweiser*, Berlin: Matthes & Seitz, 11.

11 Vgl. Rebecca Solnit (2020): *Die Kunst, sich zu verlieren. Ein Wegweiser*, Berlin: Matthes & Seitz, 15.

12 Rebecca Solnit (2020): *Die Kunst, sich zu verlieren. Ein Wegweiser*, Berlin: Matthes & Seitz, 14.

13 Henry David Thoreau (1999): *Walden. Ein Leben mit der Natur*, München: dtv, 346 f.

14 Annie Dillard (2022): *Einen Stein zum Sprechen bringen*, Berlin: Matthes & Seitz, 42.